Julia C. Werner
Der leise Weg des Glücks

AF177865

Das Buch

Bloggerin Lena ist Expertin für die Sonnenseiten des Lebens und philosophiert regelmäßig über kleine und große Glücksmomente. Umso härter trifft es sie, als ihr Fast-Ehemann Tim plötzlich verschwindet und sie mit ihrem kleinen Sohn Luca sitzenlässt. »Bitte suche mich nicht, warte auf nichts, lebe«, schreibt er ihr. Aber das ist leichter gesagt als getan, und Lena ist nicht die Einzige, die sich tief verraten fühlt: Tims bestem Freund Hendrik geht es genauso. Gemeinsam begeben sich Lena und Hendrik auf eine Spurensuche, die eine schockierende Wahrheit ans Licht bringt. Aber könnte dies auch der Weg in ein neues Glück sein?

Die Autorin

Julia C. Werner wurde 1971 in Baden-Württemberg geboren. Schon als Kind schrieb sie auf der antiken Schreibmaschine ihres Großvaters erste Geschichten. Später studierte sie Soziologie, Psychologie und Spanische Literaturwissenschaft und volontierte bei einer regionalen Tageszeitung.

Bevor ihr Kindle-Nr.-1-Bestsellerroman »Wie eine Welle im Sand« bei Tinte & Feder erschienen ist, veröffentlichte Julia C. Werner romantische Geschichten unter Pseudonym. Am liebsten schreibt sie auf ihrer Kraftinsel Mallorca. Längere Reisen nach Indien, Spanien und Mittelamerika inspirierten die Autorin auch zu tiefgründigen und schicksalhaften Themen, die sich im Kern um das Schönste im Leben drehen: die Kraft der Liebe.

Seit vielen Jahren lebt die Autorin in ihrer Wahlheimat Berlin.

Julia C. Werner

Der leise Weg des Glücks

Roman

TINTE
&
FEDER

Deutsche Erstveröffentlichung bei
Tinte & Feder, Amazon Media EU S.à r.l.
38, avenue John F. Kennedy, L-1855 Luxembourg
Mai 2020
Copyright © der deutschsprachigen Ausgabe 2020
By Julia C. Werner
All rights reserved.

Umschlaggestaltung und Illustration: bürosüd⁰ München,
www.buerosued.de
Umschlagmotiv: bürosüd⁰ München, www.buerosued.de
1. Lektorat: Gisa Marehn
2. Lektorat und Korrektorat: VLG Verlag & Agentur, Haar bei München,
www.vlg.de
Gedruckt durch:
Amazon Distribution GmbH, Amazonstraße 1, 04347 Leipzig /
Canon Deutschland Business Services GmbH, Ferdinand-Jühlke-Straße 7,
99095 Erfurt /
CPI books GmbH, Birkstraße 10, 25917 Leck

ISBN 978-2-49670-343-6

www.tinte-feder.de

Dinge passieren nicht einfach so, damit es uns schlecht geht.
Es geht uns schlecht, weil wir die Dinge anders haben wollen,
als sie passieren.

PROLOG

Das trockene Laub raschelte unter ihren Füßen und erzählte mit jedem Schritt von der Vergänglichkeit eines wunderschönen Herbsttags. Lena nahm eine Handvoll Blätter vom Boden auf und warf sie hoch in die Luft. Bunt und knisternd regneten sie herunter. Luca, der auf Tims Schultern saß, jauchzte auf. Tim trug die Matrosenmütze, die Lena an ihm so liebte, und lachte sein bäriges Lachen. Er lief über die leicht abschüssige Wiese, hob Luca von den Schultern und drehte sich mit ihm im Kreis. Überall lag Fallobst, und Lena sah Tim schon straucheln. Sofort war sie bei ihm und wollte ihn halten, doch er packte sie am Arm und riss sie mit. Kreischend fielen sie alle übereinander, und Lena landete mitten in einem überreifen Apfel. Ein großer Matschfleck prangte auf ihrer Hose.

»Apfelmus«, sagte Luca, und sie lachten, während der Ruf eines Raubvogels irgendwo über ihnen den milden Nachmittag mit einem Hauch von Wehmut durchwebte.

Lena wurde still. Nun spürte sie die Wehmut auch in sich selbst. Viel zu selten machten sie als Familie gemeinsame Ausflüge, viel zu schnell wurde Luca groß, viel zu oft musste Tim immer wieder fort. Gerade deshalb war der Augenblick so kostbar.

Tim lehnte sich zurück und sah in den Himmel. »Luca, schau, ein Bussard.« Er deutete auf den über ihnen kreisenden Vogel. Luca schmiegte sich an seinen Vater und folgte seinem Blick. Gleich würde er wieder aufspringen und Tim ebenso, gleich wäre die Sonne wieder ein Stück tiefer gesunken, gleich würde es kühl werden.

Jetzt, dachte Lena. Tu es jetzt! Worauf sollte sie noch warten? Sie betrachtete ihre beiden Männer, den großen und den kleinen, der eine hellblond und stark, der andere mit dunklen Locken und großen braunen Augen, die er von ihr geerbt hatte, und so niedlich, dass ihr manchmal fast das Herz platzte, wenn sie ihn betrachtete. Tim lächelte sie an, wirkte gelassen und entspannt. Sie streckte sich neben ihm aus, sog den herben Duft des Herbstlaubs ein. Dann vergrub sie das Gesicht an seinem Hals und flüsterte leise, aber deutlich: »Heirate mich.«

Über ihnen stieß der Vogel wieder seinen lang gezogenen Schrei aus. Die Zeit schien einen Moment lang stillzustehen. Tim hatte den Atem angehalten, so kam es ihr vor.

Da rappelte sich Luca auf und lief zu dem Beutel mit den Äpfeln, den sie ein Stück entfernt am Wegesrand hatten stehen lassen. Lena zupfte sich einen Grashalm aus dem Haar und schaute in Tims sich weitende polarblaue Augen. Er wirkte völlig überrumpelt. Vielleicht war sie ihm mit ihrem leisen Antrag zuvorgekommen. Tims Lippen zuckten, doch kein Ton kam heraus. Dann legte sich die Unruhe in seinem sonst so beherrschten Gesicht, und Lena fragte sich, ob sie darin gerade einen Anflug von Panik gesehen hatte.

Tim stützte sich auf die Ellenbogen. Die Mütze saß ihm schief im Gesicht. Langsam und sehr bedacht sagte er: »Ja«.

Er streckte eine Hand nach ihr aus, streichelte über ihr Gesicht und nahm jeden Zweifel von ihr fort. Alles war gut! Über ihnen stieß der Vogel wieder seinen sehnsuchtsvollen Ruf aus, und Lena wusste: Dieser Moment war für immer und ewig in sie eingebrannt.

TEIL 1: FRÜHLING

KAPITEL 1

EINE FAST HEILE WELT

Der Regen zeichnete feine Wasserlinien auf die Scheiben, und durch das verwischte Nass wirkte die blütengetupfte Wiese draußen wie ein impressionistisches Gemälde. Lena klappte ihren Laptop zu. »Genug für heute«, sagte sie. Bald würden Tim und Luca nach Hause kommen, und Karlo, ihr schwarzer samtiger Kater, schlüpfte gerade durch die Katzenklappe herein, um sich seine Streicheleinheiten abzuholen.

Tinka saß im Schneidersitz auf dem Boden und ließ die Hände durch das glänzende Katerfell gleiten. »Ich bin wieder sehr gespannt auf eure Fantasie, Kreativität und tollen Ideen.« Mit einem Blick durch die regennassen Fenster des Wintergartens sagte sie: »Das Wetter ist Mist. Das nächste Mal treffen wir uns hoffentlich im Freien.«

Marlene lächelte sie über den Brillenrand hinweg an. »Wenn du einen Aprilregen als Mist bezeichnest, dann hast du unsere Glücksphilosophie nicht ganz verstanden.«

»Finde ich auch«, sagte Lena. »Regen, Sonne, Schnee, ich liebe jeden Tag, wie er ist, und jede Kleinigkeit in meinem

Leben. Genau das haben wir doch für unsere Leser geschrieben! So funktioniert Glück.«

Karlo huschte unter den Tisch und rieb seinen feuchten Leib an ihren Beinen. Sie streckte sich und gähnte. Den ganzen Nachmittag hatte sie mit ihren Freundinnen über weitere Beiträge für den Blog nachgedacht, während die Tropfen auf das gläserne Dach des gemütlichen Wintergartens trommelten. Der Kater fing an zu schnurren. Er war ihnen vor ein paar Wochen zugelaufen und inzwischen so zahm, als hätte er schon immer hier gelebt. Lenas Wunschfamilie war damit bald komplett – hoffentlich. Sie beugte sich hinab, kraulte den weichen Katerbauch und fühlte sich von der Arbeit zutiefst erfüllt. »90 % Glück«, das war ein neuer bunter Blog im Netz, voll weiser Zitate sowie eigener Sprüche und Gedanken rund um das große Sehnsuchtsgefühl. Eine Anregung dazu, wie Menschen ihr Leben schmackhafter, schöner und entspannter machen konnten, während die Erde um die Sonne, das zentrale Glücksgestirn, kreiste. Lena entwarf fantasievolle Illustrationen, Tinka kannte wohltuende Übungen für Körper, Geist und Seele, und Marlene gab Ernährungstipps, die den Glücksstoffwechsel ankurbeln sollten.

Alle Menschen wollen glücklich sein! Wir auch,
mit euch!

Dieser prägnante Text begrüßte die Leserinnen und Leser. Als Hintergrundbild gab es Lenas Meisterstück zu bewundern: Durchs rosarot und zart türkis gefärbte Weltall schwebte die Erdkugel in Form eines kostbaren Diamanten, filigran und mächtig zugleich. Der Blog hatte allein für seine Aufmachung schon viele lobende Leserkommentare bekommen, dabei war er erst seit zwei Wochen online.

Tinka klappte ebenfalls ihren Laptop zu und federte nach oben, als hätte sie nicht stundenlang aufrecht und still wie eine Statue mit gekreuzten Beinen auf dem Boden gesessen. »Tja, für mich ist es trotzdem Mistwetter«, sagte sie zu Marlene, die es sich in dem utopisch teuren Designersessel gemütlich gemacht hatte, den Tim Lena zum Start in ihren Traumjob geschenkt hatte. »Mit dem Fahrrad ist es ganz schön weit bis zu mir.« Dann wandte sie sich augenzwinkernd an Lena. »Und du lässt dir bestimmt noch ein Schaumbad ein und trinkst vor dem Kamin mit deinem Göttergatten ein Glas Hundert-Euro-Wein, hab ich recht? Mein Höhepunkt des Abends hingegen ist eine Wärmflasche im Bett, weil ich mich bei der langen Fahrt durchs Mistwetter – äh, den Aprilregen – wahrscheinlich erkältet habe.«

Lena runzelte die Stirn. Manchmal brachte ihre älteste Freundin sie ein bisschen durcheinander, weil ihr das Leben selbst oft wie ein Traum vorkam. Manchmal stand Lena, bevor sie hineinging, noch eine Weile vor dem Haus und betrachtete die Fassade. Es war ein reich mit Stuck verziertes Gebäude aus der Gründerzeit mit großzügig geschnittenen Wohnungen, hohen Fenstern und einem Gemeinschaftsgarten. Über dem Eingangsportal schwebte ein steinerner Engel, ihr persönlicher Glücksbote. Wenn Lena unter ihm hindurchging, dankte sie ihm jedes Mal dafür, dass alles so gekommen war. Eine riesige gemütliche Wohnung mit Wintergarten und Terrasse mitten im Prenzlauer Berg, einer der beliebtesten Gegenden Berlins. Dazu Urlaube auf Bali und den Malediven, dreistellige Beträge an der Bioladenkasse und ein Familienschlitten vor der Tür, den Tim ihr immer daließ, wenn er fort war. Auf dem Beistelltisch lag der Hochglanzkatalog, in dem alle Details für ihre perfekte Hochzeit in Szene gesetzt waren. Lena hatte sich schon fast für die Version *Rustikal* entschieden. Ein romantisches Landgut sollte es sein, mit Stühlen auf der Wiese und geflochtenen

Blumenkränzen im Haar aller weiblichen Gäste, mit einer Festtafel unter freiem Himmel, einem großen Nachtfeuer und eiskaltem Champagner.

Sie löste ihr widerspenstiges Wellenhaar, das sie sich beim Arbeiten immer im Nacken zusammenband. »Bleib doch einfach da, wenn du nicht nass werden willst«, sagte sie zu Tinka.

Tinka ließ die Schultern kreisen und seufzte leise. »Ach was. Ich freue mich doch auf meine Wärmflasche.«

»Einen Frühlingsregen als Mist anzusehen, ist dennoch eine Anti-Glücks-Einstellung. Darauf bestehe ich!«, sagte Marlene und grinste.

»Mädels!« Tinka lachte laut auf. Sie waren inmitten einer ihrer freundschaftlichen Sticheleien gelandet. Tinka kokettierte gern damit, dass sie in einer Wohngemeinschaft wohnte und nur wenig besaß. *Freiwillig!*, wie sie betonte. Sie verdiente ihren Lebensunterhalt mit Yogakursen, die sie am liebsten draußen auf der Wiese gab. Jetzt stand sie da und streckte die Arme weit nach oben, griff mit den Händen nach den Sternen, so nannte sie diese Bewegung. »Ich werde während der ganzen Heimfahrt laut ›Ja!‹ in den Himmel rufen und die köstlichen Regentropfen mit dem Mund einfangen, wenn euch das lieber ist.«

»Genau die richtige Einstellung«, erwiderte Lena schmunzelnd und pickte ein paar Krümel von dem Teller mit dem Apfelkuchen, von dem nicht mehr viel übrig war. Ja, Glück war nicht nur ein Lebensgefühl, es hatte auch einen Geschmack! Die süßsauren Äpfel erinnerten sie einmal mehr an den Tag mit Tim und Luca auf der Streuobstwiese, als sie beschlossen hatten, zu heiraten. Insgeheim hatte sie Tim schon gewählt, als sie das erste Mal neben ihm aufgewacht war.

Damals klopfte der Morgenregen sanft ans Fenster, und Tim blinzelte sie unwiderstehlich charmant durch seine wirren blonden Haarsträhnen hindurch an. Sie hatten sich lange in die Augen geschaut, reglos, staunend. Dann machten sie dort weiter, wo sie wenige Stunden zuvor aufgehört hatten. Sie liebten sich, schliefen, und wenn sie aufwachten, liebten sie sich wieder. Da wusste sie es gleich: Aus dieser Begegnung wird etwas Großes, Besonderes. Nicht dass sie bis dahin oft neben fast fremden Männern aufgewacht war, aber das Gefühl neben Tim an diesem Morgen war besonders. Als Tim ihr beim Frühstück seinen Nachnamen verriet, hatte sie sofort weiterfantasiert: Lena Löwenhaupt. Ein Name, mit dem sie die ganze Gewöhnlichkeit einer Lena Müller aus den vergangenen Jahren hinter sich lassen konnte, genauso wie das Antidepressivum in der Schublade. Tim symbolisierte einen Neuanfang, einen mutig begonnenen Lebensabschnitt. Es war mutig, Tim einen Heiratsantrag zu machen. Sie fand es auch mutig, neuerdings einen Glücksblog zu betreiben, und ebenso mutig war es, nicht mehr über jedes Stück Kuchen nachzudenken, das sie aß. Schönheit kam, genau wie das Glück, von innen. Glück machte schön!

Marlene hatte den Hochzeitskatalog entdeckt, den Lena im Wintergarten auf dem Beistelltisch bereitgelegt hatte, damit Tim ihn sich heute endlich mal in Ruhe ansah. In letzter Zeit war er fast noch mehr unterwegs als sonst: eine Baustelle in Dubai, eine in Zürich, neuerdings auch eine in Kenia, die er zu kontrollieren hatte. Marlene betrachtete die Hochglanzszene auf dem Titelbild. Dort tanzte eine überirdisch schöne Braut unter einer Wolke fallender Rosenblätter mit ihrem Bräutigam.

»Gibt es schon einen Termin?«, fragte sie.

Lena strich sich über den Bauch, gerundet von Kaffee und Apfelkuchen. »Noch in diesem Jahr soll es passieren, dann stoßen wir alle darauf an. Ich dann aber hoffentlich nur mit einem winzigen Schlückchen.«

Tinka machte große Augen. »Du bist schwanger?«

Lena schüttelte den Kopf und lachte. »Nein, aber ich möchte es bis dahin endlich wieder sein. Schwanger heiraten, das stelle ich mir wundervoll vor.«

Marlene legte den Katalog zurück. »Hoffentlich wirst du nicht enttäuscht«, sagte sie.

»Wieso?«, fragte Lena. Enttäuschung kam in diesem Fall nicht infrage. Sie wollten mindestens zwei Kinder plus ein Haustier, so hatte sie es mit Tim besprochen. Der Kater war angekommen, fehlte nur noch das zweite Baby. Und da ihr Zyklus präzise wie ein Uhrwerk funktionierte, war heute ein besonders guter Zeitpunkt ... »Wieso sollte ich enttäuscht werden?«, hakte sie nach und war fast ein bisschen beleidigt. War es nicht die Aufgabe einer Freundin, sich über eine bevorstehende Hochzeit einfach nur zu freuen?

»Dein Leben«, antwortete Marlene. »Du hast schon so viel. Mann, Haus, Kind, Gesundheit, alles im Griff und im Superlativ. Ich neide es dir nicht, das weißt du. Aber die Glücksblase könnte platzen, wenn du sie zu sehr dehnst.« Marlene hatte ein paar Jahre Vorsprung und war mit bald vierzig die Älteste von ihnen, mit ersten grauen Strähnen im Haar. Sie war ebenfalls von Anfang an in Tinkas Kursen dabei gewesen, und so hatten sich die drei angefreundet. Marlene hatte einen trockenen Humor und manchmal, wenn es sein musste, die typisch berlinerische Schnoddrigkeit und eine natürliche Autorität.

Lena konnte in diesem Moment nicht widersprechen, und eine Mischung aus Blinzeln und Zucken bemächtigte sich ihres Auges, ein Tick, der sich in den vergangenen Jahren deutlich gebessert hatte. Er war wie ihre melancholischen Stimmungen fast verschwunden. Wieso er sich gerade jetzt wieder meldete?

»Glück ist immer nur in der Gegenwart zu finden, haben wir diese Weisheit nicht auch schon gepostet?«, mischte sich Tinka ein. »Wenn wir es zu sehr suchen, wird es sich vielleicht sogar vor uns verstecken.« Sie trat hinter Marlene und begann, ihr leicht die Schultern zu massieren. Marlene brummte wohlig und zustimmend.

»Tut mir leid, ihr kinderlosen Ladies. Von *Familienglück* habt ihr nur wenig Ahnung«, sagte Lena. »Ein bisschen Planung gehört da schon dazu.«

Tinka kam zu ihr und strich ihr über die Stirn. Das Lidzucken ließ nach. Lena schloss die Augen. Sie sah Tim und Luca und sich selbst mit einem zweiten Kind an der Hand. Eine so schöne Vorstellung! »Ich wünsche es mir so sehr. Dann ist Tim hoffentlich auch wieder mehr zu Hause«, sagte sie leise. »Muss er einfach.«

Tinka hielt in ihrer Bewegung inne, und Lena blickte in ihre leicht schräg stehenden Katzenaugen. »Darum kannst du ihn auch so bitten«, sagte ihre Freundin. »Finanziell wäre es doch nicht nötig, dass er immer mehr und noch mehr arbeitet, oder?«

»Nein«, sagte Lena.

»Glaubst du, er ist dir auf seinen vielen Dienstreisen immer treu?«, fragte Marlene und verzichtete nun komplett auf jede Diplomatie. Sie wusste genau, wovon sie sprach, denn sie war selbst mit einem Mann liiert gewesen, der dienstlich viel unterwegs war und es dabei mit der Treue nicht so genau genommen hatte. Jetzt hatte ein neuer Mann zu ihr gefunden, einer, der zu Hause auf sie wartete, mit ihr gemeinsam kochte, joggte und Badminton spielte.

Tim wartete nie auf Lena. Es war immer andersherum. Die Fragen ihrer Freundinnen machten sie nervös. »Kontrollieren kann ich das nicht«, antwortete sie mit umso mehr Bedacht. »Unsere Beziehung beruht auf Vertrauen. Ganz ehrlich: Sollte Tim ausnahmsweise einen kleinen Seitensprung gehabt haben, soll ich deswegen alles hinwerfen?«

»So locker bist du?«, fragte Marlene.

Lena befühlte den Ring, drehte ihn am Finger hin und her. Besonders an dem Schmuckstück war, dass sich auf der Innenseite ein Diamant befand, eingelassen in Gold. Niemand konnte ihn sehen. Tim hatte ihr den Ring schon im ersten gemeinsamen Jahr geschenkt. Als sie Tim kennenlernte, war sie nicht sein einziges Date gewesen, das hatte sie schnell herausgefunden. Doch bald hatte er von echter Liebe gesprochen und von seinem Wunsch, treu zu sein. »Wir werden heiraten«, gab sie als Antwort.

Leise klopfte der nachlassende Regen an die großen Fenster.

»Sei nicht böse, ich habe ja nur mal nachgefragt«, sagte Marlene in die etwas betretene Stille hinein. »Wenn der Termin steht und du Hilfe bei den Vorbereitungen brauchst, bin ich dabei.«

»Ich sowieso«, sagte Tinka.

Lena atmete tief durch. »Danke.«

Tinka hüllte sich in ein quietschbuntes Regencape, und Marlene umarmte Lena noch einmal. »Es soll dir ja nicht genauso ergehen wie mir.«

Lena brachte die beiden zur Tür und winkte ihnen zum Abschied.

Kaum allein, hatte sie das Bedürfnis nach frischer Luft. Sie ging nach hinten in den Garten und betrachtete die Tulpen auf der Wiese. Die Regentropfen hatten sich auf den dicken Blättern zu zitternden Wasserinseln formiert, die Blüten strahlten in Rot und Gelb – die Tulpen genossen den Regen! Lena öffnete den Mund, spürte die Tropfen auf den Lippen und tat das, worüber sie vorher bei Tinka gelacht hatten: »Ja!«, rief sie und drehte sich im Kreis. »Ja!« Jeder Moment bot die Möglichkeit zum Glücklichsein, und bevor ihre beiden Männer wiederkamen, wollte sie noch ein wenig über den wöchentlichen Glücksspruch nachdenken und vielleicht ein paar Skizzen dazu entwerfen. Er lautete:

»Glück entsteht oft durch Aufmerksamkeit in kleinen Dingen, Unglück oft durch Vernachlässigung kleiner Dinge.«
Von Wilhelm Busch.

Wie sah das Glück der kleinen Dinge aus? Eine Tulpe im Regen, die ihre dicken grünen Blätter wie offene Arme in Richtung Himmel streckte? Ein im Schoß zusammengerollter schnurrender Kater? Ein fast aufgegessener Apfelkuchen? Lucas helles Lachen und das tiefe, brummige von Tim, an dem sie sich nicht satthören konnte?

Sie kehrte in den Wintergarten zurück. Nach Lucas Geburt waren sie in die große Wohnung gezogen, und der gläserne Kubus, der von allen Seiten Luft und Sonne hereinließ, war für sie der schönste Arbeitsplatz der Welt. Die geschickte Bepflanzung im Gemeinschaftsgarten sorgte für einen guten Sichtschutz, und das Stück Paradies ließ sich wunderbar beheizen. Fast täglich saß sie hier und zeichnete, hielt nach Karlo Ausschau und freute sich, wenn er ihr um die Beine strich. So wie jetzt. »Na, ist es dir zu ungemütlich draußen?«, fragte sie ihn lächelnd. Dann räumte sie den Tisch ab.

Im Flur trat sie auf eine Legofigur und stolperte über den Kipplaster. Heute war ihr noch keine Zeit zum Aufräumen geblieben. Lange hatten sie am Morgen noch zu dritt im Bett gekuschelt, bevor sie ausgiebig gefrühstückt hatten und zusammen durch die Wohnung getobt waren. Dann war Tim mit Luca losgezogen – um einen ihrer höchst seltenen gemeinsamen Tage zu zelebrieren. Kurz danach war schon Tinka aufgetaucht.

Lena öffnete die Tür zum stillen Zimmer, wie Tim es nannte. Es war seine Idee gewesen, einen Rückzugsraum einzurichten, wo jeder von ihnen komplett ungestört sein konnte. Tim verzog sich immer frühmorgens hierhin, bevor er zur Arbeit ging. Die Luft war kühl und roch nach den Räucherstäbchen, die sie hier immer anzündete, wenn sie Luca in die Kita gebracht hatte. Dann machte sie auf dem dicken Teppich ihre Übungen, ein Mix aus Yoga und Gymnastik, oder sie saß einfach nur da, und lächelte in sich hinein. Ein Mönch auf Bali hatte es ihnen gezeigt, so einfach, so schön: hinsetzen, Augen schließen, atmen und lächeln. Nichts weiter. Dann werde jedes Leben wie von selbst glücklicher, hatte der Mönch behauptet. Das stille Zimmer war immer aufgeräumt, nie lag etwas herum. Luca spielte hier nicht gern. Vielleicht fühlte er sich von den Wandbildern mit den dicken Buddhas eingeschüchtert. Die aufrecht dasitzenden Männer waren nicht nur von Lotusblüten, sondern auch von Schlangen und Drachen umgeben, den versinnbildlichten inneren Dämonen.

Auf Bali war Lena schwanger geworden. Seitdem lasen sie Bücher, die sich mit Religion, Buddhismus, mit moderner Spiritualität und, letztlich, mit dem Glück beschäftigten. Tim schlief abends beim Lesen allerdings oft ein. Dann nahm sie ihm das Buch vorsichtig aus den Händen und küsste ihn sanft.

Lena warf einen Blick ins Kinderzimmer. Gesundes Chaos. Autos und Kuscheltiere lagen auf dem Boden verstreut. Luca liebte Kuscheltiere, und immer begleitete ihn eins davon durch den Tag, vom Bett bis zum Frühstückstisch und in den Kindergarten. Plüschtiere gab es an allen Flughäfen der Welt zu kaufen, und Tim brachte ihm oft ein neues mit. Bis Tim von der nächsten Reise wiederkam, waren Luca und das Kuscheltier unzertrennlich. Vor einer Woche war Tim zurückgekehrt und hatte für Luca einen lustigen Löwen mitgebracht, ein zotteliges, weiches Tier mit lachendem Mund statt Raubtiergebiss.

Im Schlafzimmer war das Bett noch ungemacht. Sie schüttelte die Kissen auf und glättete die Decke. Leise Aufregung durchrieselte sie bei dem Gedanken an den Abend. Heute würde sie Tim ihren Wunsch, nein, ihren Entschluss, nicht mehr verhüten zu wollen, mitteilen und Tim im gleichen Atemzug verführen. Sie hatte es ihm schon am Morgen sagen wollen, doch dann war Luca viel früher als sonst zu ihnen ins Bett gekrochen. Sie nahm Tims riesigen sandfarbenen Bademantel, der über einem Stuhl lag, und hängte ihn in den Schrank. Die aussortierte Wäsche fiel ihr wieder ein. Lena ging in die Hocke und fuhr mit den Fingern tastend über den Boden des viel zu vollgestopften Schranks, spürte die Tüte, spürte eine weitere Plastiktüte. Sie zog beide heraus. An die eine Tüte konnte sie sich erinnern, die andere … Sie griff in etwas Fransiges, Zotteliges, Fremdes. Ein Kuscheltier. Ein Löwe. Lucas Löwe! Sie zog ihn heraus und wunderte sich. Luca wäre doch nie ohne sein Ein und Alles aus dem Haus gegangen. Jetzt entdeckte Lena das kleine Schild im Ohr. Der Löwe war nagelneu. Es war nicht derselbe, aber eindeutig war es haargenau der gleiche. Tim hatte zwei davon gekauft. Außerdem befand sich in der Tüte auch ein pinkfarbener Schal, ebenfalls neu, mit einer dreistelligen Summe auf dem Preisschild. Allerfeinste Seide. Lena mochte Pink nicht besonders, sie trug gern dunkle erdfarbene Töne und kombinierte diese mit warmen Orange- und Rottönen. Schrille Farben waren nicht ihr Ding, das wusste Tim. Vielleicht war der Schal für ihre Mutter gedacht, und das Kuscheltier für …?

Draußen im Flur polterte es, die Wohnungstür fiel ins Schloss. Schnell packte sie die Tüten zurück in den Schrank. Sie fühlte sich unwohl. Ertappt. Noch nie hatte sie in Tims Sachen gestöbert. Noch nie hatte sie die Taschen nach Bordkarten abgesucht, wenn seine Reiseroute mal wieder spontan geändert wurde oder er länger fortblieb. Das taten misstrauische Ehefrauen in Büchern und Filmen, vielleicht auch in echten Beziehungen. Sie aber wollte Tim vertrauen, genau das hatte sie gerade Tinka und Marlene erzählt. Alles ist gut, sagte sie sich und fuhr sich durchs Haar. Fast begann das Auge zu zucken, das zweite Mal an diesem Tag. Lena hörte kleine, schnelle Schritte auf dem Flur und Lucas Stimmchen: »Mama! Mama!«

Ihr Herz wurde warm. Sie hatte sich wieder unter Kontrolle und drehte sich um. Luca flog ihr entgegen, sein Mund war schokoladenverschmiert, und sie schloss ihn in die Arme. Es war Zeit, über das Abendessen nachzudenken.

* * *

An den seltenen Tagen, an denen er seinen Vater ganz für sich hatte, war Luca besonders aufgedreht, und abends wollte er oft nicht ins Bett gebracht werden. Heute war es Tims Job, ihn in den Schlaf zu begleiten, und Lena hörte die beiden im Kinderzimmer miteinander reden. Sie war nachdenklich. Immer wieder hatte sie an diesem Abend den Löwen in Lucas Armen betrachtet, als könnte das Tier gleich anfangen zu sprechen und erklären, warum sein Zwillingsbruder in einer Plastiktüte im Schrank lag.

Es wurde ruhig im Kinderzimmer. Tim kam zum dritten Mal heraus und setzte sich zu ihr auf die Couch. Wie Tinka es prophezeit hatte, stand auf dem Tisch ein besonders teurer Wein.

»Luca kann anstrengender sein als eine Horde ungelernter Handwerker auf einer Großbaustelle«, sagte Tim und griff nach seinem Glas. »In Dubai gibt's frische Probleme. Ich habe die Nachricht vorhin erst bekommen.«

Lena sah ins Kaminfeuer und schwieg. Sie kannte das schon. Frische Probleme, das hieß, dass Tim früher abreisen würde. Immer wieder musste er außerplanmäßig irgendwo vor Ort sein. Deswegen bekam er die großzügigen Boni, deswegen wohnten sie in dieser Wohnung, deswegen tranken sie diesen Wein. Ein Monatsgehalt von Tim entsprach fast dem, was sie im Jahr mit ihren kleinen Jobs als Illustratorin verdiente. Probleme in Dubai, das hieß auch, dass sie Tim heute noch lieben wollte, auch wenn sie sich seit der Entdeckung im Schrank seltsam erschöpft fühlte.

Tim saß mit halb geschlossenen Lidern da. Nach einer Weile sagte er: »Mach dir keine Sorgen. Du bist großartig.«

Sie wusste, dass er sie für ihr Verhalten lobte. Kein enttäuschtes Aufspringen, kein Nachbohren, keine Vorwürfe, weil er tat, was er tat. Hin und wieder gerieten sie in Streit, weil er so viel unterwegs war. Aber in dieser Diskussion hatte sie keine Chance. Tim hatte damals seinen Master in Baumanagement als einer der Besten bestanden und von Anfang an betont, wie wichtig ihm seine Karriere war. Er hatte sich allein nach oben gekämpft und von zu Hause, im Gegensatz zu ihr, niemals Unterstützung bekommen. Nun betreute er unter anderem gigantische Bauvorhaben in den Arabischen Emiraten.

Lena richtete sich auf. »Warum sagst du, ich soll mir keine Sorgen machen?«

Tim rückte zu ihr heran und strich über ihre Wange. »Nur so ein Spruch«, murmelte er. »Aber ehrlich gemeint. Um mich brauchst du dir keine Sorgen zu machen. Niemals.«

Das Holz im Kamin war fast niedergebrannt, doch keiner von ihnen stand auf, um das Feuer wieder anzufachen. Tim fielen die Augen zu. Er brummte sein Bärenbrummen, meistens fühlte er sich dann wohl. Ihm schien das ständige Abschiednehmen überhaupt nichts auszumachen …

Leise erhob sie sich und ging ins Badezimmer. Wenn Tim von »frischen Problemen« sprach, war es immer schon der nächste Tag, an dem er wieder aufbrach. Immerhin gab es auch einen positiven Aspekt: Wenn er fort war, baute sich die gegenseitige Sehnsucht nach dem anderen wieder auf. Eine längere Unterbrechung ihres Liebeslebens hatte es nur in der Schwangerschaft gegeben.

Sie betrachtete sich im Spiegel. Ihre Haut war straff und glatt, nur im Gesicht zeigten sich erste Fältchen und sie machte ein paar Grimassen – Gesichtsyoga. Lena kämmte ihr Haar, zog sich bis auf die Unterwäsche aus und schlüpfte in ihren Morgenmantel, der ihr leicht um die Beine strich, als sie den Flur entlangging. Nun würde sie Tim weitere Bärenbrummtöne entlocken.

Er war wieder wach und blickte auf sein Handy. Ein kleines Stück schlich sie sich unbemerkt heran, dann kam es ihr unrecht vor. Sie räusperte sich, und er sah auf.

»Darling«, sagte er überrascht. Er wirkte kein bisschen verschlafen und steckte das Handy weg. »Ein Anruf von Hendrik. Bin nicht rangegangen, mache ich später.«

Die Reaktion wunderte sie, denn sie fragte eigentlich nie, mit wem Tim kommunizierte. Meistens war es ja auch geschäftlich. Da er seinen besten Freund selten erwähnte, hakte sie nach: »Ach ja? Wie geht es ihm? Trefft ihr euch bald wieder?«

Tim verschränkte die Arme hinter dem Kopf und ließ seinen Blick genüsslich über sie gleiten. »Sicher«, murmelte er. »Es geht ihm gut. Und jetzt komm her.«

Lena kuschelte sich an ihn, und Tim umfasste sie fest. Knabberte an ihrem Ohrläppchen. Sie küssten sich, und seine feinen Bartstoppeln piksten ein bisschen. Sie fuhr mit der Hand unter sein Hemd und durch sein Brustfell, helles Bärenfell. Sie liebte es.

»Glaubst du, Luca ist eingeschlafen?«, fragte sie flüsternd.

»Ja.« Er ließ die Hand unter ihren Morgenmantel gleiten. Dabei spürte sie leichte Hast in seiner Berührung, den Anklang einer gewissen Routine.

»Ziehen wir uns zurück?«, fragte sie.

Gemeinsam warfen sie noch einen Blick in Lucas Zimmer. Der Kleine hielt den Löwen im Arm und schlief tief und fest. Sie drückte Tims Hand. »Wo hast du das süße Tier eigentlich gekauft?«, hörte sie sich leise fragen.

Tim zuckte mit den Schultern. »Auf dem Rückweg von Afrika? Manchmal komme ich selbst ganz durcheinander. Aber ich kann in meinem Timer nachschauen, wenn du magst.«

Lena wollte schon sagen: »Oder schauen wir doch im Schrank nach, vielleicht finden wir in der Tüte einen Hinweis.«

Im gleichen Augenblick hatte sie ein schlechtes Gewissen. Vertrauen war Vertrauen!

Im Schlafzimmer ließ sie den Morgenmantel fallen und legte sich aufs Bett.

Tim stand vor ihr, knöpfte sein Hemd auf und blickte auf sie hinunter. »Schön warm hier«, murmelte er. Er beugte sich hinab und küsste ihren Fußrücken. Wanderte mit dem Mund langsam ihre Waden und Schenkel hinauf, über ihren Slip hinweg über ihren Bauch. Er küsste ihr Dekolleté.

»Mhmm«, machte Lena.

Er zog Hemd und Hose aus. Dann nahm er ihr anderes Bein, küsste auch dieses von unten bis oben, wanderte küssend weiter bis zu ihrem Mund, wo er innehielt und in ihr Gesicht flüsterte: »Bin gleich wieder da.« Er ging ins Bad, das eigens zum Schlafzimmer gehörte, auch so ein kleiner Luxus. Lena streckte sich auf dem Bett aus und spürte in sich hinein. Sie war mehr aufgeregt als erregt. Sie konnte sich noch gut an die Nacht erinnern, in der Luca entstanden war. Zuvor hatten sie unter Palmen, balinesischen Tempelschirmen und einem funkelnden Sternenzelt ein romantisches Abendessen zelebriert. Tim hatte ihr eröffnet, dass er künftig international tätig sein werde. Was bedeutete, dass er viele Wochen des Jahres Tausende Kilometer entfernt in anonymen Hotelzimmern verbringen würde, umgeben von fremden Menschen, Männern wie Frauen. Dass er oft schlecht erreichbar sein würde, jedenfalls zu anderen Wach- und Schlafenszeiten als sie, dass er exklusive Bars und teure Restaurants besuchen würde, die exotische Speisen wie gebratene Hühnerkrallen und geröstete Käfer anboten. Sie fühlte sich verletzt, weil er seine Entscheidung ohne sie gefällt hatte, dabei waren sie seit fast zwei Jahren ein Paar. Lena dachte inmitten des Streits das erste und einzige Mal über die Möglichkeit nach, Schluss zu machen. Sie war unversöhnlich gewesen, nicht nur verletzt, sondern zutiefst verunsichert wegen einer unwägbaren

Zukunft, für die Tim ihr kein Mitspracherecht eingeräumt hatte. Doch dann kam es zu leidenschaftlichem Versöhnungssex, und es war Tim, der das Kondom zur Seite warf, völlig irrational, ausgerechnet in dieser Nacht. Noch verrückter war, dass sie sofort schwanger wurde. Es musste also ein Omen sein. Tim und sie gehörten zusammen, und die Stellschrauben des Zeitmanagements mussten langfristig eben noch besser justiert werden. Kein Gedanke mehr an Trennung, und wer konnte schon alles auf einmal haben: Traummann, Luxusleben und dann noch ausreichend gemeinsame Zeit? Manche Wünsche mussten zu ihrer Erfüllung eben erst reifen wie süße Früchte, sonst schmeckten sie nicht.

Im Bad rauschte das Wasser. Sie beugte sich zu Tims Seite, öffnete die Nachttischschublade; Tempotaschentücher, Lesebrille und ein paar Kondome.

»Lass sie weg«, konnte sie einfach sagen. »Bitte.« Beim Blick ins Kinderzimmer eben hätte sie sagen können: »Ich bin heute sehr fruchtbar. Das sagt *mein* Timer.« Dann wäre das Thema elegant mit Tims Terminplan, den er ständig erwähnte und der ihr Leben und Liebesleben diktierte, verbunden gewesen. Stattdessen hatte sie an diese doofe Tüte im Schrank gedacht.

Lena schloss die Schublade, dimmte das Licht herunter, ließ die Hände über ihren Bauch gleiten. Sie wandte das Gesicht zur Wand und blieb so, bis Tim aus dem Bad kam.

Mit feuchter, warmer Haut legte er sich zu ihr.

»Na«, raunte er ihr ins Ohr und streifte sie mit seiner großen Nase, rieb sich an ihrem Gesicht. Alles an ihm war groß. Sie fand es schön. Auch die Nase. Es hätte lächerlich ausgesehen, wäre sie klein gewesen. Tim küsste sie, blies heißen Atem an ihren Hals. »Darling«, flüsterte er an ihrem Ohr, sein Kopf wanderte tiefer, zog eine Spur aus Küssen hinab zu ihrer fein umhüllten Brust, und er biss leicht in den Spitzenbesatz, neckte sie durch den Stoff hindurch.

Lena fasste in sein Haar, ihre Hände hielten seinen dichten Schopf und dirigierten ihn wieder ein Stück nach oben. Sie sahen sich an, und auf dem Grund des Eismeers seiner blauen Augen entdeckte sie etwas Unbekanntes, Dunkles, etwas, das sie darin noch nie gesehen hatte. Tim hatte fast immer die Augen geschlossen, wenn sie sich liebten.

»Es wäre ein idealer Zeitpunkt, die Kondome wegzulassen«, sagte sie leise, strich ihm eine Haarsträhne aus der Stirn und übersäte sein Gesicht mit blumigen Küssen. »Luca ist vier …«

»Das weiß ich«, antwortete Tim viel zu schnell und etwas grob.

Sie strich mit den Fingerspitzen zärtlich über Tims Brust. Im Geduld bewahren war sie gut. »Warum bist du so?«, fragte sie, und als er schwieg, hörte sie mit dem Streicheln auf und legte den Kopf auf seine Schulter. Sie liebte es, ihr Gesicht dort zu betten und den ganz besonderen Tim-Geruch einzuatmen. Zeit verging.

Er legte die Hand sanft auf ihren Rücken. »Lass uns noch warten.«

Sie rückte von ihm ab und sah ihn an. »Worauf warten?«

»Ich bin so viel unterwegs im Moment«, sagte er und schloss die Augen, sperrte Lena aus. Auf seiner Stirn bildeten sich ein paar Falten, er seufzte leise.

»Ein Geschwisterchen für Luca, das haben wir doch lange schon besprochen«, sagte sie und küsste Tims geschlossene Augenlider. »Stell dir vor, wir heiraten mit dickem Bauch. Wäre doch schön!« Was spielte sich in Tims Kopf nur ab? »Tim«, sagte Lena fast flehend. Sie durfte ihn jetzt nicht von der Angel lassen. Und er durfte sie nicht weiter zappeln lassen! »Du müsstest einfach nur ein bisschen öfter hier sein. Eine Reise pro Monat statt zwei bis drei. Du hast gesagt, es wäre möglich. Auch wenn du dann weniger verdienst, kommen wir doch trotzdem super klar. Oder nicht?« Lena gab es auf, hinter

27

Tims geschlossene Lider dringen zu wollen, und begann, ihn halsabwärts zu küssen, über seine Brust hinab zum Bauchnabel und tiefer. Von seiner anfänglichen Erektion war kaum mehr etwas übrig.

Tim lag still da, reagierte nicht.

»Du setzt mich unter Druck«, murmelte er. »Ich kann das dann nicht.«

Ein »Ich kann nicht« klang aus Tims Mund fremd und eigenartig, das sagte er sonst nie, und für gewöhnlich reagierte er auch immer auf ihre Liebkosungen. Auch bei ihr war inzwischen jede Lust verschwunden. »Wann setze ich dich schon mal unter Druck?«, fragte sie irritiert. »Ich bin immer mit allem einverstanden, zumindest war ich das bisher.«

Tim blinzelte. »Darling …«

»Wie lange willst du noch warten? Bis Luca in der Schule ist? Warum?« Ihr ganzes Unverständnis platzte aus ihr hervor. Statt sich zu zügeln, setzte sie noch eins drauf: »Eine Schwangerschaft dauert neun Monate.«

Tim richtete sich nun ebenfalls auf und lehnte den Oberkörper an die Wand. »Herrgott!«, rief er. »Du erzählst mir, dass Luca vier ist und wie lange eine Schwangerschaft dauert. Hältst du mich für einen Vollidioten? Bist du unzufrieden mit deinem Luxusleben? Falls ja: Sag es lieber direkt und nicht auf so eine hinterhältige Weise.«

Lena wurde es heiß. Sie stritten eher selten, aber wenn, dann verwendete Tim oft heftige Worte. »Du spinnst. Nur weil ich über unsere Zukunft spreche, bin ich hinterhältig?«

»Eine Wortverdreherin bist du in jedem Fall.«

»Sag mir, was hat das Warten für einen Sinn? Was hast du da draußen zu tun, das wichtiger ist als deine Familie?«, fragte Lena, und Tränen stiegen in ihre Augen. Mist, sie wollte nicht weinen, auf keinen Fall. Sie hatte nicht gewusst, wie verzweifelt sie in dieser Sache war.

Tims Miene wurde immer düsterer. Alles an ihm schien einen Moment lang erstarrt.

»Sag mir doch, was das Problem ist. Ich will dich wenigstens verstehen. Das ist das Mindeste. Alles andere ist unfair«, flüsterte sie.

Tim fuhr sich durch die Haare, eine seltsame Spannung lag in der Luft.

»Ich muss tatsächlich mein Leben ändern«, murmelte er wie zu sich selbst und setzte sich auf die Bettkante, sah vor sich hin auf den Boden.

Lena rutschte zu ihm hin und schmiegte sich von hinten an ihn. Seine Haut war kühl, ihre fühlte sich heiß an. »Du übertreibst«, sagte sie und wuschelte ihm durchs Haar. »Du musst deinen Terminplan umstricken, das reicht vollkommen.«

Tim brummte, entweder unwillig oder zustimmend. Dann drehte er sich zu ihr um und sah sie ratlos an. Es war ein seltsamer Moment. Er sagte nichts und kam wieder ins Bett, zog die Decke über sie. Die Welt draußen konnte hier nicht mehr rein.

Tim strich sanft über ihre Haut. Es war ein beruhigendes Streicheln. Ein wohltuendes Streicheln. Kein erotisches Streicheln. Wahrscheinlich war es für heute vorbei – kein Morgensex, kein Abendsex. Sie kuschelte sich fest an ihn, wollte ihm so nah wie möglich sein. Überlegte, den Wecker zu stellen, vielleicht konnten sie sich noch im Morgengrauen lieben, mit noch weichen nachtverschlafenen Körpern. Tim küsste sie auf den Scheitel. Hielt sie fest. Auch schön, so dazuliegen, und Lena überlegte, ob sie schon wieder undankbar war. Der Tag war überwiegend glücklich gewesen, Glück und Dankbarkeit gehörten zusammen, auch das war ein Thema für den Blog, und Marlene hatte recht: Lena hatte so viel … Ihr fielen die Augen zu, die ungeplante Auseinandersetzung hatte sie erschöpft.

Später wachte sie kurz auf. Im Halbschlaf sah sie, wie Tim zum Schrank ging, die Tür öffnete und den Bademantel vom Bügel zog. So oft, viel zu oft, hatte sie dieses Bild schon gesehen. Er packte seine Tasche meistens erst, wenn sie schon schlief oder wenn er glaubte, dass sie schlief, und diesmal war es die große Tasche, er würde also länger als drei Tage wegbleiben, und seinen Bademantel hatte er noch nie mitgenommen.

Aber vielleicht träumte sie das alles auch nur.

Kapitel 2

Verbrannte Erde

Unter seinen federnden Schritten schmatzte der feuchte Boden, und in den Bäumen jubilierten die Vögel, als freuten sie sich darüber, dass jemand mit so viel Kraft und Elan unter ihnen herlief. Hendrik fühlte sich fantastisch. Durch die Kiefern und noch kahlästigen Buchen hindurch streichelten die fächerförmig einfallenden Strahlen der Sonne wie goldene Lichtfinger den Wald und sprenkelten die Baumstämme mit warmen Farben. Sein Atem stieg in Wölkchen vor ihm auf, als wäre er eine kleine Dampflok, und über der angrenzenden Wiese hing in großen Schwaden der Morgennebel. Bis jetzt hatte er den Wald für sich allein. Nur selten traf Hendrik so frühmorgens auf andere Läufer oder Spaziergänger mit Hund, zumindest in dieser noch kühlen Jahreszeit. Im Sommer war der Grunewald das Auslaufterrain halb Berlins.

Hendrik wurde langsamer und trippelte an einer Weggabelung auf der Stelle. Wollte er wirklich schon zurück? Er konnte auch mal etwas später im Büro auftauchen. Ein Sonnenstrahl schien ihm ins Gesicht und half ihm bei der richtigen Entscheidung: Lieber das Eintauchen in seinen irgendwie grau gewordenen Alltag in der Stadt noch herauszögern.

Er blieb noch ein Stück auf dem Waldweg, atmete seine ganz persönliche Freiheit des Augenblicks ein. Laufen machte ihn glücklich und frei. Es lockerte und disziplinierte ihn zugleich. Laufen war gut für die Seele, war Herausforderung und Bestätigung in einem. Es war motivierend und entspannend zugleich. Es produzierte einen Drogencocktail im Hirn, der euphorisch machte, ganz ohne Nebenwirkungen und vollkommen legal. Hätte er vor zwei Jahren nicht das Laufen für sich entdeckt, wäre er verloren gewesen. Es war ein Wundermittel gegen miese Gefühle. Er hatte am Halbmarathon teilgenommen und wollte im Herbst den Marathon meistern, mit zwei Zielen im Visier: das Finish und eine gute Zeit, klar. Aber hinter dem Ziel gab es noch ein weiteres, eine Deadline, die er sich gesetzt hatte: Spätestens dann würde er sich endlich entscheiden, ob er an einem anderen Ort noch einmal neu anfangen sollte. Sein alter Freund Liam wollte ihn schon länger nach Hamburg locken, es gäbe dort lukrative Arbeitsangebote. Bis vor zwei Jahren war der Gedanke an die wetterlaunische, unterkühlte Stadt im Norden für Hendrik unvorstellbar gewesen. So wie damals vieles anders gewesen war, von der ersten Sekunde des Tages bis zur letzten. Er begann zu rennen, schaltete in den höchsten Gang, legte einen ultraschnellen Sprint zur Kiesgrube hin. Die Vögel hielten erschrocken inne, zumindest hörte er sie nicht mehr. Erst am Rand der riesigen Senke wurde er langsamer. In der Ferne, auf der anderen Seite des Kraters, entdeckte er zwei Personen, die wie er Sportkleidung trugen, in Grün und Blau. Sie liefen dicht hintereinander, eine der Gestalten sah in seine Richtung. Über Hendrik flog krächzend ein Rabe hinweg, er blickte ihm in den noch diesigen Himmel nach. Weit oben flog ein Flugzeug wie ein grauer Pfeil dahin. Seine Gedanken flogen mit. Vielleicht ganz auswandern? Weg aus Deutschland? Er hatte immer in den Süden gewollt, mit Hanna im Gepäck, oder in die Berge, mit eigenen Händen eine Blockhütte bauen. Hanna hatte immer nur gelacht und ihn einen Träumer genannt. Allein aber wollte er nicht in den Süden und auch nicht in die Berge. Allein ergab vieles keinen Sinn.

Wieder sah er zu den beiden Gestalten hinüber, sie standen nun eng umschlungen da und küssten sich … oder auch nicht. Er konnte es auf die Entfernung nur erahnen, und was ging es ihn auch an? Er lief den sandigen Hang hinunter, er wollte niemandem begegnen. Seine stillen Morgenläufe waren ihm heilig, und sie hatten seinem Herz geholfen, zu heilen. Einigermaßen.

Die Sonne schien auf den feuchten Sand. Hier und da wuchs ein Flecken Grün, und in den Halmen hingen dicke glitzernde Tautropfen. Es war einer der ersten Frühlingstage des Jahres, der sich diesen Namen verdienen wollte. Der lange, trübe Winter hatte sich quasi über Nacht verabschiedet, nachdem es das ganze Wochenende fast nur geregnet hatte, bei milden Temperaturen. Monatelang war Hendrik in der Dunkelheit Laufen gewesen, vor der Arbeit, nach der Arbeit, wann immer ihm eben Zeit dazu blieb. Früher hatte er stattdessen mit Hanna gemütlich gefrühstückt und abends Dreigängemenüs gekocht. Er schloss die Augen. Stand einige Minuten im milden Sonnenlicht. Die Laufpause war so nicht eingeplant, doch in diesem Moment nahm ihn die Schönheit der Natur völlig gefangen. Er hörte den Flügelschlag eines Vogels, ein Insekt flog sirrend vorbei, sein Fuß sank angenehm in den weichen Boden …

Dann kamen Stimmen näher, die einer Frau und eines Mannes, sie waren schon ganz nah. Hendrik drehte sich um und ärgerte sich ein wenig. Warum mussten ihm die Störenfriede so nah kommen? Als gäbe es hier unten nicht genügend Platz …

»Hab ich doch gesagt! Er ist es! Hendrik!«

Etwas Heißes durchfuhr ihn vom Scheitel bis in die Zehenspitzen. Er brauchte eine Sekunde, um zu begreifen, dass der Moment gekommen war. Jetzt. Ausgerechnet die Person, die er seit zwei Jahren zu vergessen versuchte und die er keinesfalls irgendwo zufällig treffen wollte, genau die Frau, vor der er Tausende Kilometer von damals bis heute davongelaufen war, ausgerechnet die stand an diesem Aprilmorgen wie aus dem Nichts mitten im Nirgendwo vor ihm.

Hanna war glücklich, das sah er sofort, er kannte sie ja fast in- und auswendig. Ihre Wangen schimmerten rosig, ihre großen Augen strahlten wie zwei blaue Opale. Sie trug eine perfekt sitzende blaue Sporthose und ein eng anliegendes blaues Oberteil, sexy sah sie darin aus. Ihre blonden Locken schimmerten im Sonnenlicht, kräftiges volles Haar. Eine fast übernatürlich schöne Erscheinung! Dann ihr Lächeln. Er hatte es geliebt, alles an ihr hatte er geliebt. Hannas ganzes Wesen lachte ihn an. Der Mann neben ihr hatte seine längeren Haare zu einem Zopf zusammengebunden, und er rückte ein aufs Outfit abgestimmtes Stirnband zurecht. Er trug ebenfalls perfekt sitzende Markenkleidung in Grün. Hendrik spulte seine Erinnerung ein kleines Stück zurück. Die beiden vor ihm waren die eben noch winzigen Figuren in Grün und Blau, die sich umarmt oder geküsst hatten. Hanna, die einen anderen küsste. Hendriks Herz schlug so hart in der Brust, als beendete er eben erst seinen Sprint.

»Hendrik, Mensch!«

Sie stand jetzt direkt vor ihm, legte ihm die Hand auf die Schulter, zog ihn zu sich, umarmte ihn flüchtig. Sie konnte unmöglich übersehen, dass sein Bauch in den unzähligen Trainingsstunden dahingeschmolzen war. Ihr Mund öffnete und schloss sich wieder, dann hob sie anerkennend den Blick. Schon war die Umarmung vorbei, schon war er wieder freigegeben und sie einen Schritt zurückgetreten. Hanna stellte sich wieder neben das grüne Männchen. Doch beim zweiten Hinsehen musste sich Hendrik eingestehen, dass Hannas Begleiter kein Männchen war, sondern ein ziemlich gut aussehender Typ mit athletischer Figur. Ihr neuer Freund? Einer der Teilhaber des Architekturbüros, in das sie mit eingestiegen war? Er starrte beide an, etwas zu lang. Als wären die beiden zwei Marsmännchen, ein grünblaues Marsmännchen-Paar, das hier gelandet war, um die Gerüchte zu bestätigen, dass in der Kiesgrube schon Außerirdische gesichtet worden waren. Hendrik hatte über diese Geschichten herzlich gelacht. Nun kämpfte er darum, eine wenigstens leicht erfreute Miene aufzusetzen.

»Hanna«, sagte er.

»Hendrik, Thomas. Thomas, Hendrik«, sagte Hanna mit immer noch strahlendem Lächeln und wies von einem zum anderen. »Mensch, was für eine Überraschung! Seit wann bist du denn auf Laufschuhen unterwegs?«

Mensch. Für Hanna war er ein Mensch geworden, nicht mehr und nicht weniger. Er war nicht mehr Schatz, Liebling, Geliebter, Superheld, Seelenpartner, Göttergatte. Einfach nur Mensch. Es klang in Ordnung, aber es fühlte sich schal an.

»Du läufst auch?« Noch während er die Worte aussprach, ärgerte er sich über diese dämliche Frage. Und darüber, dass dieses Laufgebiet rund um die Kiesgrube für ihn nun verbrannt war.

»Ja, klar, wir trainieren sogar für den Marathon«, antwortete Hanna, und Thomas legte den Arm um sie.

Wir, betonte er damit nochmals. Der Neue an Hannas Seite hatte bemerkt, dass die Luft zwischen ihr und ihm noch etwas knisterte. Obwohl sie so tat, als wäre zwischen ihnen nie etwas gewesen. Als hätten sie sich nicht fast zehn Jahre abgöttisch geliebt. Zumindest bei Hendrik war es so gewesen. Er hatte sich nie mehr vorstellen wollen, eine andere als sie zu lieben, hatte nicht gemerkt, wie sie sich innerlich entfernt hatte. Es war ein Schock gewesen, als Hanna damals sagte: »Zwischen uns läuft's doch nicht mehr«, und dann: »Ich ersticke irgendwie. Ich brauche eine neue Herausforderung.«

Worte, die sich in ihn eingebrannt hatten. Worte, vor denen er sprichwörtlich weggelaufen war, anfangs. Weil es zwischen ihnen nicht mehr lief, lief er, und weil sie glaubte zu ersticken, pumpte er sich mit Sauerstoff voll. Es hatte damals zwei Möglichkeiten gegeben: zu Hause in Selbstmitleid und Schmerz zu versinken oder etwas zu tun. An einem trüben Sonntag, an dem er mit Selbstmordgedanken aufgewacht war, heulte er vor Sehnsucht nach Hanna. Er verließ in Hausschuhen das Haus und rannte einfach los, schluchzend und keuchend immer weiter, während ihm die Schuhe die Füße wund rieben. Nach einer Stunde ging es ihm besser. Als hätte er eine Tablette gegen den Kummer genommen. Er hatte seine Arznei gefunden, um den Schmerz zu betäuben. Nachdem er ein paarmal gelaufen war, merkte er, dass der Schmerz gar nicht betäubt, sondern verwandelt wurde. Schmerzenergie wurde zu Körperenergie, Laufenergie, Trainingsenergie, Willensenergie. Von da an lief er regelmäßig. Fünf, zehn, zwanzig, dreißig Kilometer, die magischen dreißig! Oder die verflixten dreißig, wenn der Körper plötzlich nicht mehr mitmachen wollte. Dann: das Runner's High. Je elender es ihm vor dem Laufen ging, umso intensiver war der spätere Höhenflug. Beim Anblick seiner Ex im Lauftrikot senkten sich nun Wut und Verzweiflung von damals schwer über ihn. Das Schweigen wurde langsam peinlich.

Zwei Augenpaare sahen ihn erwartungsvoll an. »Marathon, ah«, sagte Hendrik gedehnt und überlegte schon jetzt, ob er seine Teilnahme absagen sollte. Laufen neben Hanna? Zu seiner Zeit hatte sie Sex, Sonne, Sauna, süße Sünden und viel Schlaf gemocht, Sport war nie dabei gewesen. Wenn es das war, was sie vermisst hatte – warum zum Teufel hatte sie nie etwas gesagt? Den Gedanken, beim Marathon ausgerechnet neben ihr zu laufen, schüttelte er gleich wieder ab. Es gab vierzigtausend Teilnehmer.

»Viel Glück dann.« Jetzt redete er auch noch Unsinn! Beim Laufen ging es nicht um Glück, sondern um Erfolg.

Thomas zog Hanna eng an sich. »Danke«, sagte er und grinste zufrieden. Er hielt das Glück schon in den Händen: eine kluge, strahlende, interessante, sinnliche und erfolgreiche Frau. Der Staffelstab war an den Mann in Grün übergeben worden.

Thomas blickte demonstrativ auf die Uhr, um deutlich zu machen, dass ihm die Zeit jetzt zu schade war, um mit Hannas Ex Small Talk zu machen. Was Hanna ihm wohl erzählt hatte? War Hendrik nur ein Ex oder *der* Ex?

»Bist du immer noch in deinem alten Office?«, fragte Hanna.

Hendrik nickte. Für sie war es bestimmt ein Armutszeugnis. Sie waren beide als Architekten angestellt gewesen, ihre Büros lagen nah beieinander, sie trafen sich oft auch in den Pausen, wenn sie Sehnsucht nacheinander hatten. Bis Hanna das Angebot bekam, als Teilhaberin in ein anderes Büro einzusteigen. Ohne lange zu überlegen, nahm sie die Herausforderung an, denn der Zufall spielte ihr zu diesem Zeitpunkt ein kleines Erbe in die Hände. Nun war sie ihre eigene Chefin. Sie hatte ein neues Leben, in dem kein Platz mehr für ihn war. Mangelnder Ehrgeiz, das war auch etwas, das sie an ihm gestört hatte.

»Und du?«, fragte er. »Geht's mit der Karriere voran?«

Sie zog die Lippen wieder auseinander. Ganz leicht fiel ihr das Lachen dann doch nicht, wie es schien. »Es hat sich gelohnt«, sagte sie. »Falls du auch mal die Chance hast, dich selbstständig zu machen, kann ich es dir nur empfehlen.«

Eben noch war Hendrik mit sich und der Welt im Reinen gewesen. Jetzt verfluchte er diesen idiotischen Zufall, dass sich seine Raum-Zeit-Koordinaten ausgerechnet hier und jetzt mit denen von Hanna überschnitten. Er hatte damit gerechnet, Hanna vielleicht irgendwann in ihrem ehemaligen Stammlokal zu treffen, zu dem er manchmal noch hinfuhr, ein Grieche mit unschlagbarem Preis-Leistungs-Verhältnis, wo ihm immer noch zwei Ouzos spendiert wurden, einer für die nicht anwesende Hanna. Oder er dachte, sie mal zufällig auf der Straße oder bei einem Kongress zu treffen. Aber in seinem Revier und – vor allem – in seinem Metier, das er sich extra ohne sie erschaffen hatte? Hendrik versuchte ein gleichmütiges Lächeln und sagte: ›Ich muss dann mal los.« Wenn er schon nichts Intelligentes zu sagen wusste, wollte er den beiden nicht auch noch dumm hinterherschauen müssen.

Für einen Moment fanden sich ihre Blicke. Kurz schwankte auch Hanna der Boden unter den Füßen. Sie hatte sich nicht leichtfertig von ihm getrennt, sie hatte viel geweint. Hendrik wusste, dass das Ende einer langjährigen Partnerschaft nicht nur den Verlassenen schmerzte. Zumal Hanna ihn auch nicht wegen eines anderen verlassen hatte. Ihr war »nur« die tiefe Liebe abhandengekommen, so hatte sie es ausgedrückt.

»Musst du zur Arbeit? Trainierst du auch für den Marathon? Bist du öfter hier?«, fragte sie.

Hendrik trat einen Schritt zurück. »Zu viele Fragen für so wenig Zeit«, sagte er, und niemand widersprach.

Thomas nickte zum Abschied, Hendrik hob die Hand. Dann drehte er sich um und joggte lässig und aufrecht, so gut es im Sand möglich war, den Hügel hinauf. Spürte die Blicke der beiden im Rücken, hörte Thomas auflachen. Kaum war Hendrik oben und außer Sichtweite, lief er schneller, immer schneller und schneller.

Die Bäume und das frische Grün flogen an ihm vorbei. Erst kurz vor dem Parkplatz wurde er langsamer. Er fühlte sich wie ein Verlierer, als hätte er es nicht bis ins Ziel geschafft. Er stützte sich mit beiden Händen an seinem Wagen ab, ihm war schwummrig, von Hochgefühl keine Spur. Mechanisch begann er, seine Muskeln zu dehnen, zog das eine Bein nach oben, dann das andere, beugte sich nach hinten und zur Seite und nach unten. Sein Blick wanderte über die wenigen Autos, die hier parkten, und ein großer Geländewagen stach ihm ins Auge. Sofort brachte er das Angebergefährt mit dem Mann an Hannas Seite in Verbindung. Wer auch immer er war, seine Aura war die eines erfolgreichen Menschen. Hendrik schlug mit der flachen Hand aufs Dach seines Autos, dann stieg er ein. Er trank Wasser, wischte sich mit der Hand über die schweißnasse Stirn und blickte in den Spiegel. Als er sein angespanntes Gesicht sah, sagte er laut zu sich selbst: »Stopp!«

Es konnte doch nicht sein, dass ihn die Begegnung mit Hanna derart aus der Bahn warf. Selbst wenn er drei Wünsche frei gehabt hätte, Hanna wollte er als Partnerin sicher nicht mehr zurück. Das war Vergangenheit.

Hendrik startete den Motor. Was wünschte er sich dann?

Eine neue Liebe. Eine Frau, die nicht nur die Körpermitte anregte. Zwei kleine Affären hatte er seitdem gehabt, und sie hatten ihm nicht viel gegeben. Aber eine Frau, mit der er jede Minute vom Aufwachen bis zum Einschlafen teilen und genießen konnte, schweigen und diskutieren, das wäre etwas anderes. Das war Wunsch Nummer eins.

Zweitens: ein neuer Job, eine Herausforderung. Vielleicht war es wirklich Zeit, mal etwas Neues zu machen, gerade weil er es sich so bequem eingerichtet hatte.

Drittens: eine Zeit unter vier Stunden für die Strecke von 42,195 Kilometer, die er beim Marathon absolvieren würde. Sollte er Hanna oder Thomas dann doch zufällig sehen, würde er sie überholen, ganz einfach. Und jetzt würde er an diese Unwahrscheinlichkeit nicht mehr denken!

Er holte sein Handy aus dem Handschuhfach. Tim hatte versucht, ihn anzurufen. Am Abend zuvor war sein Freund nicht erreichbar gewesen. So ging das nun schon eine Weile hin und her. Es war eine Eigenart von ihnen: Tim und er schrieben sich so gut wie nie Nachrichten. Wenn sie kommunizierten, dann sprachen sie miteinander. Wenigstens das, wenn Tim schon kaum noch Zeit für ihn hatte. Früher hätte Hendrik sofort zurückgerufen. Einst verbrachten sie jede freie Minute miteinander, nachdem sie sich im ersten Semester als zwei verlorene Seelen, die zufällig nebeneinandersaßen und gemeinsam in die Mensa gingen, angefreundet hatten. Später bildeten sie mit Liam ein Dreierteam. Sie hatten viel gemeinsam erlebt. Wenn Tim sich jetzt meldete, erzählte er pausenlos von fünfstelligen Boni, die auf seinem Konto eingingen. So war es jedenfalls die letzten Male gewesen. Ein Gespräch mit dem Überflieger Tim würde ihn seelisch bestimmt nicht aufbauen, nachdem er eben schon die so erfolgreiche Hanna getroffen hatte ...

Langsam rollte Hendrik Richtung Straße und blickte in den Rückspiegel. Als hätte er es geahnt, sah er die beiden noch einmal. Hanna und ihr Thomas mussten schnell gelaufen sein, sie kamen gerade auf dem Parkplatz an, lachend, euphorisch, so, wie man sich nach einem guten Lauf eben fühlte. Dann trabte das Männchen in Grün tatsächlich zu dem Geländewagen.

Hendriks Magen rumorte. Er war nicht arm. Er lebte völlig normal. Mit Hanna hatte er sich auch schöne Urlaube geleistet. Es hatte ihr nicht genügt.

Sie drehte den Kopf in seine Richtung. Natürlich erkannte sie seinen alten Wagen sofort. Obwohl sie ein gutes Stück entfernt war, glaubte er zu sehen, wie ihr das Lachen im Hals stecken blieb und sie ernst wurde. Sie stemmte die Hände in die Hüften und sah ihm nach. Er riss seinen Blick los und trat aufs Gas.

Beim Laufen hatte er seine Taktiken. Wenn er besser und schneller sein musste, sagte er seine Zaubersprüche auf und fachte mit jedem Laufschritt und Atemzug seinen Optimismus an: *Schlimmer kann es nicht werden*, war ein cleverer Satz. Dann kam er aus dem Lauftief heraus und sammelte neue Kraft. Er war sich sicher, dass er in seinem ganzen Leben nicht mehr einen solch schlimmen Liebeskummer erleben würde wie damals nach der Trennung von Hanna. »Schlimmer kann es nicht werden«, murmelte er. Wer ganz unten auf der Talsohle des Lebens und der Liebe angekommen war, für den gab es nur noch den Weg nach oben.

Er wurde ruhiger, wechselte aber sicherheitshalber noch zu seinem Motivationsmotto: *Ich kann das, ich schaffe das, ich will das.* Es war ein seltsamer innerer Wettlauf, den er kraft positiver Gedanken gewinnen musste. Das Ziel war, sich durch die Begegnung mit Hanna nicht wieder einsam und verlassen zu fühlen. Das hatte er sich nach zwei Jahren einfach verdient.

Er fuhr langsam, andere Autos rauschten permanent an ihm vorbei. »Ich kann das, ich schaffe das, ich will das. Ich kann das, ich schaffe das, ich will das. Ich kann das, ich schaffe das, ich will das.«

Ein Auto überholte ihn hupend, der Fahrer tippte sich an die Stirn. Hendrik beachtete ihn nicht weiter, fokussierte die Straße.

»Ich kann das, ich schaffe das, ich will das.« Auf einmal war er fast vor der Haustür, hatte für die Strecke wie beim Laufen, wenn er in Trance geriet, das Zeitgefühl verloren.

In der Wohnung warf er seinen Schlüssel auf die Ablage und ging sofort ins Badezimmer. Er stellte sich unter die Dusche, das Wasser prasselte auf ihn nieder. Heiß, kalt, heiß, kalt.

Er rubbelte sich die Haare trocken und betrachtete sich im Spiegel. Er versuchte ein Lächeln, es klappte. Er mochte, was er sah. Sein Körper war jetzt drahtig, sehnig, gut in Form. Sein Haarschopf war ohne lichte Stellen, seine Zähne gesund und gerade, und das Tattoo, ein kleiner Wolfskopf auf der Brust, war zu verschmerzen. Er hatte grüne Augen, Grün war die seltenste

Augenfarbe der Welt. Und irgendwo auf der Welt würde es ja wohl eine Frau geben, in die er sich neu verlieben konnte. Vielleicht musste er Hanna mit einem anderen gesehen haben, um auch noch das letzte Stück Selbstmitleid, das sich in ihm versteckt hatte, zum Teufel zu schicken. Und wenn er an Tim oder Typen wie Thomas dachte, die mit ihrem Reichtum angaben, dann musste er entweder gelassener werden oder selbst mehr dafür tun, wenn ihm das große Geld wirklich so wichtig war. Er nickte seinem Spiegelbild zu.

Bevor er ins Büro radelte, rief er Tim zurück, doch der hatte sein Handy schon wieder ausgeschaltet. Wahrscheinlich hatte er ihm kurz vor dem Einstieg in seinen Businessflug zu einer seiner Baustellen mitteilen wollen, dass er sich gerade eine zweite Wohnung oder einen Porsche kaufte. Vielleicht gehörte Tim genau wie Hanna einfach zur Vergangenheit, und die war nun mal vorbei.

KAPITEL 3

DER GRAUE BRIEF

Luca drückte seinen Löwen fest an sich und zog die Nase hoch.
Er hatte lange geweint, weil er sein Tier nach dem Frühstück
nicht gleich wiedergefunden hatte. Erst im Auto auf dem Weg
zum Kindergarten hatte er sich beruhigt. Lena gab ihm einen
Stups, und Luca lief los. Eine Erzieherin wartete an der Tür, ging
in die Knie und streichelte sowohl ihn als auch das Kuscheltier,
sagte etwas, das ihn dazu brachte, den gesenkten Kopf zu heben.
Sie lächelte zu Lena hinüber, nahm den Kleinen an der Hand
und verschwand mit ihm im Frühstücksraum. Sie wurden verschluckt von Gewusel und Lärm, einer fröhlichen Brandung,
in der Lena manchmal gern noch ein paar Momente stand
und lauschte und glücklich darüber war, ein gesundes Kind zu
haben. An diesem Vormittag war ihre Stimmung jedoch getrübt.
Lucas anhaltende Traurigkeit bedrückte sie. Nach dem letzten
gemeinsamen Tag, den er mit Tim verbracht hatte, fragte er täglich nach seinem Vater. Wie Lena im Nachhinein von ihrem
Söhnchen erfuhr, hatte Luca an jenem Sonntag alles bekommen, was er haben wollte. Heute ist Märchentag, hatte Tim
zu Luca gesagt, der Tag der kleinen Prinzen. Nun wartete ihr

Söhnchen sehnsüchtig auf den nächsten Märchentag, an dem er Prinz sein durfte. Wenn alles stimmte, was er mit glänzenden Augen erzählt hatte, war er von Tim nach Strich und Faden verwöhnt worden. Er war mit ihm in einer Pferdekutsche gefahren, sie waren im Kinderparadies Legoland und in einem riesigen Kinosaal am Potsdamer Platz gewesen, dort hatte es Limonade, Schokoladeneis und Popcorn gegeben, die Tüte halb so groß wie Luca selbst, wie er mit seinen Ärmchen stolz zeigte. Am Ende hatte Tim ihm noch zwei Fußballtrikots gekauft, ein kleines und ein größeres *für später*. Das Ausmaß der Konsumorgie hatte Tim ihr verschwiegen. Eine Reiz- und Zuckerflut hatte Luca überspült, obwohl Tim wusste, dass der Kleine abends dann vielleicht nicht nur Bauchweh hatte, sondern auch besonders aufgedreht war.

Lena hatte Tim bisher noch nicht zur Rede stellen können. Sie würde es aber noch tun, und das nicht nur wegen der vielen Süßigkeiten. Tim etablierte sich mehr und mehr als Wochenend- und Superpapa, mit dem alles toll war und der Luca jeden Wunsch von den Augen ablas. Ihr hingegen fiel es zu, dem Kind Vollkornbrot und Gemüse schmackhaft zu machen und es vom Fernseher wegzulocken. Auch hatte sie nicht halb so viele Geschenke für Luca parat. Sie durfte das Kind erziehen, Tim hatte das Vergnügen, es zu verwöhnen. Er hatte Luca keine zehn Mal in die Kita gebracht, geschweige denn von dort abgeholt. Die Situation war nicht fair. Beim zweiten Kind musste sich etwas ändern.

Fünf Tage war Tim schon auf Dienstreise. Er hatte nur eine kurze Nachricht geschickt. Ich hoffe, es geht euch gut. Alle Liebe der Welt für euch. Auch Lena hatte sich, anders als sonst, nur einmal gemeldet, statt fast täglich. Das letzte Auseinandergehen war seltsam gewesen. Sehr früh, noch bevor Luca aufgewacht war, hatte Tim mit seiner großen Reisetasche am Bett gestanden und Lena auf die Stirn, die Nase, die Wangen, den Mund geküsst. »Ich melde mich«, sagte er. »Es könnte über eine Woche sein, die ich weg bin.«

Verschlafen setzte sie sich auf. »So früh musst du los? Warum hast du gestern nichts gesagt?«

»Hätte es was geändert, außer, dass du noch weniger Schlaf abbekommen hättest?«

Eine typische Tim-Antwort. Sie wollte sofort aufstehen, er hatte sie sanft ins Kissen gedrückt und ihre Lider geküsst. Sie liebte diese zärtliche Geste über alles. »Schlaf doch noch«, murmelte er. Draußen war es noch dunkel gewesen. Seitdem wachte Lena jede Nacht mehrmals auf, tastete das Bett neben sich ab und träumte manchmal, Tim müsse ihr etwas sehr Wichtiges sagen. Dann blickte sie in die dunkle Leere des Zimmers und wurde seltsam traurig, weil sie sich mit ihren Vorstellungen von ihrem Zusammenleben immer weniger gesehen fühlte. Nicht nur wegen Lucas Erziehung und ihrer Sehnsucht nach einem zweiten Kind. Sie wollte auch endlich den Hochzeitstermin festlegen, das Landgut reservieren, die Flitterwochen planen und die Gästeliste erstellen. Luxusprobleme – auch das wäre mal ein Thema für den Blog, auch diese konnten sehr belastend sein. Für den letzten Wochenspruch über das Glück der kleinen Dinge hatte Lena als Motiv den Garten fotografiert und die Wiese grafisch so bearbeitet, dass sie nun vor lauter glücklichen Frühlingsblumen überquoll, und darüber tanzten kleine und große Schmetterlinge. Morgen würde sie wieder mit Tinka und Marlene über das große und das kleine Glück diskutieren, sie freute sich darauf. Luca war während ihres Arbeitstreffens bei einem Kindergeburtstag eingeladen – Lena hatte das Wochenende wie immer ohne Tims Hilfe organisiert.

Rasch verließ sie die Kita, flüchtete vor eventuellen Small Talks mit glücklichen Müttern, die sich vor wenigen Stunden noch in die Arme ihrer Partner oder Ehemänner gekuschelt hatten. Sie ging in den kleinen angrenzenden Park, setzte sich unter das frische Grün einer austreibenden Platane und sah auf ihr Handy. Die lange Funkstille war ungewöhnlich. Doch nichts zu hören war besser, als von einer Katastrophe zu erfahren. Lena hatte oft Angst, Tim könnte bei seinen vielen Flügen etwas zustoßen. Aus einem Impuls heraus wählte sie die Nummer seines Berliner Büros. Sie rief selten dort an, und sie war auch nur selten dort gewesen. Die Firma war in einem kühlen Bau aus Beton, Stahl und Glas untergebracht, einem Ort, wo die Schritte auf dem Boden hallten und die Aufzüge fast lautlos durch die Etagen glitten. Auch Tims Büro wirkte unbeseelt. Nur eine kleine Fotografie von ihr und Luca, aufgenommen kurz nach der Geburt, stand auf seinem Schreibtisch. Abgesehen von diesem Detail hätte das Büro auch einem anderen Mitarbeiter gehören können. Meistens war nur die Sekretärin im Nebenzimmer anzutreffen.

»Frau Jansen? Hier Lena Müller, hallo.« Sie versuchte, locker und unaufgeregt zu klingen, dabei hatte sie plötzlich ein mulmiges Gefühl. Sie rief immer dann im Büro an, wenn sie befürchtete, Tim sei auf der Reise stecken geblieben, ihm sei etwas passiert, oder auch wenn sie glaubte, sie könne die Reisegeschwindigkeit seines Flugzeugs durch einen Anruf bei seiner Sekretärin beschleunigen.

»Frau Müller!« Frau Jansen versuchte im Gegenzug immer, möglichst viel Freude in ihre Stimme zu legen, um sie dann besser vertrösten zu können, was sie meistens musste. Lena mochte sie. Inmitten all der Wichtigtuer der Firma, die in klassischen Businesskostümen, Anzügen, hochhackigen oder blank gewienerten Schuhen herumliefen, als fände in den Räumen gerade ein Filmdreh über die Wall Street statt, strahlte Frau Jansen etwas Mütterliches, Bodenständiges aus. Lena hatte in dem Gebäude auch noch nie eine andere Frau mit grauen Haaren gesehen. Wenn Tim Frau Jansen »meine Retterin« nannte, gab es keinen Grund für misstrauische Gedanken. Und für Frau Jansen waren sie quasi auch verheiratet.

Sie begrüßten sich herzlich, dann wandte Lena eine kleine Notlüge an: »Ich kann meinen Mann nicht erreichen.« Sie hatte es an diesem Tag gar nicht versucht. Vielleicht aber würde sie auf diese Weise herausbekommen, wann Tim zurückkam, und sie konnte ihn mal wieder überraschen. Die Aprilsonne schien ihr mild ins Gesicht, und hinter den geschlossenen Lidern sah sie sich am Flughafen auf Tim warten, während Luca an ihrer Hand zog und aufgeregt »Jetzt, jetzt, jetzt!« rief, jedes Mal, wenn die Schiebetüren auf- und zugingen und die Reisenden schubweise herausströmten. Lenas Herz machte immer einen kleinen Sprung, wenn Tim dann erschien und sie sich in die Augen sahen, wenn der erste Blick sagte: Ich bin so froh, dass es dich gibt!

»Ist das Telefon aus, sitzt er wohl im Flugzeug. Manchmal geht aus dem Ausland kurz vor dem Abflug auch mal eine Nachricht verloren«, antwortete Frau Jansen. »Das kommt vor.«

»Sie meinen, er ist vielleicht schon auf dem Rückweg? Mir hat er gesagt, er weiß nicht, wann er genau zurückkommt. Wann und wo wird er landen?«

»Also dieses Mal weiß ich es auch nicht genau, muss ich gestehen.« Frau Jansens Stimme verlor einen Augenblick lang ihren beruhigenden, mütterlichen Klang. »Aber ich schaue mal eben nach, Moment … nein. Er hat seine Rückkehr wieder nicht eingetragen.«

Lena öffnete die Augen, und die Sonne blendete. Sie kramte in der Tasche nach ihrer Sonnenbrille, aber die hatte sie offenbar im Auto liegen lassen. Sie schirmte die Augen mit der freien Hand ab, als könnte sie dadurch auch besser verstehen, was sie gerade gehört hatte. »Wieder nicht?«

»Diesen Flug hat er wohl selbst herausgesucht.«

»Wie bitte?«, fragte sie so entsetzt, als hätte Frau Jansen gerade gesagt, Tims Flugzeug sei abgestürzt.

»Frau Müller …«

Frau Löwenhaupt, so wollte Lena das nächste Mal angesprochen werden, wenn sie mit Tims Büro telefonieren musste. »Entschuldigung«, sagte sie schnell, weil sie so heftig reagiert hatte. »Ich bin einfach nur überrascht.«

Frau Jansen lachte versöhnlich. »Ich gehe immer am frühen Nachmittag nach Hause. Jeder bucht hier auch mal selbst, wenn es schnell gehen muss. Wir sind eine moderne Firma. Auch wenn ich als Vorzimmerdame vielleicht nicht so aussehe.«

Lena stimmte in ihr Lachen ein. »Natürlich. Er wird sich bestimmt bald melden.«

»Hat er doch immer getan, oder?«

»Ja.«

Nach dem Telefonat sah Lena eine Weile zu dem Spielplatz hinüber, wo ein paar Mütter und Väter aus Thermosbechern tranken, redeten und lachten, während ihre Kleinen als noch dick eingepackte bunte Raupen im Sand herumkrochen. Bald, in naher Zukunft, würde sie auch wieder mit einer Miniraupe auf diesem Spielplatz sein. Als Lena Löwenhaupt würde sie alles noch mal erleben: den ersten Schritt, das erste Wort. Sie entdeckte die ersten Gänseblümchen auf der Wiese und verbannte das klamme Gefühl, das sich bei ihr eingeschlichen hatte, aus ihrer Herzgegend. Sie vertraute darauf, dass alles im Fluss war, dass es ein tolles Jahr werden würde, und dachte an ihren Lieblingsspruch, eines der bekanntesten Zitate des Buddha und einer der ersten Leitsätze, die sie auf ihrem Blog gepostet hatte:

>*Es gibt keinen Weg zum Glück. Glücklich sein ist der Weg.*«

Genau! Sie würde sich durch Tims kantiges Verhalten nicht aus der Bahn werfen lassen. Ihr Leben war im Großen und Ganzen wunderbar. Sie stand auf, sah noch mal zu den spielenden Kindern hinüber und machte sich auf den Heimweg.

* * *

Im Hausflur ärgerte sie sich, weil mal wieder Reklame den Briefkasten verstopfte, als wäre hinter dem Schlitz mit dem darunter angebrachten Aufkleber »Bitte keine Werbung« ein Mülleimer. Sie nahm die Zeitung, Werbung und Briefe heraus, klemmte sich den kleinen Stapel unter den Arm und schloss die Tür auf.

In der großen leeren Wohnung wurde sie von Stille empfangen. Manchmal war das toll. Am Vormittag fiel das Sonnenlicht in breiten Strahlen durch die Fenster, Staub tanzte flirrend darin, und die angewärmten Dielen knackten etwas lauter unter den Füßen. Lena machte sich in der Küche mit der von Tim neu angeschafften Maschine einen Espresso, setzte sich an den Tisch und nahm sich die Post vor.

Die Postkarte fiel ihr zuerst in die Hände. Lena hatte aufgehört zu zählen, wie oft sie von ihren Eltern in den vergangenen Monaten Grüße bekommen hatte. Die Zeilen lauteten in etwa immer gleich und waren doch jedes Mal so schön zu lesen: »Uns geht es gut, es ist fantastisch, wir vermissen euch, gib Luca einen Kuss und erzähle ihm von dem Land, wo wir sind«, so in etwa. Seit Lena klein war, hatten ihre Eltern davon gesprochen, irgendwann eine Weltreise zu machen. Sie hatten lange darauf gespart, wollten sich auf der Reise ihres Lebens alles leisten können, vom komfortablen Safari-Jeep bis hin zur Ferienwohnung mit eigenem Whirlpool. Lena betrachtete das Motiv auf der Vorderseite der Karte, die Silhouette des Tafelbergs. Südafrika!

Da wollte sie auch irgendwann mal hin – gemeinsam mit Tim und den Kindern …

Sie zog an der grauen Umschlagecke, die unter der Zeitung hervorragte, und ein kleiner Brief kam zum Vorschein. Das Format war ungewöhnlich, eher quadratisch. Auf der Rückseite stand nichts, und Lena drehte ihn um. Augenblicklich machte ihr Herz einen kleinen Sprung. Der Brief war in Tims Handschrift an sie adressiert. Es musste sich um eine Überraschung handeln, vielleicht um eine besondere Liebeserklärung oder den lang ersehnten konkreten Vorschlag zum Hochzeitstermin. Seit sie Tim auf der Wiese liegend, mit Gras im Haar, gefragt hatte, waren über sechs Monate vergangen. Doch sie wollten noch in diesem Jahr heiraten, so war nach wie vor der Plan. Vielleicht hatte Tim heimlich schon etwas vororganisiert. Vielleicht waren in dem Kuvert aber auch Karten für ein Konzert oder ein anderes kulturelles Event. Erst kürzlich hatten sie darüber gesprochen, mal wieder etwas gemeinsam zu unternehmen. Vor der Weltreise war ihre Mutter oft für ein langes Wochenende nach Berlin gekommen, damit sie ausgehen konnten. Ihre Mutter hatte sich mit der Vorstellung schwergetan, ein ganzes Jahr weg zu sein, vor allem wegen Luca. Lena schickte ihnen regelmäßig Fotos. Tim fehlte darauf meistens.

Sie nahm den Brieföffner und schlitzte das Kuvert auf. Unerwartete Briefe zu öffnen, die handschriftlich adressiert waren, das war spannend. Heute klang das ritzende, schabende Geräusch jedoch unheilvoll. Sie legte den Brieföffner bedächtig zur Seite, fuhr mit den Fingern in das Kuvert und ertastete dünnes Papier. Sie zog es heraus. Es war ein kleiner Bogen, der einmal zusammengefaltet war, und er fühlte sich fast so fein an wie Zigarettenpapier. Sie zögerte. Sie war sich plötzlich ganz und gar nicht mehr sicher, ob wirklich etwas so Wundervolles drinstand. War es vielleicht eher etwas Schlimmes? Alles andere ergab keinen Sinn. Tim schrieb sonst nie Briefe. Noch etwas ging ihr durch den Kopf: Der Umschlag war aus festem Papier, grob und grau. Der Briefbogen war weiß und fein. Wie ein Abbild von Tim, der nach außen hin ein dickes Fell hatte und so robust wirkte, im Inneren aber eine sehr empfindliche Seite barg. Er war ein wandelnder Widerspruch. Er führte gerne Diskussionen, aber er hatte Schwierigkeiten, anderen länger zuzuhören. Er war unglaublich spendierfreudig und lud gern alle am Tisch ein, aber wenn das Wechselgeld nicht auf den Cent stimmte, wurde er ärgerlich. Er war bei guter Gesundheit, aber wehe, wenn er mal Schmerzen hatte, vom berüchtigten Männerschnupfen ganz zu schweigen.

Sie faltete den Bogen auseinander, das Papier knisterte leise. Sie las:

> *Liebe Lena.*
> *Ich bin fort. Es tut mir unendlich leid, doch es*
> *wäre unfair, jetzt von mir zu sprechen. Es ist für*
> *euch gesorgt. Bitte suche mich nicht, warte nicht*
> *auf mich, warte auf nichts, lebe, wie ich auch.*
> *Tim.*

Sie las. Las es wieder. Und wieder. Verstand sie etwas davon? Sie fühlte nichts. Sie registrierte die Farbe der Kugelschreibermine, mit der Tim geschrieben hatte: schwarz. Sie fand, dass Tims Schrift anders aussah, sonst schrieb er in großen, sicher gezogenen Buchstaben, doch diesmal waren die Buchstaben runder und zarter, bestimmt lag es diesmal am feinen Papier, da konnte er den Stift nicht so fest aufdrücken. Warum hatte er dieses dünne Papier gewählt und keins aus dem Hotel oder ein normales? Diese Frage kreiste in ihrem Kopf herum wie ein lästiges Insekt. Sie las alles noch einmal. Was da stand, hatte mit ihr nichts zu tun, konnte mit ihr nichts zu tun haben, konnte nicht wahr sein. *Ich bin fort.* Daran war sie gewöhnt. Es war ein dummer Scherz. Der kleine, leichte Bogen Papier passte gut auf ihre Handfläche. Sie legte ihn darauf, betrachtete ihn, blies ihn mit ihrem Atem an und das Papier segelte ein Stück nach oben, drehte sich in der Luft und landete wieder auf dem Küchentisch, hatte sich einmal um sich selbst gedreht.

Im nächsten Moment stand Lena am offenen Fenster und schnappte nach Luft. Sie wusste nicht, wie sie dorthin gekommen war. Sie brauchte Luft, viel Luft, und die Blumenwiese verschwamm vor ihren Augen, als säße sie an einem Regentag im Wintergarten, während das Wasser die Scheiben herabbrann, und sie schaute nach draußen. Doch draußen schien die Sonne. Draußen ging das Leben einfach weiter, nur bei ihr war alles plötzlich anders, furchtbar anders. Keine Spur mehr von der Zuversicht, die sie heraufbeschworen hatte. Alles ausgelöscht. In ihrem Inneren war es kalt und leer. Über die Wiese huschte Karlo als ein dunkler, verschwommener Fleck.

Sie schloss das Fenster und wischte sich ungeduldig mit dem Handrücken über die Augen. Sah dorthin, wo das kleine Stück Papier lag, beschrieben mit den paar Zeilen, lapidaren Worten. Sie stürzte zum Tisch und wäre beinahe hingefallen, weil sich in diesem Moment ein schwarzer Leib zwischen ihre Füße drängte. Sie hielt sich an der Tischkante fest. Karlo maunzte laut und huschte wieder aus der Küche. Lena las den Brief ein weiteres Mal – wenn es wenigstens ein richtiger Brief gewesen wäre! Die Nachricht enthielt keine Erklärung, nicht mal eine Botschaft, die es wert war, so genannt zu werden. Oder die Botschaft war eben diese: Tschüs, nichts weiter als tschüs. Mach's gut.

Sie stieß sich vom Tisch ab, stand haltlos im Raum. Als wäre die Erde, die eben noch als rosa und türkis schimmernder Diamant in einem weiten, wundervollen Universum schwebte, aus einer geheimen Verankerung gerissen. Nun stürzte sie in die bodenlose Dunkelheit des Weltalls. Lena streckte die Hand wieder nach dem Zettel aus, den sie unbedingt verstehen wollte. Es musste eine logische Erklärung für die Existenz dieses Papiers geben, einen Halt im freien Fall.

Ihre Gedanken rasten mit Lichtgeschwindigkeit in ihrem Kopf herum. Tim war nicht immer glücklich auf seinen Reisen, das wusste sie. Einsamkeit gehörte zum Job. Womöglich hatte sich Tim in einer dunklen Stunde in einem Hotel betrunken und so etwas Unsinniges fabriziert. Jeder Mensch schrieb in großer innerer Not mal etwas auf, um sich zu erleichtern und am nächsten Tag darüber vielleicht den Kopf zu schütteln. Es war ganz natürlich, und es war eine Erklärung. Bestimmt würde Tim gleich anrufen, eine Nachricht schicken, sich entschuldigen, und der Tisch beim Italiener war für den Abend schon reserviert.

Ihr Herz klopfte wild. Lena griff nach dem Briefumschlag. Der Stempel war etwas verwischt, der Brief aber eindeutig in Berlin aufgegeben worden. Vielleicht war Tim ganz in der Nähe! Sie fuhr herum, als könnte Tim hinter ihr durchs Fenster hereinsehen und sie beobachten. Bestimmt würde er später nach Hause kommen, sie in die Arme nehmen und ihr einen anderen Umschlag überreichen, jenen, den er versehentlich mit dem kleinen grauen Ungetüm vertauscht hatte, so etwas Dummes. Der andere Brief, es war doch nur ein abwegiger Gedanke in einem verlorenen Moment gewesen! Nur ein Gedanke von Abertrilliarden möglichen Gedanken! In dem wirklich für sie gedachten Umschlag stand, wie sehr er sie liebte, wie stolz er auf sie und Luca, auf seine kleine Familie war, und als Dank für das bisherige gemeinsame Leben und alle weiteren Jahre schickte er ihr …

Lena stampfte mit dem Fuß auf, so fest, dass ihr der Aufprall durch die Glieder fuhr. Sie nahm das dünne Papier, faltete es zusammen, hatte Mühe, es in den Briefumschlag zu stecken. Ihre Hand wollte nicht gehorchen, wollte den Brief lieber zerknüllen, zerfetzen, wegwerfen, aus ihrem Leben verbannen. Nein, halt, stopp! Sie musste ruhig bleiben und nachdenken. Alles andere war Unsinn. Sie legte den kleinen grauen Umschlag auf die ungeöffnete Post, setzte sich und ließ den Kopf auf die Tischplatte sinken. So würde sie verharren, bis ihr etwas Sinnvolles einfiel, bis sie wusste, was sie als Nächstes tun konnte, tun sollte, tun musste. Sie hörte sich atmen, spürte den Kater wieder an ihren Beinen. Karlo miaute. Fragend, fordernd, klagend. Irgendwann hörte er auf, verschwand, und wo er sich an sie gedrückt hatte, blieb brennende Kühle zurück. Gnadenlos tickte die Küchenuhr, als wäre nicht eben die Welt stehen geblieben, als wäre die Erde nicht gerade von ewiger Dunkelheit verschluckt worden. Im Garten war jemand, Lena hörte Lachen. Laut sangen auch die Vögel, schrien und piepsten wild durcheinander. Lenas Herz schlug ebenfalls laut und ihre Gedanken waren laut, kreisten um drei Worte: *Ich bin fort.*

Wie lange diesmal? Warum machte Tim ihr mit dem Brief solche Angst? Als sie sich wiederaufrichtete, waren ihre Wangen nass, auch der Tisch war feucht, ein großer dunkler Fleck hatte sich auf dem hellen glatten Holz ausgebreitet. Sie stemmte sich nach oben. Die Wäsche musste gemacht werden, das Bad geputzt. Alltag, Realität, Bodenhaftung waren angesagt, keine Panikfantasien. Außerdem hatte sie versprochen, einen Kuchen für das morgige Arbeitstreffen mit Tinka und Marlene zu backen. Wenn sie das alles schaffte, wenn alles wie immer war, zumindest für diesen Tag und vielleicht auch für morgen, dann würden sich die Dinge weisen, dann würde sich alles aufklären. Irgendwie. Jetzt musste sie erst einmal Zeit gewinnen und einen kühlen Kopf bewahren.

* * *

Die Sonne schien frühlingshaft warm, doch Lena tat sie in den Augen weh. Auch das Lesen von Tinkas Nachricht strengte sie an. Unter normalen Umständen, bevor der graue Brief gekommen war, hätte sich Lena über den Vorschlag gefreut: Tinka wollte das Arbeitstreffen in den Park verlegen, inklusive Yoga auf der grünen Wiese …

Doch jetzt überflutete allein der Gedanke daran ihren Körper mit Stresshormonen. Es war eben schon schwer genug gewesen, Luca auf der Straße zu den anderen Kindern in den Van zu bugsieren und sich vor den engagierten Eltern des Geburtstagskinds normal zu verhalten. Sie hatte ihnen hinterhergewinkt, erst als der Van um die Ecke bog, fiel ihr Arm schwer und schlaff herunter. Zum Glück war Luca seit dem Aufwachen pflegeleicht gewesen, hatte nur an den heutigen Zoobesuch mit den anderen Kindern und nicht an seinen Vater gedacht. Schließlich würde Luca heute einen echten Löwen zu sehen bekommen.

Lena lag auf dem Sofa und überlegte, was sie auf Tinkas Nachricht antworten sollte. Sie konnte sich nicht vorstellen, aus dem schützenden Kokon in die Welt da draußen zu gehen, eine Welt, in der sich Tim vor ihr versteckte. Was konnte sie tun? *Bitte suche mich nicht … lebe, wie ich auch.* Es war weder ein Selbstmordbrief noch ein Entführungsbrief. Sonst wäre sie auch sofort zur Polizei gerannt.

Sie schrieb an Tinka zurück, dass sie heute nicht kommen könne, *sorry*, zu weiteren Erklärungen fehle ihr die Kraft. Hoffentlich gab sich ihre Freundin damit zufrieden, denn bestimmt hatte Tinka wieder alle möglichen Decken, Matten und Kissen dabei, um es ihnen gemütlich zu machen. Kunstvoll verschnürt transportierte sie alles auf ihrem Fahrrad so wie jene balinesischen Händler auf dem Weg zum Markt, die ihre Drahtesel mit Waren und Behältnissen so vollpackten, dass sie dahinter gleich mehrfach verschwanden. Tinka zauberte aus den

Sachen dann eine wunderschöne Oase, und ganz bestimmt war der strahlende Frühlingstag im Park heute optimal, um sich zu dehnen und zu strecken und kreativ mit weiteren Glückstipps auseinanderzusetzen. Nur nicht für Lena. Sie befand sich im Schockzustand. Dabei spürte sie unfassbares Unglück mit dumpfem Grollen näher kommen wie ein gewaltiges Gewitter, das keinen Stein auf dem anderen lassen würde. Noch war es nicht ganz da. Noch hoffte sie, Tim werde sich jede Sekunde melden und das Versehen aufklären oder völlig unverändert zur Tür hereinkommen. Noch war nicht mal eine Woche um, und eine Woche war er schon öfter fortgeblieben.

Sie ging ins stille Zimmer und legte sich auf den Boden. Der Raum duftete kein bisschen nach »Klarheit und Ruhe«, wie der Aufdruck auf der Packung Räucherstäbchen versprach. Gestern hatte sie hier geweint, statt zu meditieren. Und heute war sie zu müde gewesen, um aufrecht auf dem Boden zu sitzen, weil sie kaum geschlafen hatte. Immer wieder war sie aufgestanden, hatte den kleinen grauen Umschlag hervorgeholt und das feine Papier mit der Botschaft aus der Hölle auseinandergefaltet. Wenn sie die Augen schloss, erschien ihr das Schriftbild wie eine Fotografie vor Augen. In den letzten dreißig Stunden hatte sie fünfmal Tims Nummer gewählt: Gestern, bevor sie Luca aus dem Kindergarten abholte, um ihm vielleicht sagen zu können, wann sein Vater wiederkam. Ein weiteres Mal, bevor sie Luca ins Bett brachte und ihm wieder sagen musste, dass sie nichts Neues von seinem Papa wusste. Sie hatte Tims Nummer gewählt, bevor sie sich schlafen legte und nach dem Aufwachen, um sich zu vergewissern, dass alles nur ein Albtraum war. Ein letzter Versuch vorhin, und wieder nichts. Immerhin klingelte sein Telefon. Solange es klingelte, gab es eine Verbindung, und sie gewährte Tim eine Gnadenfrist, um den Irrtum aufzuklären, und sich selbst, um nicht panisch zu werden. Doch wenn sie in den nächsten beiden Tagen nichts von ihm hörte, würde sie zu

Wochenbeginn anfangen, ihn zu suchen. Am Morgen hatte sie noch gedacht, sich mit Tinka und Marlene ablenken zu können, einfach am Blog weiterzuarbeiten und so zu tun, als wäre die Welt in Ordnung, zumindest versuchen wollte sie es: Disziplin war ihre große Stärke. Doch nun stellte sich Lena lieber vor, ein Stein zu sein und nur zu warten, bis Luca zurückkam.

An der Tür klingelte es, und sofort krampfte sich etwas in ihrem Bauch zusammen. War es Tim, der den Schlüssel verloren hatte? Tim, der überfallen, entführt und gezwungen worden war, diesen seltsamen Brief zu schreiben, genau in diesem Wortlaut, damit Lena nicht die Polizei rief, *deswegen das ganze Missverständnis, bitte entschuldige, Lena, Liebste …!* Sie glaubte diese Erklärungsversuche schon selbst nicht mehr. Oder standen Beamte mit Grabesmiene und einer Hiobsbotschaft vor der Tür? Der Paketbote? War es die Nachbarin?

Wie erschöpft sie plötzlich war. Lena konnte und wollte nicht aufstehen, für keine der Möglichkeiten. Es klingelte wieder. Wieder. Gleichmütig sahen die Buddhas auf den Bildern an den Wänden zu, wie sie sich auf die Beine quälte. Nun war das Klingeln vorbei. Sie trat aus dem Zimmer und hörte ein lautes Klopfen am Ende des Flurs.

»Lena! Lena, verdammt!«

Sie schleppte sich ins Wohnzimmer und von dort in den Wintergarten.

Marlene drückte die Nase gegen die Scheibe. Als sie Lena sah, machte sie ein erschrockenes Gesicht. »Was ist passiert?«, rief sie, ihre Stimme drang nur leicht gedämpft durch die Scheiben, die Nachbarn hörten es bestimmt alle.

Lena legte einen Finger auf die Lippen und ging zu einem der großen Fenster, die sich zum Garten hin öffnen ließen.

Marlene streckte sofort den Arm durchs Fenster und hielt Lena an der Schulter fest, als befürchte sie, sie könnte jeden Moment umsinken. »Du siehst schlimm aus, bist du krank?

Du bist nicht erreichbar, wir machen uns Sorgen! Tinka wartet im Park. Es ist herrlich grün dort, sie hat eine ganz besondere Stelle ...«

»Mir ist nicht gut«, sagte Lena mitten in Marlenes Ansprache hinein. Der Gedanke an eng umschlungene Paare mit Frühlingsgefühlen und fröhliche Menschen – sie schüttelte sich.

Marlene zog eine ihrer sorgfältig gezupften Augenbrauen hoch, die über dem Rand ihrer schicken Hornbrille als schmaler Bogen zum Vorschein kam. »Du musst nur zu mir ins Auto steigen. Was immer es ist, danach geht es dir besser, und du kannst es uns in Ruhe erzählen.«

»Nein.« Lena wich zurück. Was für eine aussichtslose Idee, ihren Freundinnen etwas vorspielen oder sie einfach mit einer Kurznachricht von sich fernhalten zu wollen.

»Lass mich bitte rein«, sagte Marlene.

»Ihr könnt doch mal ohne mich ...«

»Was ist los? Sonst bist du unerbittlich, wenn es darum geht, Verabredungen jeder Art einzuhalten. Einfach abzusagen, das bist doch nicht du!«

»Nein. Ja.« Mehr fiel Lena nicht ein. Sie stand einfach nur da und sah auf Marlenes dunkelrot geschminkten Mund. Ihrem alarmierten Blick hielt sie nicht stand.

»O Mann, dir geht's beschissen. Mach bitte die Tür auf.«

Wenig später traf auch Tinka ein. Lena saß im Lesesessel des Wintergartens und überreichte ihr schweigend den grauen Briefumschlag. Sie legte die Hände in den Schoß und fühlte sich wie eine uralte Frau, die mit ihrem Leben fast schon abgeschlossen hatte und nur noch ein paar Tage unbeteiligt in eine Welt schaute, die auch ohne sie gut weiterexistieren würde. An den sich im Wind wiegenden Zweigen waren zarte grüne Blätter zu sehen. Marlene hatte Kaffee gekocht und Lenas Kuchen auf den Tisch gestellt. Ihre Freundinnen lasen den Brief abwechselnd je zwei Mal. Dann rührten sie lange schweigend in ihren Tassen, Marlene sogar ohne Grund, denn sie trank den Kaffee immer schwarz und ohne Zucker. Karlo lag flach auf den Boden gedrückt in einer Ecke, als fürchtete er sich.

Tinka ließ sich vor Lena auf dem Teppich nieder und sah zu ihr hoch. »Sonst nichts? Keine weitere Nachricht?«, fragte sie.

»Keine andere Spur?«, fragte Marlene.

Nun waren sie schon drei, die nicht glauben konnten oder wollten, was auf dem dünnen Papier stand.

»Weiß noch nicht«, sagte Lena.

»Fehlen Sachen?«

»Ja, sein über alles geliebter alter Bademantel.« Lena versuchte ein Lachen, aber sie krächzte nur und ihr tat der Hals weh, als wäre er entzündet. Im Schlafzimmer vermisste sie in der Nacht nicht nur ihren Fast-Ehemann, sondern auch seinen Bademantel! Sonst räumte sie ihn immer weg, wenn er unnütz herumlag – gestern hätte sie ihn gerne in den Händen gehabt, daran gerochen, ihn angezogen und wäre damit ins Bett gekrochen. Dann hätte sie sich mit Tim zusammengeträumt, zurück zu jenem Herbstblätterraschelrauschtag, als er Ja gesagt und der Bussard über ihnen seinen Sehnsuchtsruf ausgestoßen hatte. Aber Tims Lieblingsstück war verschwunden, und es schien ein furchtbares Zeichen zu sein.

»Weiter nichts?«

»Weiß ich nicht!«, schrie Lena. Noch waren die Dinge nicht so, wie Tim sie aufgeschrieben hatte. Er musste zurückkommen. Er würde zurückkommen. Sie hätte den Brief noch für sich behalten sollen.

»Du stehst unter Schock«, sagte Marlene. »Das ist normal.«

»Ich stehe auch unter Schock.« Tinka sprang auf die Beine und ging ein paar Schritte umher. »Der Brief ist jedenfalls nicht normal.« Sie stemmte die Hände in die Hüften, ihre Stirn lag in Falten. Sie sah an sich herunter und sagte: »Mist. Ich war echt schon lange nicht mehr richtig wütend.« Dann schüttelte sie die Arme aus. »Ich will es auch gar nicht sein. Aber der Brief, sollte er wirklich ernst gemeint sein, ist dermaßen dumm und feige!«

»Na ja«, sagte Marlene. »Wenn ich nicht schon Erfahrung mit feigen Männern hätte, würde ich das auch so sehen. Aber ich weiß auch eins: So ein Brief kann auch ein Hilferuf sein, ein Akt der Verzweiflung. Zu viel Druck.«

Druck. Das Stichwort öffnete Lenas Tränenschleuse. Tim hatte immer wieder erwähnt, er stünde unter Druck, und sie hatte es nie verstanden. Er bastelte – freiwillig und unermüdlich – an seiner Karriere, und sie managte das Leben in Berlin. Meistens ohne zu klagen. Und nun war er es, der verzweifelt war? Ihre Schultern zuckten beim Weinen.

Marlene reichte ihr ein Taschentuch. »Ich kenne solche Männer. Sie wollen in allem die Besten sein, und daran zerbrechen sie letztlich selbst.«

Tinka trat hinter Lena, berührte sie sanft. Die Wärme, die von ihren Händen ausging, strahlte ihr in den Rücken und in den steinharten Nacken. Lena entspannte sich etwas, und sie konnte sich sogar ein wenig wundern. Marlene versuchte, Tim irgendwie zu verstehen, statt ihn nur zu verurteilen, und Tinka kommunizierte dieses Mal ohne viele Worte. Im Moment tat das gut.

»Was würdet ihr tun?«, fragte Lena leise. »Zur Polizei gehen?«

Marlene sah nachdenklich auf den Brief. »Noch mal Wort für Wort. Hier steht nichts davon, dass Tim in Gefahr wäre. Im Gegenteil. Klingt für mich eher so, als wäre er einfach in ein anderes Leben gehüpft. Da kann auch die Polizei nichts machen, wenn sich jemand einfach abmeldet. Die hören sich so etwas hundertfach an. Aber, und das ist die gute Nachricht: Meistens klärt sich so was auf – habe ich mal gelesen.«

Lena verkrampfte sich wieder. »Und wenn er doch in Gefahr ist? Wenn er mir nur keine Angst machen wollte? Er hängt an einem Baum, er hat sich mit Ziegelsteinen beschwert ins Wasser geworfen, in den Kopf geschossen …«

Tinka massierte ihr sanft die Schultern. »Eben nicht«, sagte sie. »Ich finde auch, das steht deutlich drin. Wenigstens eine Klarheit, wo er dich sonst schon vor einem Riesenrätsel stehen lässt.«

»Aber warum? Warum, warum, warum?«

Marlene seufzte. »Offene Fragen müssen wir manchmal eine Weile aushalten. Ich würde das Wochenende durchstehen und dann am Montag in seiner Firma anrufen. Seine Familie kontaktieren, Freunde fragen, wer etwas weiß.«

»Ich kann heute bei dir bleiben, wenn du willst. Ich lasse dich nicht allein«, sagte Tinka.

Marlene nahm das bereitliegende Kuchenmesser in die Hand. »Es wird sich aufklären. Auf keinen Fall darfst du aufhören zu essen, das wäre fatal, ich kenne das. Du brauchst gutes Essen nicht nur für den Körper, sondern auch für Geist und Seele. Selbst gebackener Kuchen ist schon mal gut. Wer möchte ein Stück?«

Tinka ließ Lena los, küsste sie flüchtig auf den Scheitel – und Lena dachte daran, wie Tim in ihrer letzten gemeinsamen Nacht das Gleiche getan hatte. Er hatte sie aufs Haar geküsst, statt sie zu lieben. »Keinen Bissen kriege ich runter«, sagte sie.

»Wir machen mit unserer Glücksarbeit weiter, jetzt erst recht.« Tinka holte das Büchlein hervor, in dem sie sich die Glückssprüche notierte, die zum Blog passten. »Eine weitere Weisheit habe ich als nächsten Wochenspruch schon herausgesucht, so als hätte ich etwas geahnt. Hört her:

> *Verzage nicht, auch bei allzu großem Leid; vielleicht ist das Unglück die Quelle eines Glücks.*‹

Von Menander, einem griechischen Dichter, der die weisen Worte lange vor Christus sprach.«

Etwas in Lena verselbstständigte sich. Bisher war sie nie hysterisch gewesen, wusste nicht einmal, wie sich das anfühlte. Aber nun musste sie zwanghaft und laut lachen, und es klang falsch und völlig überzogen. Sie hätte eigentlich lieber geweint.

Marlene blieb ernst. »Irrwitz gehört zum Leben dazu«, sagte sie und tat sich ein großes Stück Kuchen auf.

»Stellen wir den Spruch doch auf die Probe«, schlug Tinka vor. »Ich bin schließlich auch nicht nur zum Spaß drei Jahre in Indien gewesen.«

»Ihr spinnt«, sagte Lena. Da rollte ein Tsunami heran, der alles niederzureißen und davonzuspülen drohte, was sie sich in den vergangenen Jahren aufgebaut und erträumt hatte – und genau das sollte der Anfang eines neuen Glücks sein? Jede einzelne Zelle ihres Körpers sträubte sich gegen diese Vorstellung. Sie verschränkte die Arme vor der Brust. »Für mich ist Tim erst mal nur ein paar Tage länger weg. So erzähle ich es auch Luca, und vielleicht stimmt es am Ende sogar. Ich wollte nicht, dass ihr herkommt und gleich alles wisst. Also behaltet es bitte für euch. Vorerst soll niemand von dem Brief erfahren.«

Kapitel 4

Das Blut des anderen

Hendrik setzte sich an seinen Platz und fuhr den Computer hoch. Er nickte seinen Kollegen an den anderen Schreibtischen zu. Wie so oft war er der Letzte an diesem Morgen. Dem Chef machte das nichts aus, solange Hendrik seine Arbeit schaffte. Er war mit einem nicht allzu anspruchsvollen Bauprojekt betraut und Teil eines eingespielten Teams.

»Immer noch dein altes Büro?«, hatte Hanna ganz unschuldig gefragt und gemeint: Hast du immer noch keinen Ehrgeiz entwickelt?

Im Nachhinein ärgerte er sich, dass er nichts Schlagfertiges erwidert hatte. Etwa: »Bei uns ist ein tolles Arbeitsklima. Menschen sind mir wichtiger als andere Dinge.«

Vor wenigen Tagen hatte seine heimliche Lieblingskollegin Isabell in der Teeküche Kuchen und Sekt bereitgestellt, um mit allen auf ihre Verlobung anzustoßen. Das war an jenem Montag gewesen, als Hanna ihm frühmorgens im Grunewald über den Weg gelaufen war. Isabell gehörte zu den Frauen, die offenherzig über privateste Dinge sprachen, auch wenn sie gar nicht danach gefragt wurden. In den Kaffeepausen war Hendrik oft unfreiwillig auf den neuesten Stand gebracht worden, was Isabells On-off-Beziehung betraf. Hendrik war inzwischen der einzige Single unter den Kolleginnen und Kollegen.

Isabell winkte ihm von der anderen Seite des Raumes zu und gab mit der Hand das Zeichen zum Kaffeetrinken. Er lächelte zurück und schüttelte den Kopf. Keine Lust auf Small Talk. So ging es ihm schon die ganze Woche. Sein Leben kam ihm eng und klein vor, da half kein Reden. Er war ins große, weite Umland gefahren und über vierzig Kilometer gerannt. Neue Wege führten durch grünenden Wald, vorbei an kleinen Seen und gelb-weiß getupften Wiesen. Er sah Rehe grasen und eine Schar Kraniche aufflattern. Er hatte endlich mal wieder seine Kamera im Auto deponiert und war dann in einem halb verlassenen Dorf ausgestiegen und hatte Fotos von der eingestürzten Gemeindehalle gemacht, von einer zerfetzten Gardine im Wind, von den Resten geblümter Tapete auf dreckigem Putz – Details einer Einsamkeit, die er hinter der großen Kulisse *seiner* Einsamkeit einfing. Ihn faszinierte der morbide Charme des Verfalls, er fotografierte gern verlassene Gebäude, und es waren die ersten Fotos seit Langem, Fotos, auf denen Hanna nicht zu sehen war, weder von hinten, noch am Bildrand oder direkt in die Kamera winkend. Die Vorstellung von Hanna im Sporttrikot verscheuchte er bei seiner Fotoexkursion wie die vor ihm davonfliegenden Vögel. Die Begegnung mit ihr und diesem wahrscheinlich reichen Schnösel hatte ihn aber nicht nur aufgewühlt, sie brachte ihn auch schneller auf die Spur. Warum bis zum Herbst warten und nicht schon jetzt Lebenslauf und Bewerbungsmappe auf den neuesten Stand bringen? Lebenslauf – was für ein passendes Wort für seine Situation. Dann würde er nicht nur woanders arbeiten, sondern auch woanders durch die Wälder und Wiesen laufen. Es würde in Berlin eine kleine Abschiedsparty geben, ein paar Leute würden ihm auf die Schulter klopfen und versprechen, ihn zu besuchen, und es wahrscheinlich nie tun. Er würde sein altes Leben hier kaum vermissen. Sein Sozialleben hatte sich auf ein Minimum reduziert, seit er nicht mehr mit Hanna zusammen war und regelmäßig trainierte.

Er arbeitete seine Mails ab, telefonierte mit dem Bauleiter. Aktuell plante er Mehrfamilienhäuser für eine Wohnungsbaugesellschaft, möglichst kostengünstig bitte, ohne Raffinesse, funktional, langweilig. Als das energetische Vormittagstief heranzog wie ein Regenschauer, ging er in die Küche.

Sofort huschte Isabell hinterher mit ihren großen Augen, die aufleuchteten, als sie ihm ihre neueste Erkenntnis mitteilte: »Weißt du, für die Liebe muss man sich entscheiden. Ich dachte immer, sie passiert einfach so, aber das stimmt nicht. Nur am Anfang ist die Liebe quasi umsonst. Dann aber muss man irgendwann Ja zueinander sagen, und die Liebe wird wieder zu einem kostbaren Geschenk.«

Hendrik goss sich Kaffee ein. Seine Beziehung zu Hanna war ihm zehn Jahre lang wie ein Geschenk vorgekommen. An jedem Tag hatte er dieses Geschenk von Neuem ausgepackt, jeder Tag war Weihnachten und Geburtstag zusammen gewesen. Nun dachte er schon wieder daran! »Ach, Isabell. Lass gut sein«, sagte er nur.

»Aber du …«

»Bitte keine Tipps für mich«, unterbrach er sie und machte ein übertrieben leidendes Gesicht. Isabell lachte. Gespräche über Liebe waren nicht mehr sein Ding. Ein Kollege kam herein, und Hendrik nutzte die Chance, um elegant aus der Küche zu flüchten.

Es war schon Mittagszeit und die Plätze leerten sich. Fragende Blicke, ob er mitkäme, beantwortete er mit einem Kopfschütteln. Sein Handy klingelte leise, das Display leuchtete auf. Lena Müller, las er. Eigentlich hatte er keine Zeit für ein Privatgespräch, doch er nahm den seltenen Anruf an.

»Ich bin's, Lena.«

»Hey, lange nichts von euch gehört. Wie geht's denn?«

»Ich wollte mal mit dir reden.«

»Ja, klar, was gibt's?«

»Bist du im Büro? Es ist ... sehr privat.«

»Und wo bist du?«, fragte er.

»Zu Hause.«

Er hörte es dumpf rascheln, und Lena war auf einmal weit weg, als deckte sie das Mikrofon ab. Hörte sich an, als putzte sie sich schnell die Nase. Hendrik drehte sich auf seinem Bürostuhl einmal um sich selbst und wunderte sich. Lena hatte sich noch nie bei ihm gemeldet, jeder Kontakt war bisher über Tim gelaufen. *Sehr privat.* Wahrscheinlich ging es um die Hochzeit der beiden, die ja in diesem Jahr irgendwann stattfinden sollte, und Lena wollte mit ihm eine Überraschung planen. Mit Tim selbst hatte er nur einmal darüber gesprochen, an dem Tag, als er ihm ziemlich neutral verkündet hatte, dass Lena ihn heiraten wollte. Er hatte fast so getan, als sei es ein Geschäftstermin, während Hendrik es toll fand, dass Lena Tim gefragt hatte und nicht umgekehrt. Er hatte sich fast mehr gefreut als sein eigenbrötlerischer Freund.

Es raschelte wieder, Lena war wieder da. »Wann hast du Zeit?«, fragte sie.

Hendrik war zwei Tage hintereinander gelaufen und musste unbedingt einen Ruhetag einlegen. Heute passte gut. »Soll ich nach der Arbeit bei euch vorbeikommen?«, fragte er.

»So lange kann ich nicht warten. Können wir uns irgendwo in der Nähe deines Büros treffen? Also eigentlich ... jetzt sofort?«

Sie klang irgendwie ängstlich. Hendrik drehte sich mit seinem Stuhl nochmals um sich selbst, als könnte er damit den seltsamen Anruf besser einordnen.

»Bitte!«

Jetzt war er sich sicher, dass etwas ganz und gar nicht stimmte. Er legte den Stift hin und stand auf. »Dann komm doch einfach her«, sagte er. »Vor der Tür gibt's ein paar nette Lokale. Ich wollte sowieso gleich mittagessen.«

»Ich will nur reden. Eine ruhige Ecke wäre gut.«

»Ich geh runter und sag dir Bescheid, wo ich bin.«

»Danke.«

Draußen fand er einen freien Zweiertisch in der Frühlingssonne und schickte Lena die Adresse seines Lieblingsasiaten. Von ihrer Wohnung im Prenzlauer Berg brauchte sie mindestens eine halbe Stunde zu seinem Büro, egal ob mit dem Rad, Auto oder der Bahn. Er bestellte einen grünen Tee und sein Lieblingsgericht, rotes Curry, vegetarisch.

Innerhalb weniger Minuten bekam er die dampfende Schüssel serviert und schaufelte den Reis mit dem scharfen Gemüse in sich hinein. Besser, er wäre mit dem Essen fertig, bevor Lena kam. Derart verzweifelt hörte sich eine glückliche Braut in spe jedenfalls nicht an …

Ein Taxi fuhr vor. Er registrierte es nur beiläufig, doch als die Frau ausstieg, erkannte er sie. Lena sah auf den ersten Blick aus wie ein Filmstar. Sie trug eine Sonnenbrille mit undurchdringlichen schwarzen Gläsern und hatte sich in ein bunt gemustertes Tuch gehüllt, das auch einen Teil ihres Gesichts bedeckte. Sie wirkte bleich, trotz ihres eher dunklen Teints, mit dem sie durchaus als halbe Südländerin durchgehen konnte. Sie und der große, hellblonde Tim waren ein auffälliges Paar, zwei gegensätzliche Pole, die sich magisch anzogen. So jedenfalls erzählten es die beiden gern.

Er hob den Arm und winkte, um sich bemerkbar zu machen.

Sie kam auf ihn zu und der zweite Blick offenbarte, dass sie keineswegs als Filmstar das Haus verlassen hatte. Sie trug flache, ausgetretene Schuhe, eine graue Jogginghose und einen viel zu großen verwaschenen blassblauen Pullover. Wäre sie nicht soeben aus dem Taxi gestiegen, hätte er vielleicht denken können, dass die Frau ihn gleich um einen Euro bitten oder ihm ein Straßenmagazin vor die Nase halten wollte. In Berlin war es von außen manchmal schwer zu beurteilen, wer Geld besaß und wer nicht.

Noch bevor sie seinen Tisch erreichte, war Hendrik aufgestanden. Einen Augenblick später – er wusste selbst nicht, wie es geschah – hielt er sie fest. Er hatte Lena noch nie richtig umarmt, höchstens freundschaftlich kurz gedrückt. Nun senkte er den Kopf und seine Lippen berührten kurz ihr Haar, und er atmete ihren natürlichen Duft ein. Dann war der Moment vorbei, sie machte sich von ihm los, stemmte sich plötzlich gegen ihn. Er versuchte, in ihrem Gesicht einen Hinweis zu finden auf das, was ihn erwartete.

»Lass mich«, sagte sie barsch, als wollte sie damit die überraschende und viel zu vertraute Berührung ungültig machen. Sie setzte sich ihm gegenüber.

»Nimm bitte deine Brille ab«, bat er. Es waren seltsame Sätze, die sie da wechselten. Als würden sie sich schon ewig kennen, als wären sie ein Paar oder zumindest sehr gut befreundet, als hätten sie einen Streit, ein Missverständnis, irgendeine große, wichtige Sache zu klären. Oder: als käme nun endlich eine Wahrheit ans Licht, die lange im Verborgenen gelegen hatte.

»Dieses Gesicht willst du nicht sehen«, antwortete Lena und schob ihre Brille hoch. Ihre Augen waren kleiner als sonst, zugeschwollen und vom Weinen gerötet, außerdem ungeschminkt. »Das Licht tut mir weh. Alles tut mir weh.« Nun nahm sie die Brille ganz ab und starrte ihn an. Ernst, fast feindselig.

Er schob den Teller beiseite. »Ist etwas mit Tim? Mit Luca?«, fragte er.

Sie starrte ihn weiter an.

»Lena!«, rief Hendrik, um sie aus ihrem zombiehaften Auftritt herauszureißen. Am Nebentisch drehten sich die Gäste zu ihnen um. Er senkte die Stimme. »Was ist denn passiert?«

Ihre starre Miene bekam Risse. Eben war ihr Gesichtsausdruck wie einbetoniert gewesen, nun bröckelte die Fassade. Ihre Stirn zog sich kummervoll zusammen. Immer noch haftete ihr Blick an ihm, und er hatte keine Ahnung, was das alles sollte.

»Dann weißt du wirklich nichts?«, fragte sie.

Hendrik beugte sich ein Stück vor und griff nach ihrer Hand. Sie war eiskalt, und sie schloss reflexhaft ihre Finger um seine. »Was?« So, wie sie seine Hand umklammerte, spürte er plötzlich den Würgegriff der Angst auch an seinem Hals. Sie schien sich vor irgendetwas schrecklich zu fürchten, gleichzeitig wirkte sie hart und kalt. Der letzte Zweifel war verflogen. Lena war nicht gekommen, um mit ihm über die bevorstehende Hochzeit oder eine Überraschung für Tim zu reden und ihn vielleicht zum Trauzeugen zu machen, eine Frage, auf die er schon länger wartete, denn Tim hatte außer ihm kaum enge Freunde. »Was um Himmels willen ist los?«

»Okay, wie du willst. Dann spiele ich erst mal mit.« Sie machte eine theatralische Pause und beobachtete ihn weiterhin wie ein Jäger seine Beute. »Du spielst sehr gut. Tim ist fort. Aber das weißt du ja bestimmt.«

Jetzt war es sein Gesicht, das wie einbetoniert aussehen musste.

»Aua«, sagte Lena. »Du zerquetscht mir die Hand.«

Er ließ sie los. »Und du sprichst in Rätseln.«

»Wirklich?«, fragte sie. »Bist du dir sicher?«

»Spinnst du völlig?« Hendrik wurde wieder laut, und die Gäste am Nebentisch mochten denken, hier gerate ein Paar um intimste Dinge in Streit. Es war ihm egal. »Was sollen diese seltsamen Fragen und Anspielungen?«

Sie wischte sich mit dem Zipfel ihres Tuchs über das Gesicht. Dann holte sie etwas aus ihrer Tasche. Es war ein kleiner grauer Briefumschlag, den sie über den Tisch schob.

Hendrik erkannte darauf Tims Handschrift. Sie war markant, große Anfangsbuchstaben, scharfe Kanten, zackig. Sie passte zu einem zackigen Burschen wie Tim. Tim hatte das Architekturstudium mit Bravour abgeschlossen, ein Semester früher als Hendrik, dann bildete er sich weiter, spezialisierte sich aufs Baumanagement und hatte dazu jede Menge Glück. Die Firma, für die er arbeitete, genoss international einen sehr guten Ruf, und Tim war von Beginn an extrem erfolgreich gewesen. Baustellen in den angesagten Metropolen der Welt, Einchecken in den besten Hotels, Gehaltszahlungen zum Träumen, eine Frau wie Lena, einen Sohn wie Luca, diese tolle Wohnung …

Er zog das dünne Papier aus dem Umschlag. Vorsichtig faltete er es auseinander. Spürte Lenas Blicke, die jede seiner Bewegungen genau verfolgte. Er las murmelnd: »Liebe Lena. Ich bin fort. Es tut mir sehr leid, doch es wäre unfair, jetzt von mir zu sprechen. Es ist für euch gesorgt. Warte nicht auf mich, warte auf nichts, lebe, wie ich auch. Tim.«

Er las die Zeilen noch einmal, und während er las, begann er zu verstehen. Er blickte von dem Brief auf und in Lenas vor Anspannung verzogenes Gesicht. Jetzt wurde es ihm klar: Sie dachte, er müsse von der Sache wissen. Welcher Sache? Egal, sie hielt ihn für Tims Komplizen, als hätte er ihm höchstpersönlich diese abstrakten Worte diktiert. Das Blut rauschte durch seine Adern, ein seltenes Gefühl der Wut. Lena traute ihm also zu, dass sie ihr genau in diesem Moment großes Theater vorspielte. Als wäre er der Typ für so was! Und Tim: Wenn er sich einfach so aus dem Staub machen wollte, konnte er was erleben. Hendrik fühlte sich verraten. Als zerbärste ihre Freundschaft wie eine Blase aus Glas in viele scharfe Teilchen, die zwischen ihnen nun durch die Luft flogen und jegliches Vertrauen, sollte es je zwischen ihnen bestanden haben, in tausend kleine Stücke schnitten. Natürlich blieb er äußerlich ruhig, denn Lena hatte das Vorrecht darauf, wütend zu sein, bevor sich sicherlich alles aufklärte.

»Wann hast du das bekommen?«, fragte er möglichst sachlich, was ihm nicht leichtfiel. Die brutale Trennung von Hanna hatte ihn zu einem anderen Menschen gemacht. Er war viel schneller emotional aufgewühlt und vor allem dünnhäutig geworden. Gegen Trennungsszenarien war er beinahe allergisch.

»Wann hat er dir davon erzählt?«, fragte sie.

Er ließ sich nach hinten fallen und stöhnte auf. Abwehrend hob er die Hände. »Er hat mir nichts erzählt. Ich habe nichts davon gewusst, nicht mal geahnt. Ich kann es auch gar nicht glauben.« Noch ein weiteres Mal las er die Zeilen, unglaubliche Worte. Warum sollte Tim, in dessen Leben in den vergangenen Jahren alles immer so toll gewesen war, einfach verschwinden? »Und wenn ich's gewusst hätte, hätte ich ihn nicht einfach so abhauen lassen, das kannst du mir glauben. Ich hätte mit Tim geredet. Der spinnt doch!« Die letzten drei Worte waren wenig hilfreich, und er bereute sie sofort. Hinter Lenas wässrigen Augen sah er eine weitere Welt einstürzen. »Lena«, sagte er. »Das ist unmöglich.«

Jetzt sah sie ihn fast hasserfüllt an und nahm ihm den Brief wieder weg. Auch er hatte diesen dämlichen Spruch gehasst, hatte ihn viel zu oft gehört. Kaum jemand wollte damals glauben, dass Hanna von heute auf morgen eine vermeintliche Traumbeziehung beendete. Das ist unmöglich – für den Betroffenen war diese Einschätzung ein Stich mit dem Messer ins ohnehin schon durchlöcherte Herz. Lena wollte von ihm anderes hören. Sie suchte Hinweise, Trost und Hilfe, und er saß nur mit dummen, dünnen Worten da und konnte nichts für sie tun.

»Das kann er doch nicht machen«, sagte sie und senkte den Kopf.

Am liebsten wäre er aufgestanden, hätte sich zu ihr gesetzt und ihren Kopf wieder aufgerichtet, ihr Gesicht gehalten, ihr Haar gestreichelt. Es sickerte in sein Bewusstsein, dass die Zeilen eben doch wahr sein konnten. Tim war ihm gegenüber in der letzten Zeit immer unzugänglicher geworden, hatte sich zurückgezogen, sie hatten kaum noch tiefe Gespräche geführt. Sein Freund hatte oft gestresst und genervt gewirkt, aber eine steile Karriere forderte eben ihren Preis. Hendrik hatte immer wieder gefragt, ob zu Hause alles okay sei, und nie etwas Gegenteiliges gehört. Ihm fielen die beiden Anrufe ein und wie sie sich in den vergangenen Tagen immer verpasst hatten. Er holte sein Telefon hervor. Eine sinnlose Geste.

Lena schob die Sonnenbrille wieder vor die Augen. »Ihr habt euch doch so oft getroffen«, sagte sie leise. »Er muss dir doch irgendwas erzählt haben. Bitte, Hendrik, ich bin am Ende. Ich brauche einen Hinweis. Irgendwas!«

Er hätte ihr gern gesagt, was sie hören wollte. Ein Missverständnis, er würde dich niemals verlassen, er kommt natürlich bald wieder. Doch alles, was er Lena geben konnte, war Ehrlichkeit. »Ich weiß es nicht«, sagte er.

Lena versteckte das Gesicht hinter ihrem Tuch.

Er rieb sich die Schläfen und versuchte, sich genau zu erinnern. »Das letzte Mal haben wir uns im vergangenen Jahr gesehen, im Winter. Ist eine ganze Weile her. Ach ja: Wir haben auf dem Weihnachtsmarkt einen Glühwein getrunken, für einen zweiten hatte er schon wieder keine Zeit.«

Ihre geröteten Augen fixierten ihn abermals wie einen Verbrecher. »Kann nicht sein. Ihr habt euch doch dieses Jahr schon ein paar Mal verabredet, so hat er es mir erzählt!«

»Nein, wir haben nur hin und wieder telefoniert. Wenn ich Tim vor Kurzem getroffen hätte, wüsste ich das.« Er grub in seinem Gedächtnis nach Anzeichen in ihren letzten Gesprächen und Begegnungen, die Hinweise zu diesem kryptischen Brief enthielten. Aber da war nichts. Allein die Tatsache, dass Tim in den vergangenen Tagen mehr als einmal versucht hatte, ihn anzurufen, war auffällig. Er hätte mit Tim sprechen, ihn zurückrufen sollen. Dann wäre alles anders gekommen. Das wusste er jetzt genau. Zu spät, vorbei.

»Ihr habt euch in letzter Zeit gar nicht mehr getroffen?«, wiederholte Lena fassungslos.

»Nein. Tut mir leid.«

»Du bist sein bester Freund! Du musst etwas wissen, irgendwas! Warum lügt Tim mich an?« Sie schlug mit der flachen Hand auf den Tisch, wischte sich mit dem viel zu langen Ärmel ihres Pullovers übers Gesicht.

Einer der Angestellten kam zu ihnen. »Etwas trinken?«, fragte er in seinem gebrochenen Deutsch und sah ein wenig besorgt aus, weil sich das Drama an ihrem Tisch immer weiter und lauter aufblätterte wie eine Gazette mit dem neuesten Klatsch und Tratsch.

Lena schüttelte nur den Kopf, und Hendrik holte einen Zehner hervor und gab ihm dem Mann. »Komm«, sagte er zu ihr. »Lass uns ein paar Schritte gehen.«

Sie liefen ein Stück nebeneinander die Straße entlang. Das Sonnenlicht, die Mittagswärme, ein verliebtes Paar, das ihnen entgegenkam, all die anderen Leute, die ihrem Tagwerk nachgingen, lachend, das Handy am Ohr, eine Zigarette im Mund, ein Eis in der Hand – all das erschien ihm fremd und sehr weit weg. Am fremdesten aber war ihm Lena, sie war ein Schatten ihrer selbst und taperte wie ein Geist neben ihm her.

»Ich will alles wissen, was du weißt«, sagte sie und blieb stehen. »Wen soll ich sonst fragen? Ich kenne seine Kollegen fast

gar nicht. Zu seiner Familie hatte er kaum Kontakt. Mir ist …
ich weiß nicht … was soll ich nur tun?«

Immer deutlicher erfasste Hendrik die Lage. Ein soziales
Netz, in das Tim eingesponnen war, existierte nicht, oder
zumindest wusste er nichts davon. Um die Firma hatte Tim
ein großes Geheimnis gemacht, und von seiner Familie wusste
Hendrik nur, dass er zu seinem Vater ein schlechtes und zu seinem Bruder ein loses Verhältnis hatte, mehr hatte er ihm nicht
erzählen wollen. Seine Mutter war früh gestorben, Tim war in
prekären Verhältnissen aufgewachsen, die er gehasst und hinter
sich gelassen hatte.

»Hast du in seinem Büro nachgefragt?«, erkundigte er
sich.

»Klar«, schniefte Lena. »Seine Sekretärin wollte mich bei
nächster Gelegenheit mit seinem Vorgesetzten verbinden. Ich
erwarte jederzeit einen Anruf.« Sie holte ihr Telefon hervor und
steckte es gleich zurück. »Luca konnte ich in die Kita bringen
und so tun, als wäre alles wie immer.« Sie sah an sich herunter.
»Nur hatte ich heute nicht die Kraft, mich richtig anzuziehen.
Tims Pullover«, sagte sie weinerlich. »Ich habe darin geschlafen
und ihn einfach anbehalten. Und weißt du, was das Schlimmste
ist?« Sie blieb stehen.

Hendrik schüttelte den Kopf. Zu viele mögliche Antworten
fielen ihm ein, die Fassungslosigkeit. Das Nichtverstehen. Der
Schmerz, überall. Das aufgerissene Herz …

»Der Gedanke, ich hätte doch wissen müssen, dass er mich
verlässt. Warum habe ich nichts gemerkt? Was bin ich nur für
eine Frau, die …«

»Quatsch!«, rief Hendrik, und im gleichen Moment hörten sie lautes Klingeln und Fluchen. Sie standen mitten auf
dem Radweg, er zog Lena zur Seite und sie lehnten sich an eine
Hauswand, als wären sie unendlich erschöpft.

»Quatsch«, wiederholte er, dabei hatte ihn genau der gleiche Gedanke damals nächtelang gequält: Was habe ich falsch gemacht?

»Du stehst unter Schock, das ist in dieser Situation völlig normal. Komm erst mal zur Ruhe«, sagte er, und wieder fand er seine Worte selten dämlich.

Auf Lenas Stirn entstand eine kleine Zornesfalte.

»Ach, soll ich mich vielleicht gemütlich aufs Sofa legen? In die Hängematte? Vielleicht ins Kino gehen oder shoppen, mit dem Brief in der Tasche?«

Er hatte diese Falte noch nie gesehen, gern hätte er sie ihr einfach mit den Fingerspitzen aus dem Gesicht gestrichen. Und er entdeckte noch etwas, das er bei ihr noch nie gesehen hatte.

Ein Auge zuckte stark, als sie laut und wütend sagte: »Wenn du einen Funken Mitgefühl oder Ehre in dir hast, dann fällt dir vielleicht doch noch etwas ein, was mir helfen könnte.« Sie drehte sich weg und ging fort, und Hendrik kam absolut nichts in den Sinn, was er ihr noch hätte mit auf den Weg geben können.

Er sah ihr hinterher, wie sie davonstapfte in Tims Pullover, in dem sie fast versank, so wie er damals in seinem eigenen Schmerz fast versunken war, weil niemand ihm helfen konnte. Der Anfangsschmerz einer Trennung war nicht heilbar, so wie niemand das Brennen, Ziehen und Stechen lindern konnte, wenn kochendes Wasser die Haut verbrühte, eine Scherbe ins Fleisch schnitt oder ein Knochen bei einem Unfall zersplitterte. Bei ihm hatte es Hunderte Sonnenaufgänge gedauert, bis er langsam wieder eine Ahnung davon bekam, wie sich Glücklichsein anfühlen konnte. Lena hatte eine schreckliche Zeit vor sich, falls der Brief nicht »nur« ein derber Aussetzer von Tim war.

* * *

Mitten in der Nacht wurde Hendrik wach. Er setzte sich auf, schaltete die Leselampe an und versuchte, sich an das Geträumte zu erinnern, bevor sich die Bilder verflüchtigten. Er hatte gerade Tim getroffen – fast fühlte es sich so an, als wäre es wirklich passiert. Und er erinnerte sich an noch etwas: Tim hatte ihm im Traum eine Art Botschaft überbracht. Nur welche? Das Gefühl, etwas sehr Wichtiges verpasst oder, noch schlimmer, sofort wieder vergessen zu haben, drückte auf seine Brust.

Seine Gedanken wanderten zu Lena. Wahrscheinlich lag sie ebenfalls wach. Wahrscheinlich ging es ihr sehr schlecht. Sie vertraute ihm nicht. Sie glaubte nicht, dass er rein gar nichts darüber wusste, warum Tim so einen Brief schrieb und plötzlich verschwunden war. Den ganzen Tag hatte Hendrik sein Gedächtnis umgepflügt wie einen Acker, in dem die Samen der Erinnerung gesät waren, aber nicht sprießen wollten. Er hatte nichts gefunden außer jenem Moment, in dem Tim ihm ohne sichtbare Gefühlsregung von Lenas Heiratsantrag erzählt hatte. Es würde Lena wohl kaum weiterhelfen, wenn er ihr davon erzählte, sondern sie nur noch mehr zerschmettern.

Hendrik betrachtete seine Hände vor sich auf der Bettdecke, und auf einmal blitzte ein Bruchstück des Traums wieder vor ihm auf. Seine Hände wurden zu Tims großen, breiten Händen, die mit grauweißem Staub bedeckt waren. Jetzt fielen Hendrik weitere Bruchstücke des Traums ein. Baustaub auf Tims Händen, Baustaub in seinem blonden Haar und in den hellen Wimpern. Aus den Fragmenten erwuchs ein Bild, eine Traumsequenz. Tim wuchtete Trümmer zur Seite, er schwitzte und arbeitete mit hochrotem Gesicht, und Hendrik stand tatenlos daneben. Er wusste nicht, wozu sie diese Trümmer wegräumen sollten, überall lagen sie herum, es waren viel zu viele, große und kleine, zerschlagene Steine und überall dieser feine Staub. Tim ächzte und sah ihn an, ein durchdringender Blick aus seinen kühlen blauen Augen ...

Hendrik schlug die Decke zurück und stand auf. Ihn fröstelte, aber nicht vor Kälte. Es war eine Art mystischer Schauder. Tim hatte sich in seinen Traum geschlichen, um ihn an etwas zu erinnern – oder Hendriks Unterbewusstsein hatte sich gemeldet, um ihn an etwas zu erinnern. An das Blut des anderen. Dass ihn diese Bilder so deutlich heimsuchten ...! Er musste sofort etwas nachschauen. Hendrik spürte das kühle Holz unter den Fußsohlen, leise knarrte der Boden unter seinen Schritten. Er hatte kaum mehr an dieses Relikt gedacht, aber es fiel ihm gleich ein, wo es war. Seine Studienunterlagen hatte er fast alle entsorgt, den Erstsemesterordner hatte er aufbewahrt. Die ersten Mitschriften aus der Zeit, als der Beruf des Architekten ihm noch abstrakt und irgendwie traumhaft erschienen war, hatten ihn im Nachhinein amüsiert. Im ersten Semester hatte er neben Tim in der Einführungsvorlesung gesessen. Schnell hatten sie sich angefreundet, und ein oder zwei Jahre später ritzten sie sich am scharfkantigen Aschenbecher in irgendeiner Bar die Finger auf und besiegelten ihre Verbundenheit.

Er ging zum Wohnzimmerregal. Der Ordner stand unberührt unten rechts, seit er hier eingezogen war. Er nahm ihn heraus und setzte sich damit aufs Sofa. Zwischen vielen Bögen von beschriebenem Papier und ein paar wilden Skizzen – »Zeichnet euer Traumhaus«, lautete eine der ersten Aufgaben – bewahrte er das Versprechen auf. Das Zeugnis seiner Freundschaft zu Tim steckte in einer Klarsichtfolie.

Er holte den alten Bierdeckel heraus. Er war weich und biegsam und an den Ecken rissig, immerhin über zehn Jahre alt. Ob die helleren Blutflecken von ihm oder von Tim stammten, wusste er nicht mehr. Die Tupfen überlagerten sich. Tim hatte auf den Bierdeckel das Haus vom Nikolaus gezeichnet, und Hendrik hatte ebenso auf Tims Bierdeckel das Haus vom Nikolaus gezeichnet. Acht Striche, die ein Haus bildeten, ohne den Stift abzusetzen, ein Kinderrätsel, jedes Kind zeichnete das

Haus vom Nikolaus in hundertfacher Ausführung. Der Schwur, den sie sich dabei gegenseitig geleistet hatten, lautete für sie beide als Architekten in spe:

Wenn das Leben des einen zusammenkracht wie ein schlecht konstruiertes Gebäude, dann hilft der andere bei der Trümmerbeseitigung. Unter allen Umständen. Ohne Nachfrage.

»Schwörst du?«

»Ich schwöre!«

Eine Art Ehrenkodex.

Auf der Rückseite des Deckels waren ein paar Striche aufgetragen, die Anzahl ihrer Biere. Volltrunken waren sie aber nicht gewesen, Hendrik sah die Szene genau vor sich. Eine Kerze auf dem Tisch in einer Raucherbar, Schummerlicht, Lärm und Qualm, ein an den Seiten angeschlagener Aschenbecher aus schwerem Glas, dessen scharfe Kanten auffordernd glitzerten. Wie sie sich über den Tisch beugten, heldenhaft Blut fabrizierten und auf die Bierdeckel schmierten. Ihr langer Blick in die Augen, ernst, ohne zu lachen. Ein Gefühl, als ob sie sich schon ewig kannten, und dieser feste Wille, der sich in der Brust wie eine Welle ausbreitete und durch die ganze Seele brandete. Sie saßen ein paar Sekunden lang mit geschlossenen Augen da, die Stirnen fest aneinandergedrückt, während sie den Schwur aussprachen. Dann lösten sie die Berührung, lachten und stießen mit den großen Krügen an.

Er erinnerte sich an jedes Detail. Aus den Lautsprechern schallte »Friends Will Be Friends« von Queen, am Nebentisch saßen zwei junge Frauen, beide mit langem Haar und Brille, sie tranken Sekt, eine prostete ihm zu …

Noch eine Erinnerung tauchte auf, die viel frischer war: Bei ihrem letzten Treffen auf dem Weihnachtsmarkt hatte Tim den Bierdeckel erwähnt.

»Weißt du noch?«, hatte er gefragt und mit einem der Bierdeckel, die es dort am Glühweinstand gab, herumgespielt. Er hatte sich mit Hendriks Antwort »Klar« fast schon zufriedengegeben – fast.

»Wirklich?«, hakte er nach und summte den Queen-Song, bis Hendrik antwortete: »Den Abend würde ich nie vergessen.«

Zum ersten Mal, seit er Lena getroffen hatte, verspürte Hendrik den Drang, Tims Nummer zu wählen. Es war mitten in der Nacht. Wenn auch er jetzt irgendwo wach lag, würde er rangehen. Musste er! Hendrik holte sein Handy, setzte sich wieder aufs Sofa, wählte Tims Nummer, presste das Gerät ans Ohr wie die Stirn damals an die seines Freundes, während der Songtext durch sein Gehirn waberte. Es ging in dem Lied um den großen Wert der Freundschaft, die ein Leben retten konnte … Der Moment in der Kneipe, der Synchronismus ihres Schwurs zur Musik, bescherte ihm heute noch eine Gänsehaut.

Leider war der Teilnehmer zurzeit nicht erreichbar, so die Computerstimme am Telefon. Hendrik schluckte seine Enttäuschung herunter, aber sein aufgeregter Herzschlag blieb, so wie auch die Erinnerung an den Schwur weiter in ihm nachhallte: Der andere hilft bei der Trümmerbeseitigung. Unter allen Umständen. Ohne Nachfrage. Verdammt, eine solche Situation war eingetreten! Hier. Jetzt. Er musste helfen, irgendwie. Lena und Luca waren Tims Leben gewesen, genau so hatte sein Freund es hin und wieder schon mal gesagt, wenn er zwischen seiner kleinen Familie und enorm wichtigen Businessmeetings hin- und herjettete. Wahrscheinlich brauchte Tim einfach nur eine Auszeit und wusste sich nicht anders zu helfen, eben weil er nicht direkt um Hilfe bitten konnte. Das hatte er noch nie gekonnt. Er würde – musste – früher oder später wiederauftauchen.

Hendrik ließ sich nach hinten sinken und starrte an die Decke. Er hatte nicht geahnt, dass Tims ansehnlicher Palast, in dem er wohnte, derart schlecht konstruiert gewesen war.

Kapitel 5

Die grosse Wut

Lena schleppte sich ins Bad und starrte in den Spiegel. Sie stellte sich den Wecker nun immer auf eine Stunde früher, damit sie mehr Zeit hatte, um sich für die Welt da draußen fertig zu machen. Nicht um besonders toll, sondern wenigstens normal auszusehen. Heute erschrak sie besonders vor ihrem bleichen, ausdruckslosen Gesicht, und sogar ihre Haare, die sonst vor Kraft und Glanz strotzten, wirkten in diesen Tagen strohig und abgekämpft, sahen genauso aus, wie sie sich fühlte: als wäre jede einzelne Zelle ihres Körpers ihrer Lebenskraft beraubt worden. Ihre Beine fühlten sich schwer an, die Füße klebten auf den kalten Fliesen. Sie brauchte noch einen Moment, um zu begreifen, dass diese Kreatur im Spiegel tatsächlich sie selbst war und sie sich einem neuen Albtraumtag stellen musste. Sie ließ eiskaltes Wasser über Hände und Unterarme laufen, bis sie zu schmerzen begannen. Schmerz war real und machte wach. Dann schüttete sie sich literweise Wasser ins Gesicht, es spritzte nach allen Seiten und es war ihr egal. Sie duschte minutenlang mit geschlossenen Augen und rubbelte sich so lange ab, bis die Haut rot wurde und brannte.

Aus dem halb überschwemmten Bad schlurfte sie in die Küche. Sie schaltete den Wasserkocher ein und bereitete sich ein großes Glas warmes Wasser mit Zitronensaft zu, wie es ihr Marlene schon vor langer Zeit geraten hatte, weil warmes Zitronenwasser einfach gut für alles sein sollte. Lena trank es aber nicht mehr in dem Gedanken, dass sie sich dadurch besser, gesünder und fitter fühlen würde. Sie trank das Glas aus, um sich daran festzuhalten, um überhaupt etwas zu tun, in Verbindung mit sich selbst und der Welt zu bleiben. Sonst fiel sofort diese unbändige Verzweiflung über sie her, und dann würde sie Luca eben doch mit ihrem Monstergesicht wecken und erschrecken, und um genau das nicht zu tun, war sie ja früher aufgestanden. Eisern folgte sie ihrer Routine vom Zurückschlagen der Bettdecke bis hin zu dem Moment, in dem sie die Tür zum Kinderzimmer öffnen würde. Immerhin: Ihr kleines Lächeln für Luca, das sich dann in ihr Gesicht stahl, war echt. Tim war weg, aber ihr Kind war hier.

Tatsächlich fühlte sie sich nach dem Duschen und dem Trank ein klein wenig besser. Noch im Bademantel ging sie ins stille Zimmer. Sie zwang sich dazu, entspannt auf dem Boden zu liegen, Arme und Beine zu strecken und tief in den Bauch zu atmen. Wie eine Ärztin verschrieb sie sich selbst diesen bewussten, friedlichen Moment, versuchte, ihre Probleme kurz zu vergessen und den Moment zu genießen – oder wenigstens wertzuschätzen. Anderen erging es viel schlimmer! Millionen Menschen litten unter Hunger, Kälte, Krankheit und Krieg. Sie musste und wollte ihr eigenes Elend relativieren, und es half ein bisschen. Die Morgenkühle kroch durchs offene Fenster ins Zimmer und ließ sie frösteln. All die Empfindungen taten ihr gut. Ihr Körper funktionierte und lebte weiter wie vor dem Brief. Nur nicht ihr Geist. Sie richtete sich auf und versuchte, wie früher still und nach innen lauschend dazusitzen, doch es war schlicht unmöglich, sie schaffte es keine zwei Minuten, schon gar nicht lächelnd. Weil ihre Gedanken unweigerlich immer wieder zu Tim flogen. Seit ihrem Bali-Urlaub hatte er diese Meditation morgens auch immer gemacht. Angeblich. Wie konnte ein Mensch, der jahrelang jeden Morgen lächelnd und in sich gekehrt dasaß, anderen Menschen solchen Schmerz zufügen? Jedenfalls nicht lächelnd.

Lena starrte lange auf ihre Zehen. Ihr Nagellack blätterte ab. Sie sah auf die Buddhas an den Wänden und versuchte, sich eines der wichtigsten universalen Glücksmantras vorzubeten: »Mögen alle Wesen glücklich sein!« Leichte Übelkeit stieg in ihr auf, ein ekliger Widerstand, diesen Segensspruch mit einem wohlwollenden Gefühl im Herzen auch für Tim auszustatten, der zweifelsohne ein Lebewesen war. Seit Lucas Geburt war es ihr leichtgefallen, diesen einfachen Satz innerlich aufzusagen, die Hände vor dem Herzen zusammenzulegen und dafür zu danken, was sie in ihrem Leben alles hatte: einen gesunden Körper, ein ebenso gesundes Kind, einen tollen Mann, fürsorgende Eltern, gute Freundinnen, ein intaktes soziales Umfeld, einen erfüllenden Job, gehobenen Wohlstand und einen stets gut gefüllten Kühlschrank. Nun hatte sich ein Bestandteil in Luft aufgelöst, und es fühlte sich an, als läge ihre ganze Welt in Trümmern. So wie Lucas Welt, wenn sein Löwe spurlos verschwunden war. Sie hatte ihn gestern lange in den Schlaf singen müssen, weil es mal wieder passiert war. Und gleich würde das kleine Drama weitergehen.

Sie stand vom Boden auf, zutiefst erschöpft, als kämpfte sie sich schon stundenlang durch den Tag, dabei war es erst halb acht. Barfuß und so leise wie möglich schlich sie zu Luca ans Bett. Ein paar Minuten beobachtete sie ihn im Schlaf. Diese Art von Meditation war viel leichter, und sie lächelte wie von selbst ein wenig. Dann strich sie Luca das wirre Haar aus der Stirn, und er schlug langsam die Augen auf.

»Ist mein Löwe wieder da?«, fragte er und war von einer Sekunde auf die andere ganz wach.

»Nein, noch nicht. Aber wir können …«

»Mein Löwe! Mein Löwe!«

Lena konnte Luca gar nicht so schnell in die Küche folgen, beinahe hätte er Karlo über den Haufen gerannt. Normalerweise schleckte der Kater morgens ausgiebig sein Fressnäpfchen aus, jetzt nahm er mit gesträubtem Fell Reißaus.

»Ich will meinen Löwen!« Luca heulte.

Gemeinsam setzten sie die Suche fort. Luca musste mit seinem Gefährten geschlafwandelt sein, das war schon einmal passiert. Lena versuchte, ihn mit den anderen Kuscheltieren abzulenken, vom Affen bis zum Zebra ließ sie alle zu Luca sprechen, die Tiere wollten ihm sogar Schokolade zum Frühstück geben. Ihr Inneres war eine große Wunde, die noch mehr brannte, je mehr von Lucas salzigen Tränen hineintropften. Er hätte genauso gut »Papa, Papa!« rufen können, denn der Löwe war zum Sinnbild seines Vaters geworden, der immer auf sich warten ließ, und nun schon wieder so lange. Elf Tage war es nun her, dass Luca seinen Vater zuletzt gesehen hatte. Er warf sich auf den Boden und strampelte mit den Füßen, und irgendwie musste er spüren, dass diesmal etwas anders war. Lena ließ ihn sich ausweinen und saß ruhig daneben. Sie musste stark sein. Dieser Gründonnerstag läutete das erste Ostern ohne Tim ein. Und die Woche war bisher äußerst frustrierend verlaufen, was ihre Suche nach ihm betraf.

Hendrik konnte Lena nicht weiterhelfen. Er hatte sie am Tag nach ihrem Treffen noch einmal angerufen und gefragt, ob er irgendetwas tun könne.

»Sag mir, wo er ist«, hatte Lena spontan und kalt geantwortet, und im Nachhinein hatte es ihr ein wenig leidgetan. Sonst war sie nicht so gemein.

Sie hatte auch noch mal in Tims Büro angerufen, und Frau Jansen stellte sie endlich zu Tims Oberboss höchstpersönlich durch, der irgendwo im Wüstensand stand, als er sich gnädig Zeit für sie nahm.

»Es tut mir sehr leid, Frau Müller, Herr Löwenhaupt ist nicht mehr für uns tätig, den letzten Teil der Abfindung haben wir gerade überwiesen.«

»Abfindung?!«

»Im gegenseitigen Einverständnis, aber das müsste er Ihnen ja erzählt haben. Zu seinen weiteren beruflichen Plänen kann ich nichts sagen, es tut mir sehr leid, Frau Müller, leider kann ich Ihnen im Moment nicht weiter helfen ...«

Tatsächlich war auf dem Haushaltskonto, das auf ihren Namen lief, eine beträchtliche Summe angekommen. Mit dem nüchternen Verwendungszweck »Rate Nummer eins«. Es war viel. Lena konnte mit Luca mindestens zwei Jahre davon leben, ohne arbeiten zu müssen und sich einzuschränken. Laut Oberboss der letzte Teil einer Abfindung! Lange hatte sie auf den Bildschirm und ihren Online-Kontoauszug gestarrt. Wo war der Rest, was tat Tim damit, wie lange bereitete er das alles schon vor? *Es ist für euch gesorgt.*

Daraufhin war sie zur Bank gegangen und hatte erreicht, auch ohne Termin im Nebenzimmer empfangen zu werden.

»Wann war Herr Löwenhaupt das letzte Mal hier, was hat er alles gesagt?«, fragte sie die Dame, die ihr am anderen Ende des großen Schreibtisches gegenübersaß. Dabei krallte sie ihre Fingernägel in den Handballen. Doch auch bei der Bank schüttelte ihre Ansprechpartnerin, wie wahrscheinlich auch der unsichtbare Chef in der Wüste, permanent den Kopf. Der Kollege, Herr Soundso, ein Name, den Lena noch nie gehört hatte, sei nicht da, aber selbst wenn, dürfte er Lena nichts von den Kundengesprächen erzählen. Lena hätte am liebsten aufgeschrien und verließ das Gebäude mit zitternden Knien.

Ebenso ergebnislos blieb ein weiteres Gespräch mit Frau Jansen, abgesehen von der Neuigkeit, dass sie eine Schachtel feinster Pralinen in ihrem Schreibtisch vorgefunden hatte und vermutete, sie seien von Tim. Sonst gab es nichts Persönliches mehr von ihm im Büro, das kleine Foto vom Schreibtisch war verschwunden, so berichtete die Sekretärin.

»Er muss doch irgendwann mal davon erzählt haben, dass er weggehen würde!«, rief Lena viel zu vorwurfsvoll ins Telefon, einfach weil sie so verzweifelt war. Frau Jansen schwieg daraufhin auf eine andere Weise und erinnerte Lena an die Absurdität ihres Vorwurfs. Die Sekretärin war so rücksichtsvoll, nicht pikiert zurückzufragen: Und warum hat er Ihnen als Lebenspartnerin denn nichts erzählt? Stattdessen erklärte sie nachsichtig: »Ich arbeite nicht nur für Herrn Löwenhaupt persönlich, sondern für die ganze Etage.«

An den ersten beiden Tagen der neuen Woche konnte oder wollte also niemand etwas Hilfreiches zu Tims Verbleib sagen. Damit hatte Lena nicht gerechnet. Es war ein schwerer Schlag, und von Tim selbst gab es auch weiterhin kein Lebenszeichen.

Tims kleiner Bruder Ricky war ihre nächste Hoffnung. Sie hatte ihn nur einmal getroffen, als sie Tims Vater zum siebzigsten Geburtstag im Pflegeheim besucht hatten, vier Autostunden von Berlin entfernt. Weil sie damals schwanger war, erinnerte sie sich ziemlich genau an fast jede Begebenheit in dieser Zeit. Einfach weil sie sich damals so glücklich fühlte, weil ihr alles so viel Freude machte – alles, bis auf diesen Besuch. Es hatte sie überrascht, dass Ricky so anders war als Tim: Er sah viel jünger aus, er war kleiner, schmaler und deutlich ruhiger als Tim. Sein Bruder sei weniger oft geschlagen worden als er, ließ Tim in einer Bemerkung lapidar fallen. Viel mehr erfuhr Lena nicht, im Gegenteil. »Lass das dunkle Kapitel bitte in Ruhe!«, hatte Tim sie angefahren. Sie wusste nur wenig über seine Kindheit und sein Elternhaus. Die Mutter war lange schon tot, der Vater hatte von der Halbwaisenrente oft Spirituosen gekauft. Der Besuch im Heim, wo er dann lebte, war so bedrückend gewesen, dass auf der langen Rückfahrt nach Berlin weder sie noch Tim ein Wort sprachen.

Sie fasste sich ein Herz und rief ihn an. Doch auch Ricky wusste nichts. Er habe schon lange nichts von Tim gehört, behauptete er jedenfalls. Er war wortkarg und wollte nicht mal den genauen Grund wissen, warum sie sich nach Tim erkundigte. Tim hatte die Beziehung zu seinem jüngeren Bruder als »sehr lose« bezeichnet. Was für eine Vergeudung, hatte Lena oft gedacht. Sie hätte gern eine Schwester oder einen Bruder gehabt, dann hätte sie alles für eine enge Beziehung getan. Es war ein weiteres Rätsel um Tim, das Lena hatte lösen wollen. Sie hätte Ricky auf der Hochzeit in einer ruhigen Minute zur Seite genommen und gefragt, warum Tim so war, wie er war. Sie hätte, hätte, hätte …

»Mein Löwe! Mein Löwe!« Luca wimmerte nur noch verhalten.

Lena nahm ihn fest in die Arme. Er hatte sich ausgeweint, wehrte sich nicht mehr, der kleine Körper war weich und erschöpft. Sie drückte das tränennasse Kindergesicht an sich, und eine glasklare und herzenswarme Gewissheit kam über sie. Alles durfte auf der Welt und in ihrem Leben passieren, alles, nur eins nicht: Luca durfte durch die Sache mit Tim keinen Schaden nehmen. Er sollte weiterhin lachen und fröhlich sein und sich sicher fühlen in der Welt. Sie würde Luca beschützen, verteidigen, nähren und mit all ihren Kräften großziehen, ob mit oder ohne Tim. Als der zarte Kinderrücken unter ihren Händen zuckte, stieg es aus tiefster Seele in ihr empor: Wenn nicht für mein eigenes Glück, dann lebe ich für Luca weiter! Und dann fiel ihr etwas ein, um ihn wieder zum Lachen zu bringen.

Sie legte Luca vorsichtig aufs Sofa, deckte ihn zu und ging ins Schlafzimmer. Sie öffnete die Schranktür und fand, was sie suchte. Sie hatte die zweite Tüte ganz weit nach hinten geschoben, Tim hatte sie nicht mitgenommen. Das erste Mal in diesen qualvollen Tagen fühlte sie sich etwas erleichtert. Als wäre sie durch einen langen dunklen Tunnel gestolpert und sähe nun in der Ferne einen winzigen Lichtschein.

»Ich hab eine tolle Neuigkeit für dich«, sagte sie zu Luca, als sie sich wieder zu ihm setzte und über seine geröteten Pausbacken strich. »Ich weiß, wo dein Löwe vielleicht hingegangen ist.«

Sofort wurden Lucas Augen groß, und er richtete sich auf.

»Weißt du, dein Löwe sucht seinen Bruder«, sagte Lena und lief mit ihrem Ring- und Mittelfinger über Lucas Arm, um mit dieser Geste zu verdeutlichen, dass sein zotteliger Freund unterwegs und frohen Mutes war. »Der Osterhase hat gesagt, einen von beiden wird er mindestens zu dir zurückbringen. Deinen alten Löwen oder den Bruder, vielleicht sogar beide. Mit anderen schönen Sachen, ganz sicher.«

Das Aufleuchten in Lucas Gesicht war so süß und schön, wie es sich in ihrem Herzen vielleicht angefühlt hätte, wenn Tim nun hereingekommen wäre, beladen mit Geschenken für sie beide. Vielleicht aber auch nicht. Mit jedem Tag, an dem sie wieder keinen Hinweis darauf fand, warum Tim fort war, dämmerte es Lena mehr und mehr: Sie hatte sich an irgendeinem Punkt schrecklich getäuscht. Irgendwo im Leben war einer von ihnen beiden falsch abgebogen, hatte den gemeinsamen Weg verlassen. Sie musste nur noch herausfinden, wo genau. Und warum. Warum? Warum? Sie biss sich auf die Lippe.

»Hat mein Löwe das gesagt?«, fragte Luca, wand sich aus ihren Armen und kletterte vom Sofa. Er lief zum Fenster, schaute hinaus, drehte sich wieder zu ihr um und stürmte zurück in ihre Arme. Schon war er wieder glücklich. Sie musste lachen, lachte das erste Mal seit fast einer Woche, und ließ dabei auch ein paar Tränen laufen. Lachweinen.

»Ja, das hat er gesagt. So lange sollst du mit deinen anderen Sachen spielen.«

»Kommt Papa mit dem Osterhasen mit?«

Sie strich Luca das feuchte Haar aus der Stirn. »Ich weiß nicht, ob Papa am Sonntag auch da ist«, sagte sie und nahm sich vor, eben doch und vielleicht sogar noch heute zur Polizei zu gehen. »Er ist auf einer großen, langen Reise.«

Luca nickte mit kindlicher Ernsthaftigkeit. »Ich male Papa ein Bild. Mit zwei Löwen.«

»Gute Idee.«

Luca strahlte. »Wenn der Löwe einen Bruder hat, bekomme ich dann auch endlich einen?«

* * *

Am nächsten Morgen beschäftigte sich Luca beseelt mit seinen anderen Spielsachen. Dazu lief ein Hörspiel, und er war völlig in seiner Kinderzimmerwelt versunken. Lena ging zurück in die Küche. Sie setzte sich wieder an den Tisch, einen ganz normal gedeckten Frühstückstisch mit Marmelade, Brotkorb und Butter. Ein Croissant hatte sie schon geschafft, ohne dass sich ihr der Magen zuschnürte. Vor genau einer Woche um etwa dieselbe Zeit, nachdem sie Luca in die Kita gebracht hatte, war der Brief angekommen. Sie hatte auf demselben Stuhl gesessen und den kleinen grauen Umschlag geöffnet, und in den sieben Tagen danach hatte sie so viel geweint wie in den vergangenen sieben Jahren. Sie hatte alle weiteren Besuchsversuche von Tinka und Marlene abgewehrt und die Zeit in ihrer eigenen Blase verbracht. Die Momente, in denen sie realisierte, dass Tim sie knallhart verlassen hatte, blitzten immer öfter auf. Auf der Polizeidienststelle hatte sie in einem ganzen Blitzgewitter dieser

Wahrheitsmomente gestanden! In anderen Momenten hoffte sie immer noch auf einen abartigen Streich oder einen irrsinnigen Irrtum. Manchmal wechselten diese Zustände so schnell, dass ihr schwindelig wurde. Sie hatte das Gefühl, immer noch fest mit Tim verbunden zu sein und zu spüren, wie sehr auch er an sie dachte. Er konnte auf seinem Display verfolgen, dass sie immer wieder versuchte, ihn zu erreichen, und irgendwann würde er rangehen. Sobald sie erst einmal miteinander sprechen würden, musste er erkennen, dass es nicht möglich war, einfach wegzubleiben, dass es völliger Unsinn war, ohne sie und Luca zu leben. Er würde bedauern, Lena in einer Art Umnachtung diesen Brief geschrieben zu haben. Er konnte auch sehen, dass sie sich nicht die Blöße gab, mit Textnachrichten um seine Aufmerksamkeit zu betteln oder ihn unter Druck zu setzen. Sie wollte direkt mit ihm sprechen, seinen Atem hören und seine Stimme. Alles andere hatte weder Sinn noch Würde. Tim und sie hatten noch nie zu den Paaren gehört, die ihre Befindlichkeiten mit Kurznachrichten zu klären versuchten. Sie wählte Tims Nummer. Das monotone Tuten hatte ihr anfangs einen Schauer über den Rücken gejagt, nun hatte sie sich schon fast daran gewöhnt. Der Freiton war der hauchzarte Draht zu Tim, zu ihrem alten Leben und zur Welt, der immer noch vibrierte. »Rufen Sie weiterhin an«, hatte ihr die Beamtin auf der Polizeidienststelle geraten.

Doch diesmal hielt sie für einen Moment den Atem an, sie fuhr vom Stuhl hoch.

»Die von Ihnen gewählte Rufnummer ist nicht vergeben. The number you have dialed is no longer in service«, sagte eine Frauenstimme. »Die von Ihnen gewählte Rufnummer ist nicht vergeben. The number you have dialed is no longer in service.«

Sie drückte das Handy so fest ans Ohr, dass es wehtat. Was sie hörte, war unmöglich. Wenn er das wirklich getan hatte, dann war er einfach nur ein Arschloch. Nichts als ein Arschloch, schlimmer als ein Arschloch, doch dazu fiel ihr im Moment kein Begriff ein.

Sie demütigte sich weiter, hörte den Spruch wieder und wieder an, als könnte die Computerstimme gleich anfangen zu lachen oder zu einer tiefen Stimme werden, zu Tims Stimme. Vielleicht hatte sie sich einfach nur verhört.

»Die von Ihnen gewählte Rufnummer ist nicht vergeben. The number you have dialed is no longer in service. Die von ihnen gewählte …«

Blitzschnell und unberechenbar schäumte die Wut in ihr auf wie ein giftiger Cocktail im Reagenzglas einer Giftküche, brodelnd und zischend, ätzend und gefährlich. Diese Frauenstimme! Sie klang auch noch so weich und unschuldig, dabei war sie der pure Hohn. Wahrscheinlich sorgte diese Stimme bei Millionen von Menschen dafür, dass ihnen das Blut aus dem Kopf wich oder plötzlich schneller durch die Arterien strömte. Lena durchzuckte die absurde Regung, genau auf diese Frauenstimme eifersüchtig zu sein, die vielleicht mehr wusste als sie, die vielleicht eine ähnliche Stimme hatte wie jene Frau, für die Tim sie vielleicht verlassen hatte. Dreimal *vielleicht*! Solche Gedanken hatte sie bisher noch nicht zu Ende gedacht, eine andere Frau war undenkbar, es mussten andere Beweggründe sein, die Tim und sie auf verschiedene Wege geschickt und getrennt hatten, und außerdem war die Stimme eine Computerstimme. Es war verrückt, auf eine Computerstimme eifersüchtig und wütend zu sein. Sie wollte das Telefon an die Wand werfen, es zerschmettern, zertreten, vernichten. Lena griff nach einem Teller, pfefferte ihn auf den Boden, wo er klirrend zerbrach, und starrte auf die Scherben ihres Lebens.

Es klingelte an der Wohnungstür. Tinka oder Marlene, eine von ihnen wollte heute Vormittag bei Lena vorbeischauen. Das kam ihr jetzt entgegen – sie hätte sonst noch mehr durch die Gegend geworfen oder einen Schreikrampf gekriegt.

Sie trat in den Flur, sah zum Kinderzimmer, die Tür war noch angelehnt, das Hörspiel lief, Luca hatte nichts mitbekommen von ihrer kleinen Randale. Leise eilte sie an seinem Zimmer vorbei und riss die Tür auf. »Du glaubst ...«

Sie blickte in Hendriks Gesicht. Lena kannte ihn nur glatt rasiert und mit freundlichem Blick, nun hatte er einen Bartschatten und dunkle Ringe unter den Augen. Seine dichten Haare lagen wirr durcheinander, er trug verschwitzte Sportklamotten und atmete schnell.

»Hi«, sagte er. »Bin hier gerade zufällig vorbeigelaufen und wollte sehen, wie's dir geht. Oder wissen, ob's was Neues gibt.«

»Aber du wohnst doch ewig weit weg«, sagte Lena und erwiderte dann erst: »Hi.« Und weiter: »Sollte es denn was Neues geben?« Ihre Stimme war noch von der Wut unterspült, die sie eben fast weggeschwemmt hatte.

Hendrik musterte sie. Er hatte ein ungeschminktes, unglückliches und unfreundliches Wesen vor sich, wie bei ihrem Treffen neulich, eine Lena, die sich selbst nicht kannte.

»Ja, von mir zu dir ist es eine ganz passable Strecke. Gut zum Üben. Aber ich drehe wohl lieber gleich wieder um, wenn ich störe.«

Sie trat ein kleines Stück zurück. »Tut mir leid«, murmelte sie. »Es war nicht so gemeint. Es ist nur ... ich habe eben ...«

»Wer ist da?«, fragte eine dünne Stimme hinter ihr. Luca schmiegte sich an ihr Bein und sah zu Hendrik auf. Beide hatten sich schon sehr lange nicht mehr gesehen, Luca konnte sich an Hendrik wahrscheinlich gar nicht genau erinnern.

Hendrik ging in die Knie, um mit Luca auf Augenhöhe zu sein. »So groß bist du geworden? Ich bin ein Freund von ...« Das letzte Wort sprach er nicht aus, und Lena registrierte es dankbar. Heute hatte Luca noch nicht nach seinem Vater gefragt, und es konnte gern so bleiben.

»Bist du auch mein Freund?«, fragte Luca treuherzig und ließ Lenas Bein los, wagte sich ein Stück nach vorne, um Hendrik genauer anzusehen. »Spielst du mit mir Fußball? Im Garten?«, fragte er.

Hendrik sah zu Lena auf. Sie tauschten sich ohne Worte aus.

Sein Blick sagte: Ich tue dir doch nichts. Aber wenn du es nicht willst, bin ich sofort wieder weg.

Ihr Blick sagte: Tut mir leid, dass ich eben so garstig war. Ich bin einfach am Ende. Dann las sie noch etwas in Hendriks Augen: Er war ehrlich. Jetzt spürte sie es. Er wusste auch nicht viel mehr als sie. Er hätte sie sonst unmöglich so offen, direkt und warm ansehen können, wie er es gerade tat, außer er war ein begnadeter Schauspieler. Sie spürte Tränen aufsteigen, schon wieder. Sie wischte sie weg, ohne dass Luca es merkte, und sagte so fröhlich wie möglich: »Klar kann Hendrik mit dir Fußball spielen.« Sie strich Luca über den Kopf, und Hendrik erhob sich wieder. Er war etwas kleiner als Tim, aber immer noch einen Kopf größer als sie. Sie nickte ihm zu, ihre Wut war verraucht. »Und danach trinken wir einen Kaffee, wenn du magst.«

Luca lachte und lief in die Wohnung. »Ich hole den Ball!«

Wenig später saß Hendrik bei ihr in der Küche, weil ein anderes Kind ihn abgelöst hatte. Fröhlicher Lärm drang aus dem Garten durchs offene Fenster herein, und Connie, die Mutter des Nachbarmädchens in Lucas Alter, passte auf die Kinder auf.

»Tut mir leid«, sagte Lena. »Es ist alles ziemlich heftig für mich. Ich begreife nur langsam, was passiert ist. Tim hat nie davon gesprochen, verstehst du? Nie!«

Hendrik nickte mitfühlend. »Bisher dachtest du auch, Tim und ich wären noch allerbeste Freunde, die sich ständig sehen. Aber da hat er dich anscheinend getäuscht oder, offen gesagt, angelogen.«

Die Hand, mit der sie ihm gerade eine Tasse Kaffee reichen wollte, zuckte. Kaffee schwappte über und tropfte auf den Boden.

»Tut mir leid«, sagte Hendrik, nahm die Tasse entgegen und stellte sie vorsichtig auf den Tisch. »Diplomatie ist nicht meine Stärke. Soll ich es aufwischen?«

Lena machte eine ungeduldige Handbewegung, als wäre die kleine braune Pfütze damit schon weggewischt. »Super. Jetzt sitzen wir beide hier und entschuldigen uns jeder beim anderen, dass Tim uns belogen und verlassen hat. Dich ja auch, wenn du wirklich nichts von seinen Plänen wusstest.« Nun schien auch Hendrik zusammenzuzucken, so wie sie eben. »Den letzten Teil seiner Abfindung, eine schöne fünfstellige Summe, hat er aufs Haushaltskonto überweisen lassen.«

Hendrik pfiff leise durch die Zähne. »Eine Abfindung?«

»Ja. Sein Chef wusste, dass er gehen würde, ich nicht. Toll, was? Ich kapiere es einfach nicht! Wir wollten dieses Jahr heiraten und ein zweites Kind!« Der Gedanke, doch kein Geschwisterchen für Luca in die Welt zu setzen, tat so weh wie der graue Brief an sich.

»Ja. Du hast ihn gefragt, nicht umgekehrt. Das fand ich toll«, sagte Hendrik.

Lena versank wieder in ihrer Verzweiflung, eine graue, klebrige Masse in der Farbe des Briefumschlags. Hendrik meinte seine Worte wahrscheinlich gut – und bohrte gleichzeitig in ihrer tiefsten Wunde herum. Er fand es vielleicht mutig und toll, dass sie Tim gefragt hatte. Aber was hatte der damals wirklich gedacht, an diesem Oktobertag, als sie auf der Wiese lagen und sie ihn fragte? Sein zuckender Mund. Sein erstaunter Blick. Wie so oft wanderten ihre Gedanken zu diesem Tag, von dem sie geglaubt hatte, es sei einer der glücklichsten ihres Lebens gewesen …

»Hast du irgendwas herausbekommen?«, fragte Hendrik und holte sie in die Gegenwart zurück.

Lena richtete sich wieder auf. Fand Halt in dem mitfühlenden Blick aus seinen grünen Augen. Das besondere Grün bemerkte sie gerade zum ersten Mal. Sie begann zu erzählen, vom Gespräch mit dem Superboss und seinem gespielten Bedauern, von der Sekretärin mit ihrer ehrlichen Bestürzung, von der Bankangestellten mit ihrer unangenehmen Förmlichkeit, von Tims Bruder mit seiner unheimlichen Distanziertheit. Ihre Stimme war beherrscht, als berichtete sie Hendrik von einer technischen Gebrauchsanleitung, die sie selbst nicht ganz verstand. Sie wollte noch hinzufügen, dass ein Besuch bei der Polizei wie erwartet nutzlos gewesen sei und Tim sich nun endgültig unerreichbar gemacht hatte, da brach ihre Stimme ein. Auch der andere Frühstücksteller flog an die Wand. »Scheißkerl! Verdammter Scheißkerl!«

Hendrik blieb ruhig sitzen. Lena zerschmetterte noch eine Tasse, stand ein paar Sekunden lang heftig atmend da. »Seine Handynummer gibt es nicht mehr.« Sie setzte sich wieder, die Hände flach auf den Schenkeln. Mit ätzendem Sarkasmus imitierte sie die computergenerierte Frauenstimme: »Die von Ihnen gewählte Rufnummer ist nicht vergeben. The number you have dialed is no longer in service.«

»Krass«, sagte Hendrik. »Das kann doch nicht wahr sein! Ich hab's auch immer mal wieder versucht. Gestern hat es noch geklingelt.«

»Er hat alle unsere Anrufe gesehen und dennoch …«

»Genau wissen wir es nicht.«

Sie registrierte das Wir, und es tat gut, in diesem Moment nicht allein zu sein. »Du meinst, ihm ist vielleicht doch etwas Schlimmes passiert? Er wurde überfallen, das Telefon wurde ihm gestohlen, er ist irgendwo eingesperrt?« Sofort schnappte die allergrößte Angst wieder zu wie ein gieriger Raubfisch, der frisches Blut aus einer gerissenen Wunde witterte.

Hendrik fuhr sich mit der Hand nachdenklich über das stoppelige Kinn, nahm seine Tasse hoch und stellte sie wieder hin. »Nein. Das passt doch nicht zu dem Brief. Ich denke nach wie vor, dass er wusste, was er tat. Oder auch nicht. Ich verstehe es genauso wenig wie du. Auch wenn es wahrscheinlich nicht viel nützt: Gehst du irgendwann zur Polizei?«

»Verdammt, er hat einen Sohn! Er kann nicht einfach so verschwinden!« Der Gedanke an die Polizei mit ihren Ratschlägen machte sie erst recht wütend. Lena hätte die Beamtin, die ihr zugehört und zu ihren Angaben einen kurzen Bericht verfasst hatte, auf den Mond schießen können. »Da war ich schon, in einem Anflug von geistiger Umnachtung und Hoffnung, man könnte mir dort helfen. Ich wäre am liebsten wieder rausgerannt. Ich saß in einem Zimmer mit einer Dame in Uniform, die mir nicht glauben wollte, dass ich nichts gemerkt habe. So ein Brief, obwohl Tim und ich uns angeblich – sie betonte dieses ›angeblich‹ – immer gut verstanden hätten, sei ungewöhnlich. Tims Zeilen rechtfertigen ›leider‹ keine Vermisstenmeldung. Es ist nun mal kein Notfall, sondern eher eine Privatsache. Nennt sich Persönlichkeitsrecht! Prinzipiell darf jeder sein, wo er will, ohne das anderen mitteilen zu müssen.« Als die Polizistin ihr dies in nachsichtigem Ton erläutert hatte, dachte Lena an Tims Vater. Auch der war, bevor man ihn im Heim untergebracht hatte, mal als vermisst gemeldet worden. Nur weil er psychisch labil und als gefährdet galt, wurde nach ihm gesucht. Der Wunsch, Tim, ein völlig normaler, gesunder Typ, könnte von der Polizei nach Hause gebracht werden wie ein Teenager oder ein halb verrückter Alter, war schlichtweg lächerlich.

»Und wegen Luca?«

Lena schüttelte mutlos den Kopf. »Ich hätte Strafanzeige erstatten können wegen ›Entziehung der Unterhaltspflicht‹, so der Wortlaut. Oder ich könnte mir einen Anwalt nehmen und die Ansprüche meines Kindes einklagen, es geht dann vors Familiengericht. Um etwas einzuklagen, wäre es natürlich hilfreich zu wissen, wo Tim steckt, und ich drehe mich eigentlich im Kreis. Ich war völlig fertig nach den ganzen Informationen.«

Hendrik nickte nachdenklich. »Mein Gefühl sagt mir, dass Tim weit weg ist. So oft, wie er am anderen Ende der Welt unterwegs war und davon manchmal auch geschwärmt hat. Jetzt noch die Nummer mit der Nummer. Er will sich nicht finden lassen.«

Lena schloss die Augen und sah Tim mit dem frisch geborenen Baby in den Händen vor sich. Tim hatte Luca in den Armen gewiegt, und vor seinem großen Leib war das Neugeborene noch winziger erschienen. Nach der Geburt hatte sich Tim ein paar Wochen Zeit genommen, nie mehr waren sie so lange am Stück zusammen gewesen, bevor er seine Dienstreisen wieder aufnahm. Genau in dieser Zeit wurde Tim das einzige Mal ernsthaft krank, lag mit Fieber im Bett. Sie riss die Augen wieder auf. »Und wenn er irgendwo daniederliegt? Mit einem exotischen Virus, das er sich eingefangen hat auf seinen Reisen?« Es war immerhin eine realistische Möglichkeit ...

»Ach, Lena.«

Hendriks mitfühlender Tonfall sagte alles. Der der Beamtin war eingeübt gewesen, aber Hendriks war echt. Das Bild von Tim und Luca verblasste wie eine Filmprojektion auf einer weißen Leinwand, wenn am Ende einer Vorführung die Lichter an- oder die Vorhänge aufgehen. Die Projektionsfläche ihres tollen Familienlebens – es blieb nichts weiter als durchsichtige Schatten der Erinnerung an eine Zeit, die in ungreifbare Ferne gerückt war.

»Ich werde Tim weder anzeigen noch verklagen. Das tue ich mir nicht an«, sagte sie.

»Lena ...«

»Nichts hat er mir gelassen, nichts!«, rief sie.

»Doch«, sagte Hendrik mit fester Stimme. »Er hat dir offenbar wenigstens deinen Stolz gelassen.«

Lena schüttelte den Kopf. Sie brauchte noch ein Ventil für diesen inneren Überdruck und sagte bitter: »Ach ja, stimmt, ich tue ihm Unrecht. Er hat mir sogar noch mehr Dinge hinterlassen! Es gibt diesen grausamen grauen Brief, die Wohnung, das Auto, das Geld. Immerhin.« Sie lachte falsch und hörte abrupt damit auf, weil es ihr selbst in den Ohren wehtat. »Außerdem gibt es noch was, das er mir nicht nehmen kann. Die Erinnerung. Es gab mal etwas Wunderschönes, wie im Märchen, auch wenn es jetzt dumm klingt. Vor langer, langer Zeit ...«, jetzt kippte ihre Stimmung ins Traurige, und auch Hendrik zog die Stirn zusammen, als litte er wirklich mit ihr, »... gab es mal grenzenloses Vertrauen. Als ich Tim traf, ging im Universum plötzlich die Sonne auf. Wenigstens für mich war das so.«

* * *

Unter dem frischen, hellen Grün der Buchen, durch ein paar Büsche von neugierigen Blicken abgeschirmt, hatte Tinka eine kleine Oase erschaffen, mitten im Volkspark Friedrichshain, einer der beliebtesten Grünanlagen in Berlin. Die weitläufige Wiese war von Menschen aller Generationen bevölkert, darunter Familien, Touristen, Flaneure, Jogger und Picknickfans. Tinka hatte ihre Teppiche, Decken, Kissen und sogar eine Buddhafigur mitgebracht, vor der eine Schale Wasser stand. Darin schwammen Blüten. Räucherstäbchen zauberten Nebelschleier in die Luft. Aufrecht saß sie auf ihrem Meditationskissen und sah ihnen entgegen, während um sie herum auf den Grills die Würstchen dampften. Es war ein kurioser Anblick.

Marlene hatte sich bei Lena untergehakt, als könnte sich Lena vielleicht in letzter Sekunde doch noch vor dem Arbeitstreffen drücken. »Es reicht, wenn *du* unglücklich bist«, bestärkte sie Lena abermals. »Unsere Leser aber erwarten Nachschub, und wir brauchen dich dafür.« Marlene konnte sehr resolut sein. Zufällig hatte sie vor Lenas Haus Connie getroffen und Luca dort gleich im Tausch gegen eine Gratis-Ernährungsberatung für den Nachmittag untergebracht. Sprachlos hatte Lena zugehört, wie sich die beiden Frauen untereinander einig wurden. Nun hatte Lena ein paar Stunden kinderfrei, und die Sonne schien warm. Ein verhangener Himmel und Regen wären ihr lieber gewesen. Sie wollte sich verkriechen. Ihre Freundinnen wussten, wie es um sie bestellt war, auch vor ihnen hatte sie die pervers harmlos klingende Frauenstimme imitiert, die verkündet hatte, dass Tim nicht mehr erreichbar war. Tinka und Marlene hatten genau gleich reagiert: »O je.«

Das große Zauberwort, mit dem Marlene Lena letztlich dazu gebracht hatte, die Wohnung zu verlassen, war: »Bitte.« Lena konnte Menschen, die sie mochte, kaum eine Bitte abschlagen, und schon gar nicht jenen, die sie liebte. Wie oft hatte Tim sie gebeten, nicht sauer zu sein, wenn er einen Tag später käme, als Frau Jansen ihr vielleicht mitgeteilt hatte, oder auch mal zwei? Und wenn er jetzt vor ihr gestanden und gesagt hätte: »Bitte verzeih den Brief und den Unsinn, den ich damit veranstaltet habe. Bitte!« Wie hätte sie reagiert?

Und dann gab es noch ein Argument. »Sollen wir unseren Bloglesern sagen, dass leider vieles Quatsch war, was wir bisher so verkündet haben? Dass wir schon jetzt eine Pause machen müssen, dass wir nichts mehr zum Thema Glück zu sagen haben, wo wir doch gerade erst angefangen haben?«, hatte Marlene gefragt, und Lena war ins Auto gestiegen, bestärkt durch den jüngsten Kommentar eines Bloglesers. Ein gewisser Christoph hatte ausdrücklich und mit schönen Worten die tollen Illustrationen gelobt:

Nicht nur in den Texten, auch in den genialen Collagen ist zu sehen und zu spüren, mit wie viel Herz und Seele ihr eure Zeit verschenkt. Ein Blog, der kein Geld verdienen, sondern einfach nur das Leben der anderen bereichern will. Davor habe ich größten Respekt!

So eine Reaktion gab Lena Kraft. Und trotz aller Verzweiflung – sie hatte schlimme Träume, in denen sie in einem grauen Moor versank – war da auch noch ihr Stolz, ein Strohhalm, durch den sie atmen konnte, obwohl die zähe Masse sie schon von Licht und Luft abschneiden wollte. Es war nicht völlig ausgeschlossen, dass Tim doch noch zurückkam und sie um Verzeihung bat. Wenn es passierte, dann war es besser, nicht schon zu tief im Schmerz und Selbstmitleid versunken zu sein …

Tinka klopfte mit der Hand neben sich auf die Decke. Lena zog ihre Schuhe aus und ließ sich neben ihr nieder. Sie umarmten sich.

»Du bist da! Dann lass uns die kostbare Zeit nutzen«, sagte Tinka und setzte sich auf die Fersen. Marlene machte sofort mit. Sie trug wie Tinka eine bequeme, bunt gemusterte Leggins und nahm auf dem Boden ebenso eine aufrechte Haltung ein.

Lena schüttelte den Kopf. »Ich kann nicht so tun, als wäre alles halb so schlimm«, sagte sie. Ihre Wut war zwar kein giftig brodelnder Cocktail mehr, aber immerhin noch mit einem großen Milchtopf vergleichbar, der jederzeit wieder überkochen konnte, sobald er erhitzt wurde. Wurde er in Ruhe gelassen, überzog sich die Milch mit einer zarten Haut, doch wehe, das Feuer wurde wieder angefacht. So wie jetzt. Gerade weil ihre Freundinnen so taten, als wäre alles wie immer – heute mal wieder Yoga im frühlingsschönen Park –, waren sie wie Flammen. Anders war es mit Hendrik gewesen. Schnell und mit geschmeidigen Bewegungen hatte er die von ihr fabrizierten Scherben auf dem Küchenboden aufgekehrt und den Vorfall nicht weiter kommentiert, was ihr doppelt gutgetan hatte.

»Diese Übung geht immer und überall, und sie hilft allen, selbst jenen, die gar nicht ahnen, wie gut sie tut«, sagte Tinka. »Bitte«, setzte sie nach. »Lass es uns bewusst spüren: Verlust gehört zum Leben. Schon als Kinder lernen wir das schmerzliche Gefühl kennen und fühlen die Ohnmacht dabei. Diese Übung hier wirkt vertrauensbildend, und du, liebe Lena, kannst eine Extraportion gut gebrauchen. Komm, mach mit!« Tinka wartete keine Antwort ab, beugte sich auf ihrer Yogamatte nach vorne, bis ihre Stirn den Boden berührte, und legte die Handrücken neben die Fersen.

Lena mochte diese Übung und gab sich einen Ruck. Warum nicht auf diese Weise versuchen, kurz abzuschalten? In dieser Position passierte es wie von selbst. Leise seufzend machte sie es ihren Freundinnen nach, brachte sich in Position und beugte den Oberkörper vor. Der Rücken dehnte und der Bauch entspannte sich, die Berührung der Stirn mit der Erde war angenehm. Links von ihr war Tinka, rechts von ihr hatte Marlene die sogenannte Stellung des Kindes bereits eingenommen. Einen Augenblick lang fühlte sich Lena zwischen ihren Freundinnen geborgen und geschützt wie im Bauch der Mutter, daher auch der Name der Übung.

Sie blieben eine Weile so. Etwas krabbelte auf Lenas Arm herum. Sie blieb still, bis sich Tinka aufsetzte und in den Lotussitz wechselte.

Tinka hob die Arme leicht angewinkelt über den Kopf und legte die Hände übereinander, wurde zur wissenden Lehrerin. »Frauen legen die linke auf die rechte Hand. Die Daumenspitzen berühren sich, und die Augen sind fast geschlossen. Schaut etwas nach unten, als würdet ihr eure Oberlippe sehen wollen. Dazu singen wir ein schönes Mantra.«

Die Härchen auf Lenas Armen stellten sich auf. Es war ein Phänomen. Wenn ihre Freundin sang, wurde Lena davon völlig absorbiert. Tinka war der lebende Beweis dafür, dass ein Neuanfang im Leben möglich war, egal wie heftig das Schicksal zugeschlagen hatte. Vor ihrer Reise nach Indien hatte sie täglich nur auf dem Bürostuhl gesessen und über Rückenschmerzen geklagt, und erst der schlimme Unfall ihrer Schwester riss sie aus ihrem sonst recht bequemen Leben heraus. Dann, viele Monate später in einem Kloster irgendwo in Indien, hatte sie dieses besondere Singen gelernt, das pure Sein im Augenblick, verkörpert durch Töne, wie sie es gern erklärte. Es war weniger eine Technik als ein hingebungsvolles Hinausatmen in die Welt mit ihrer schönen Stimme. Konzentriert sang sie eine Weile. Ein paar Spaziergänger, die in einiger Entfernung vorbeigingen, sahen zu ihnen herüber. Auch sie erhaschten wohl etwas von der klaren, hellen Melodie, die mitten aus Tinkas Herz zu strömen schien.

»Was bedeutet das Mantra?«, fragte Lena, als Tinka den letzten Ton verklingen ließ und lächelnd aufsah.

»Unendliche Weisheit.«

»Du meinst, die kann ich gebrauchen?«

»Nicht nur du«, sagte Tinka und begann lächelnd wieder zu singen. Nun stimmte auch Marlene ein.

Die beiden verschmolzen mit ihrem Gesang. Also gut. Lena hob ebenso die Arme und schaute durch die halb geschlossenen Lider schräg nach unten. Gleichzeitig dachte sie: Wenn nur ein Funken von dieser Weisheit, die sie gerade besangen, bei Tim ankam, dann würde er sich ganz schnell bei ihr melden! Sie sang mit, drei, fünf, sieben oder zehn Minuten lang, das Zeitgefühl verschwamm, das Drumherum samt neugieriger Zaungäste, die stehen blieben und gespannt zuhörten, verlor sich in einem großen, inneren, hellen Raum. Irgendwann wurden sie leiser, und Lena saß eine Weile in sich versunken da. Bis es um sie herum raschelte und knisterte. Auf einmal war der Tisch gedeckt! Vor ihr standen eine Schüssel Obstsalat mit Nüssen, ein kleiner, mit dunkler Schokolade überzogener Kuchen und eine Karaffe, gefüllt mit flüssigem Gras – so zumindest sah die Farbe des Getränks aus, und sie konnte nur vermuten, dass es sich wieder um einen von Marlenes Supersmoothies handelte, die sie manchmal mixte.

»Geist und Seele sind gestärkt, nun ist der Körper dran«, sagte Marlene. »Du brauchst Vitamine, vor allem aus dem Vitamin-B-Komplex, für gute Nerven, sowie die Aminosäure Tryptophan, die unser Körper benötigt, um das Glückshormon Serotonin zu bilden. Frisches Obst, fest und flüssig, darunter Bananen und Aprikosen, die auch im Kuchen eingebacken sind, dazu dunkle Schokolade und Nüsse. Und das alles nicht abgepackt aus dem Supermarkt, sondern mit den besten Gedanken zubereitet, verfeinert und dargeboten. Möge es dir guttun!« Marlene holte drei kleine Gläser aus dem Picknickkorb, der bereitstand, und füllte den grünen Saft hinein. »Mit selbst gezogenen Kräutern natürlich.« Sie stießen damit an, und Lena leckte sich über die Lippen. Der Trank schmeckte süß und sauer, herb und lieblich, fest und flüssig, nahrhaft und leicht und auch ein bisschen scharf wegen der Ingwernote. »Das ist eine superbe Mischung«, sagte sie.

»Wie das Leben. Von allem etwas«, sinnierte Tinka.

Lena trank das Glas leer, stellte es beiseite. »Ach, ihr«, sagte sie. »Wie soll ich euch danken? Doch was die Arbeit am Blog angeht, muss ich euch leider enttäuschen. Diesmal habe ich nichts entworfen und mir nichts überlegt, ich konnte nicht – und ehrlich gesagt, ich wollte auch nicht. Ich hasse den Wochenspruch geradezu! Wie aus meinem Leid ein Glück werden soll, ist mir ein unlösbares Rätsel, über das ich im Moment nicht nachdenken kann.«

Tinka holte ihr Büchlein hervor. »Haben wir uns schon gedacht. Nehmen wir was anderes«, schlug sie vor und blätterte ein paar Seiten um. »Hier, wie wäre es mit einem Exkurs darüber, wie wichtig es ist, gut auf sich zu achten? Für dich ist das jetzt essenziell. Wenn der große Arthur Schopenhauer das sagt, muss etwas Wahres dran sein.«

»Hm«, machte Lena nachdenklich.

»Lies vor«, sagte Marlene.

Und Tinka zitierte den berühmten Philosophen:

> *»Neun Zehntel des Glücks beruhen allein auf der Gesundheit.«*

»Klingt ziemlich profan«, bemerkte Lena. Sie hatte etwas Großartigeres erwartet, und vor allem etwas Hilfreiches. Was sollte sie damit anfangen?

»Ich kann deine Gedanken lesen«, sagte Tinka. »Aber tu uns, dir selbst und Luca den Gefallen und bleib gesund. In einer Krisensituation ist das gar nicht so einfach. Mal uns ein Bild zum Thema hundert Prozent Gesundheit und neunzig Prozent Glück. Fällt dir dazu was ein?«

»Da stimmt was nicht«, sagte Marlene. »Haben wir nicht gepostet, dass Glück zu neunzig Prozent von unserer inneren Einstellung abhängig ist? Sonst könnten kranke Menschen nicht glücklich sein, was Unsinn ist, dafür lege ich die Hand ins Feuer.«

»Tim war fast immer topfit und strotzte vor Energie«, sagte Lena. »Dann wäre er laut diesem Spruch weitgehend glücklich gewesen. Warum richtet er dann so was an? Tut mir leid, ich kann immer nur *darüber* nachdenken. Wie erklärst du das?«

Tinka wiegte den Kopf und lachte. »Schön, dass ihr mich für so weise haltet, als könnte ich all das beantworten. Ich glaube, unsere Sprüche stimmen alle, und was daran besonders stimmig ist, das wollen wir doch gerade aufgrund eigener Erfahrungen mit anderen teilen. Ich bin ebenso gespannt wie ihr, was aus dem Wochenspruch für den Blog entsteht. Und genau deswegen sind es auch nur neunzig Prozent Glück, die wir unseren Lesern versprechen. Eine nicht zu erklärende Leerstelle gibt es immer irgendwo.« Marlene hatte sich bequem hingesetzt und streichelte sich über ihr Bäuchlein, das sich über den Bund ihrer engen Leggings wölbte. »Von mir aus können wir zum nächsten wichtigen Punkt übergehen.« Sie nahm das Messer und machte aus dem kompakten Kuchen drei dicke saftige Teile. »Wozu daran herumschnipseln? Er schmeckt dermaßen lecker, wir essen ihn sowieso bis zum letzten Krümel auf.«

Tinka holte eine Thermoskanne hervor. »Ich habe Tee dabei.«

Lena sah von einer zur anderen. »Ihr seid einfach nur toll«, sagte sie gerührt. Dann bekam sie ein großes Stück essbares Glück serviert und ließ es sich auf der Zunge zergehen, während ihr die Sonne den Nacken wärmte.

Kapitel 6

Löwenmutter

Leer und ruhig lag die Stadt am Sonntagmorgen zu Hendriks Füßen. Er hatte seinen geliebten Morgenlauf durch den Wald ausfallen lassen, denn er war später als gewöhnlich aufgewacht, und er hatte einen Job zu erledigen. Ganz wohl war ihm dabei nicht. Doch die Dinge nahmen seit gestern ihren eigenen Lauf. Luca war in die Küche hineingetapst, gerade als Hendrik mit dem Auffegen der Scherben fertig gewesen war.

»Kommt Papa morgen?« Der süße Knirps war auf Lenas Schoß geklettert, sie hatte etwas in das kleine Kinderohr geflüstert und Luca hatte traurig die Unterlippe hervorgestülpt.

Da hatte Hendrik spontan gesagt: »Wenn du willst, spiele ich morgen wieder mit dir Ball.«

Kurzerhand hatte Lena ihn obendrein als Osterhasen engagiert, als sie sich wenig später verabschiedeten. Gleich würde er im Garten die Süßigkeiten und den Löwen verstecken …

Hendrik wich hier einem Hundehaufen und dort Splittern einer zerschlagenen Glasflasche aus. Er lächelte. Sonst tat er das beim Laufen fast nie, schon gar nicht auf hartem, dreckigem Asphalt. Er kam an einer verrammelten Kneipe vorbei, draußen standen auf einem Tisch zwei leere Bierkrüge. Auf zwei Bierdeckeln. Er wurde langsamer, kam fast zum Stehen, sah sich um, fühlte sich plötzlich ausgebremst und auf seltsame Weise beobachtet. Dabei war kaum jemand zu sehen, alle waren mit ihren Osterzeremonien beschäftigt.

Es war so ein Phänomen: Beim Laufen wurde sein Kopf so klar, dass Erinnerungen, Ideen, Einfälle und Erkenntnisse, wenn sie auftauchten, umso intensiver waren. Dann standen sie von einer Sekunde auf die andere klar und gestochen scharf vor ihm, fast wie ein Gegenstand. Natürlich erinnerte ihn das Bild von den Krügen auf den Deckeln an Tim und den Schwur, klar. Aber es stiegen gerade noch andere Assoziationen in ihm auf. Eine düstere Ahnung, begleitet vom Gefühl, Tim hätte eben zu ihm gesprochen. Plötzlich stach es heftig in seiner Seite. Hendrik stützte sich auf den Knien ab wie ein blutiger Anfänger, der sich mit den paar Kilometern bereits übernommen hatte.

Es war paradox: Vor Tims Verschwinden war dieser kaum mehr Teil von Hendriks Leben gewesen. Seit seinem Verschwinden war er hingegen stets präsent, manchmal so intensiv wie jetzt, als liefe er ein Stück hinter ihm. Immer noch hielt Hendrik daran fest, er habe seinen Blutsbruder gut gekannt. Doch wie passte das zu Tims radikaler Handlung, sich unerreichbar zu machen? Die Frage ließ ihn nicht los. In diesem Moment, in dem sich Hendrik keuchend auf den Knien abstützte, erkannte er eines ganz genau: Tim verfolgte seinen wasserfesten Plan schon länger. Allein das für Lena gefüllte Bankkonto und das Arbeitsende in der Firma waren eindeutige Indizien, bis hin zu dem knapp gehaltenen und doch so aussagekräftigen Brief. Plötzlich war für Hendrik auch nachvollziehbar, dass Tim niemanden eingeweiht hatte. Jeder hätte versucht, diesen Wahnsinn zu stoppen. Warum sollte ein Mann wie Tim seinem tollen Leben den Rücken kehren? Ohne erkennbare Not?

Aber das waren nicht die Fragen und Gedanken, die Hendrik gerade ausgebremst hatten. Die hatte er schon hundertmal gedacht. Es war die Erkenntnis, dass er selbst in Tims Plan eine wichtige Rolle spielte. Tim hatte sichergehen wollen, dass Hendrik sich an den Schwur erinnerte. Dass er in die Geschichte einsteigen würde. Tim hatte ihn auf dem Weihnachtsmarkt nach dem Abend vor vielen Jahren gefragt, nach dem Song von Queen, dessen Refrain er dann gesummt hatte, bevor er fragte: »Erinnerst du dich?« Danach hatte er gewusst, dass Hendrik den geleisteten Blutsbrüderschwur nie vergessen würde. Um sich zu vergewissern, hatte er seine Telefonnummer erst ein paar Tage später ausgeschaltet. Hendriks Anrufe, die Tim in den vergangenen Tagen auf dem Display gesehen haben musste, waren für ihn der Beweis, dass Hendrik sich in die Sache eingeschaltet hatte. *Friends will be friends.* Wie logisch! Hendrik konnte ja nur von Lena wissen, was passiert war. Er verstand einmal mehr, wie Tim tickte, wenn er unter Druck stand: Gefühle aus, Ratio an. Anders konnte er sein knallhartes Ding nicht durchziehen. Dann würde eben doch der Gefühlsdamm brechen und ihn in sein altes Leben zurückspülen, ein Leben, das Tim nicht mehr leben wollte – oder konnte.

Das Stechen in der Seite verschwand. Hendrik richtete sich langsam wieder auf und starrte noch eine Weile nachdenklich auf den Boden. Die Gründe, warum Tim so handelte, offenbarten sich dadurch allerdings nicht. Einer davon war vielleicht so schlicht wie einfach: ein Charakterfehler, der womöglich mit seiner verkorksten Kindheit zu tun hatte. Doch die Erklärung war zu dürftig, sie konnte allenfalls als mildernder Umstand herbeigezogen werden, wie vor Gericht. Ging es vielleicht um Leben und Tod? War Tim mit dubiosen Baugeschäften in Schwierigkeiten geraten, und bevor er selbst in eine Mauer einbetoniert wurde, musste er fliehen, um Frau und Kind zu schützen wie in den Mafiafilmen? Das hätte zumindest erklärt, warum Tim nie viel von seinen Geschäften erzählt hatte, nur das Nötigste: ›Ach, hier ein Luxushotel, dort ein Skyscraper‹, mit schwindelerregenden Budgets. Hendrik hatte es für einen Habitus purer Angeberei gehalten und dann nicht weitergefragt. Doch mit all diesen Vermutungen stocherte er nur im Nebel herum. Tim hingegen wusste, dass er sich auf ihn, Hendrik, verlassen konnte. Gerade dadurch, dass Tim nicht mehr für ihn erreichbar war. Langsam legte sich der aufgewirbelte Staub, den das eingestürzte Haus hinterlassen hatte …

Hendrik lief mit leicht gesenktem Kopf weiter, als könnte er auf dem Boden weitere sinnvolle Gedanken finden. Bisher war er zu stolz gewesen, Tim etwas zu schreiben. Jetzt hätte Hendrik Tim auf diese Weise gern mal etwas mitgeteilt: *Bin auf dem Weg, um für deinen Kleinen den Osterhasen zu spielen. Meintest du so etwas mit Trümmerbeseitigung?* Eine Mischung aus Sarkasmus, Freundschaft und einer ernst gemeinten Frage …

Er begann wieder zu laufen, und an seinen Beinen hingen nun die Gewichte der eben gewonnenen Erkenntnis, dass er selbst ein wichtiger Teil von Tims Plan war. Doch wie weit sollte seine Sorge um Lena gehen? Vorgestern in der Küche, als er sie so wütend gesehen hatte und dann so traurig, zwei Gesichter, die sie ihm noch nie gezeigt hatte, hatte Hendrik schon von sich aus gedacht: Ich möchte sie nicht leiden sehen. Ich will ihr irgendwie helfen, sie besser kennenlernen.

Jene Lena, die freundlich, lustig, aufmerksam, stets mit guter Laune ausgestattet und immer sorgfältig gekleidet war, kannte er schon. Jene Lena, die in dem Trümmerfeld herumirrte, ungeschminkt und in viel zu großen Pullovern, die für jede Hilfe dankbar war, musste er erst noch kennenlernen.

Hendrik lief schneller, konzentrierte sich wieder darauf, seinen Atem mit den Schritten zu einem harmonischen Fluss werden zu lassen. Es war nicht mehr weit, und er erinnerte sich an einen Blumenladen in der Nähe von Tims … nein,

Lenas Wohnung. Er erwartete schon einen weiteren eingebildeten Kommentar von Tim, doch in seinem Kopf blieb es diesbezüglich ruhig – ein Glück. Fang damit ja nicht wieder an, mahnte sich Hendrik. Mit Hanna hatte er damals monatelang Zwiesprache geführt, und es hatte ihn fast verrückt gemacht.

Er: Warum bist du gegangen, warum?
Sie: Es ist für uns beide besser so, glaub mir.
Er: Wie kann etwas, das so wehtut, gut sein?
Sie: Ich sagte nicht, dass es gut ist. Nur ist es so besser.
Er: Also war es vorher nicht gut? Warum hast du nichts gesagt?
Sie: Das habe ich. Du hast mich nicht gehört.
Er: Wie konnte das passieren?
Sie: Du drehst dich im Kreis …

Innere Dialoge wie gedruckt, die sich in ihm abspulten, als spräche die echte Hanna zu ihm. Irgendwann, als er sich ärztliche Hilfe suchen wollte, wurden die Dialoge zu Monologen, und sie wurden weniger, leiser und am Ende auch uninteressant. Hendrik wollte sich nicht mehr in der Vergangenheit verlieren, und er rannte unter Strömen von Schweiß mitten in die Gegenwart hinein. Er erklärte sein Herz für geheilt, zumindest oberflächlich. Es reichte zum Weiterleben.

Keinesfalls würde er also anfangen, nun auch mit Tim im Stillen zu sprechen! Obwohl er von seinem Freund gern noch gewusst hätte, mit welchen Blumen er Lena eine besondere Freude machen konnte …

Vor dem Blumengeschäft standen Kübel voller bunt leuchtender Sträuße, Rosen, Tulpen und Osterglocken. Weiße Rosen symbolisierten Trauer und Anteilnahme, gelbe waren ein No-Go, rote sowieso, von denen hatte er Hanna hunderte geschenkt. Er beugte sich hinab und roch an einem Bund orangefarbener

Rosen. Sie sahen ansprechend aus, doch irgendwie zu … aufmunternd. Es gab noch blau gefärbte Rosen, die wirkten albern.

Die Floristin kam heraus, wischte sich die Hände an der Schürze ab und blinzelte in die Sonne. »Kann ich helfen?«

Hendrik lag die Frage auf der Zunge: Über welche Blumen könnte sich eine frisch verlassene Frau freuen? Geschmacklose Wahrheit. »Ich würde gern jemanden aus der Traurigkeit reißen, eine Freundin«, sagte Hendrik. Das klang in Ordnung.

Die Blumenfrau nickte verständnisvoll. »Wie schlimm ist es?«

Hendrik sah sie ratlos an.

»Auf einer Skala von eins bis zehn?«

Er kratzte sich am Kopf. »Wenn ich das nur wüsste«, sagte er.

Leidensstufe zehn, das wäre gewesen, wenn Tim durch eine plötzliche schlimme Krankheit, einen Unfall oder Selbstmord aus Lenas Leben gerissen worden wäre. Keine Leidensstufe hingegen eine erfüllte, gegenseitige Liebe, in der jeder den anderen vollkommen respektierte. Davon träumten viele! Und von dieser Traumbeziehung waren anscheinend auch Lena und Tim weiter entfernt gewesen, als es irgendjemand geahnt hatte.

»Vielleicht sechs Komma fünf«, antwortete er, und die Verkäuferin schmunzelte.

»Gut, dass Sie die Kommastelle genannt haben. Nun kann ich Ihnen einen doppelt so teuren Strauß aufschwatzen.«

Hendrik lachte mit, und wenig später hielt er einen Frühlingsstrauß in den Händen, der mit Wiesengräsern aufgelockert aussah wie eine flauschige bunte Wolke. Wenn er diesen Kiez besuchte, fühlte er sich in seiner eigenen Stadt wie ein Fremder. Hier lebten überwiegend Familien, denen es ziemlich gut ging. Kinderkriegen war hier eine Art Lifestyle. In der gemütlichen Altbauwohnung im Westen, in der er lange mit Hanna gewohnt hatte, war ein Raum als Kinderzimmer vorgesehen gewesen. Hanna aber nahm eisern die Pille, sie wollte erst beruflich erfolgreich sein. Hendrik hatte es als Liebesbeweis angesehen, ihr alle Zeit der Welt zu geben. Nun wohnte er allein in einem anonymen Neubau, viele Straßenzüge von der alten Wohnung entfernt. Das Unpersönliche hatte ihm nach der Trennung gutgetan, weil er nicht mehr ständig angesprochen wurde, wie es ihm gehe, so allein und verlassen …

Er blieb vor dem Haus stehen und sah zu dem steinernen Engel hinauf, der über dem Eingangsportal zur ehemals heilen Welt von Tim und Lena wachte. Dann wählte er ihre Nummer wie ausgemacht.

»Hey«, hauchte sie ins Telefon. Ihre Stimme klang warm und schön.

»Bin da«, sagte er.

»Ich lass dich rein«, antwortete sie. »Luca spielt im Zimmer, völlig selbstvergessen. Der alte Löwe ist übrigens aufgetaucht.«

»Er hat ihn wieder?« Hendrik hatte schon mitbekommen, wie wichtig all die Kuscheltiere für Luca waren, besonders der Löwe.

»Ja. Nun freut er sich auf den Bruderlöwen. Wie verrückt.«

Der Türöffner summte, und Hendrik trat in den Hausflur, dessen Boden aus Fliesen mit filigranen ornamentalen Mustern bestand. Die stets blank gewienerte Treppe war mit einem gedrechselten Holzgeländer versehen, und der Kronleuchter hoch oben signalisierte den Besuchern, dass hier etwas feinere Leute wohnten als anderswo. In einem solchen Treppenhaus ging man automatisch langsamer, bedachter und aufrechter.

Lena öffnete die Wohnungstür und steckte den Kopf heraus. »Hendrik?«, hallte ihre Stimme durch den Flur.

Einmal war Hendrik Zeuge geworden, wie sich Tim und Lena wegen dieser Wohnung fast gestritten hätten. Tim hatte sich um die Ecke in eine Dachgeschosswohnung verguckt, doch Lena bestand auf der Parterrewohnung wegen des

Wintergartens. Da hatte Hendrik Lena einmal überraschend resolut erlebt.

»Ich gehe durch diese Tür mit dem Engel drüber oder durch keine«, hatte sie gesagt und mit lauter Stimme nachgesetzt: »Du wirst doch sowieso kaum da sein.« Tim hob die Hände, als würde sie ihn mit einer Waffe bedrohen, und warf Hendrik einen übertrieben überraschten Blick zu.

Hendrik hatte sich erlaubt zu sagen: »Da ist was Wahres dran.« Tim runzelte die Stirn und Lena sah ihn, Hendrik, dankbar an, ein bisschen so wie jetzt, als er vor ihr stand.

»Schön, dass du da bist«, sagte sie im Flüsterton. In der Hand hielt sie eine große Tüte.

Er hielt ihr den Strauß hin, und in ihrem Gesicht spiegelten sich spontane Freude und dann Traurigkeit. Wie Wellen flossen die Gefühlsausdrücke ineinander.

»Ich hoffe, er gefällt dir«, murmelte Hendrik.

»Danke.« Sie blinzelte eine Träne weg. »Mist, schon wieder. Ich wollte heute mal nicht zu sehr daran denken.«

Hendrik stöhnte innerlich. Ein Volltreffer hörte sich anders an und sah auch anders aus. Natürlich dachte Lena beim Anblick der Blumen umso schmerzlicher an Tim, der ihr zu Ostern sonst vielleicht immer ein ganzes Bukett roter Rosen geschenkt hatte.

Er nahm Lena die Tüte ab, darin befand sich ein zotteliger Löwe mit einem lachenden Maul, der auf bemalten Ostereiern gebettet und von diversen Schokoladenosterhasen flankiert war.

Lena wischte sich über die Augen. »Beim Eierfärben hat Luca eins für seinen Vater bemalt, das wollte er ihm unbedingt heute geben. Gleich kommen die Fragen der Nachbarin. Tim war zu Ostern bisher immer da. Aber ich schaffe das schon.« Sie verzog den Mund, es sollte wohl ein Lächeln sein. »Du kennst ja den Garten. Wenn du fertig bist, klingelst du noch mal, und wir gehen gemeinsam raus.« Sie roch an den Blüten. »Wirklich ein schöner Strauß. Heute ist ein fröhlicher Tag. Zumindest jetzt am Vormittag. Basta!« Sie wich zurück in die Wohnung, aus der laut »Mamaaaa« zu hören war. Die Tür ging zu, und Hendrik stand noch ein paar Sekunden da und nickte Lena durch die geschlossene Tür zu. Dann ging er leise auf den glatten Fliesen zur Hintertür, die in den Garten führte.

* * *

Luca riss die Arme hoch. Er hatte den Löwen in den unteren Ästen des Kirschbaums entdeckt. Dort lag das Tier auf der Lauer und lachte in die Welt. Er stellte sich auf die Zehenspitzen, erwischte die Fransen der Mähne und zog den Löwen zu sich herunter. Er drückte seinen Kopf an den des Kuscheltiers, an das Löwenhaupt. Zu sehen, wie Löwenhaupt junior sich freute, und zu wissen, dass sein Vater ihn verlassen hatte – die Szene war dermaßen symbolisch aufgeladen, dass Hendrik fast die Tränen kamen.

Lena hingegen schien sich wieder gut unter Kontrolle zu haben und winkte zu Luca hinüber, der den Löwen herzte und herzte und rief: »Ein Bruder! Ein Bruder!«

Sie beobachteten Luca schon eine ganze Weile. Die Verstecke waren abgegrast, die Süßigkeiten und Eier waren im Korb, nun hatten sie Luca losgeschickt mit dem Tipp, nicht nur nach unten, sondern auch mal in den Himmel zu schauen. Connie war mit Lila auch im Garten, und sie hatte für ihre Tochter den größten Teil der Grünfläche und das Areal mit den Büschen fürs Eiersuchen besetzt, Lena das Areal um den Wintergarten herum samt dem Baumbestand.

»Kalt, kalt, wärmer!« Connie dirigierte Lila, die eifrig nach weiteren zwischen den Tulpen versteckten Leckereien suchte, im Kreis herum und lachte zu ihnen herüber.

»Glücklich verheiratet«, hörte Hendrik Lena neben sich leise sagen. »Obwohl ihr Mann auch viel unterwegs ist. Noch fragt sie nicht nach.« Sie sprach mit Hendrik, ohne ihn anzusehen.

»Du willst es auch noch niemandem sagen, nehme ich an, oder?«, fragte er.

»Bestimmt nicht meiner gesprächigen Nachbarin. Zwei Freundinnen wissen davon und du, sonst niemand. Nicht mal meine Eltern. Der Brief ist ja noch nicht so lange her.«

»Juhu, juhu!« Luca rannte über die Wiese auf sie zu. Zu Hendriks Füßen saß der alte Löwe.

Connie kam herüber, um zu sehen, warum Luca so aufgeregt war. »Warum denn zwei gleiche Plüschtiere?«, fragte sie neugierig.

Hendrik hatte von Lena bereits eine kleine Einführung in die nachbarschaftlichen Beziehungen auf der unteren Etage bekommen. Connie strickte ihre Pullover selbst, war lieb, hilfsbereit, leicht übergewichtig und neugierig, und sie kommentierte alles, was um sie herum geschah, egal ob es das Wetter, Lenas Parfüm, der neue Speiseplan in der Kita oder der Leitartikel der Tageszeitung war. Eine Art junge Else Kling, die eben nicht in der Lindenstraße, der berühmtesten Serienstraße des deutschen Fernsehens, sondern im Prenzlauer Berg aufgewachsen war.

Kinder hatten ein feines Gehör, und Luca sah zu den drei Erwachsenen hinauf, die ihn beobachteten.

»Das sind Brüder«, beantwortete er Connies Frage und sein Gesicht wurde von einem Hauch Nachdenklichkeit überschattet. Er ließ sich ins Gras plumpsen, nahm den alten Löwen und stellte ihm den Neuzugang vor. Die Tiere beschnupperten sich, und Luca fragte, ohne aufzusehen: »Mama, wann kriege ich meinen echten Bruder?«

Connie stieß einen überraschten Laut aus. »Bist du endlich schwanger?«

Lena lächelte tapfer. »Nein.«

Nun kreischte Lila begeistert, weil sie etwas im Gras gefunden hatte. Connie ließ sie wieder allein, und Lena ging in die Knie, strich Luca über den Kopf. Der hatte seine Frage von eben schon wieder vergessen und hielt ihr einen der Löwen hin. »Ist der Löwe von Papa?«

Hendrik hockte sich dazu und ließ die Szene auf sich wirken. Da war nicht nur ein Vierjähriger, der vielleicht nun keinen Vater mehr hatte. Da war auch eine liebende Mutter, der es das Herz brach, ihr Kind unglücklich zu machen. Er konnte sehen, wie Lena innerlich um die richtige Antwort rang. Ihr Gesicht wurde ernst, und sie nahm Luca das zweite Tier aus der Hand, betrachtete und streichelte es, vielleicht, um Zeit zu gewinnen, vielleicht, weil sie gerade intensiv an Tim dachte.

»Mama! Was ist?«, fragte Luca.

Lucas Verhalten ging direkt ins Herz. Hendrik wollte Lena irgendwie beistehen. Und Luca wollte eine Antwort, die er in seine kleine Welt einordnen konnte, eine Antwort, die seiner Frage gerecht wurde. Hendrik brachte zunächst nur eine Übersprunghandlung zustande – auch er strich dem neuen Löwen über den Kopf. Dabei berührte er Lenas kühle Hand und spürte ein leises Zucken, das durch sie beide hindurchging. »Es ist eine Löwin, glaube ich«, sagte er und räusperte sich.

Lucas Augen wurden riesengroß. »Ein Löwenmädchen?«

Hendrik spürte Lenas kritischen Blick. »Mehr noch. Ich glaube, es ist eine Löwenmutter, und deine Mama hat sie dir mitgebracht. Sie ist etwas ganz Besonderes. Ich habe von einer Löwin gehört, der plötzlich eine Mähne gewachsen ist. Das gibt es wirklich.«

In dem Kindergesicht spiegelten sich erhebliche Zweifel. Luca wollte das Plüschtier zurückhaben, und Hendrik hatte sich auf dünnes Eis begeben. Vielleicht hatte Lena ihr Söhnchen gerade trösten und ihm etwas ganz anderes sagen und ihm auf ihre Weise Halt und Hilfe geben wollen: Ja, er ist von Papa. Hendrik hatte alles durcheinandergebracht. Das Eis bekam Risse, machte bedrohliche Geräusche, begann zu brechen, denn sie schwiegen jetzt viel zu lang, jeder war etwas verwirrt. Jetzt blieb nur noch die Flucht nach vorne, runter vom brüchigen Eis, rein in die hitzige Savanne. Hendrik stieß ein löwenhaftes Knurren aus. »Es ist ein ganz besonderes Löwenmädchen«, wiederholte er voller Überzeugung. »Von einer Löwenmutter.« Er knurrte noch mal, diesmal in höherer Tonlage, um ein Löwen-Zwiegespräch zu imitieren. »Sie sagt, es stimmt.«

Der neue Gedanke breitete sich wahrscheinlich in Lichtgeschwindigkeit in Lucas kleinem Gehirn aus. Eine neue Realität brach sich Bahn, floss durch die verzweigten Neuronen, erschuf rasend schnell neue Verbindungen und verwurzelte sich schließlich als Wahrheit in Lucas Bewusstsein. Innerhalb von Sekunden konnte Hendrik mitverfolgen, wie seine Worte von Luca positiv aufgenommen wurden. Er lachte und strahlte wie eine aufgehende Sonne und sah begeistert von ihm zu Lena.

»Ein Löwin! Von Mama! Meine Löwenmama!«, verkündete er seine Erkenntnis, stand auf, schlang die Arme um Lenas Hals und lief mit seinen beiden Gefährten zu Connie und Lila, um sie ihnen zu zeigen.

Lena kauerte immer noch neben Hendrik im Gras. Ein paar Sekunden saßen sie da, ohne sich zu bewegen. Dann passierte es wie von selbst. Sie beugte sich ein kleines Stück zu ihm und er sich zu ihr, und einen kurzen Moment lang lehnten sie die Köpfe aneinander. Als hätten sie gemeinsam eine unglaublich schwere Aufgabe bewältigt, und das hatten sie vielleicht auch. Der Moment verschwamm in Hendriks Erinnerung mit jenem Moment, als er seine Stirn an die von Tim gedrückt hatte. Einen Atemzug lang war Tim auf der Wiese anwesend. Hendrik lag auf der Zunge, Lena zu sagen: Ich helfe dir, ich habe es geschworen! Doch der Eid ging nur ihn und Tim etwas an.

»Eine Löwenmutter mit Mähne also?«, fragte Lena leise.

»Gibt's wirklich«, sagte Hendrik. »Ich schwöre. Es gibt alles Mögliche.« Er drehte sich ein kleines Stück zu ihr, und ihre Knie berührten sich. Die Berührung war nur leicht, trotzdem floss sofort viel Wärme. Sie sahen sich in die Augen, Lenas waren dunkelbraun, schokoladenfarben, mit ein paar hellen Sprenkeln aus Zimt. Hendrik bemerkte, dass auch sie unsicher war. Wenn sich zwei Menschen, die sich noch nicht gut kannten, zu lang in die Augen sahen, tauchte unweigerlich der Gedanke auf: Wer schaut zuerst weg? Mit Hanna hatte er sich minutenlang in die Augen gesehen. Sie hatten dann meistens lächelnd vereinbart, gemeinsam wegzusehen, weil niemand der Erste sein wollte: eins, zwei, drei …

»Allerdings«, sagte Lena und stand auf.

Der Bann war gebrochen, und Hendrik hatte schon fast vergessen, worauf sich ihre Antwort bezog, weil ihre Augen ihn fast hypnotisiert hatten.

»Es gibt alles Mögliche«, wiederholte sie. »Es ist ziemlich gefährlich zu denken, manche Dinge könnten im Leben nicht passieren.«

Hendrik erhob sich ebenfalls und hätte gern gewusst, was sie damit meinte: gefährlich? Sprach sie von der Sache mit Tim oder von dem Moment eben, in dem sie sich so nah gewesen waren? Beides war möglich, und es war das größte menschliche Mysterium überhaupt: Jeder Mensch lebte in seiner subjektiven Welt mit seiner eigenen Wahrheit, und ein gemeinsames Leben und Wahrnehmen beruhte lediglich auf der *Annahme*, es wirklich zu teilen. Er war sprichwörtlich aus allen Wolken gefallen, als er erfuhr, dass Hanna den gemeinsamen Himmel, in dem er mit ihr zu leben glaubte, längst verlassen hatte. Das hatte doppelt geschmerzt. Lena lebte gerade wahrscheinlich ebenso in einem akuten Doppelschmerz, den er zu gut kannte.

Sie gingen zurück ins Haus, Hendrik lief hinter Luca und Lena. Über die Schulter hinweg fragte sie: »Einen Kaffee?«

Er zögerte. Sein Job als Osterhase war getan und Lena spielte für Luca die entspannte Mutter, die sie nicht war. Das zu erleben fühlte sich nicht unbedingt toll an, und er wollte noch bei seinen Eltern in Dahlem vorbeischauen. Doch er antwortete: »Ein kleiner Kaffee geht immer.«

In der Küche setzte sich Luca mit seinen beiden Löwen an den Tisch. Der Junge spielte selbstvergessen, dann hörte er plötzlich auf und betrachtete Hendrik neugierig. Er hatte die gleichen Augen wie Lena. Sie hantierte an der Kaffeemaschine, und laut aufheulend begann der chromblitzende Automat, Bohnen zu mahlen.

»Noch mal knurren«, sagte Luca zu Hendrik, als die Maschine verstummte.

Hendrik imitierte einen Löwen, klang diesmal aber eher wie ein wild gewordener Hauskater. Vorher auf der Wiese war es echter gewesen. Lena lachte mit, verstummte aber sofort, als das Telefon, das sie neben sich gelegt hatte, zu vibrieren begann. Nachdenklich sah sie auf das beleuchtete Display.

Luca glitt vom Stuhl. »Eine Katze hab ich auch!« Und damit lief er aus der Küche.

Das Telefon vibrierte immer noch. Hoffentlich ist es Tim, dachte Hendrik, und ich bin aus der ganzen Nummer wieder raus. Soll er die Trümmer doch selbst wegräumen! Dann dachte er: Aber ich bin jetzt nun mal hier. Es fühlt sich gar nicht so schlecht an.

Lena nahm das Telefon, strich sich durchs Haar und sagte mit lauter Stimme: »Hallo, Papa! Schön, dass ihr anruft.«

Es war nicht schwer zu erraten, was nun am anderen Ende der Leitung gesagt wurde. Lena nickte ein paar Mal und nagte dabei an einem Fingernagel herum. »Danke, euch auch fröhliche Ostern«, sagte sie und hörte dann wieder zu, um irgendwann einzufügen: »Gerade eben. Wir kommen gerade aus dem Garten« und: »Ja, gib sie mir. Hallo, Mama!« Nun drehte sie sich um und sah aus dem Küchenfenster, senkte die Stimme. »Nein, Tim ist nicht da.« Pause. »Auf Reisen.« Pause. »Ja.« Und wieder: »Ja. Es sollte sich was ändern.«

Hendriks Blick ruhte auf Lenas Rücken, als könnte er sie damit stärken. Es war sicherlich kein einfaches Gespräch. Sie trug eine lange Strickjacke, die ihr bis zu den Kniekehlen reichte, und die Schultern wirkten schmaler und spitzer als sonst. Beinahe zerbrechlich.

Sie ging aus der Küche. »Klar will Luca euch sprechen, er freut sich schon ...«

Als sie kurz darauf wieder hereinkam und betont heiter weitersprach, zuckte etwas in ihrem Gesicht. Es war ein Auge, das rechte. »Und wo fahrt ihr als Nächstes hin? Ist ja großartig. Gesund seid ihr auch. Fabelhaft. Ein neues Foto? Bekommt ihr.« Ihre freie Hand fasste an die zuckende Stelle, dann drehte sie sich wieder um und murmelte noch ein paar Worte, bevor sie sich verabschiedete. Sie blieb noch eine Weile so stehen.

Hendrik wusste jetzt, wovon Tim damals sprach, als er ihm das erste Mal von Lena erzählte: »Ich bin verliebt. Sie ist toll. Ein bisschen schüchtern, und sie hat einen leichten Tick. Stört mich aber nicht.«

Welchen Tick, hatte Hendrik wissen wollen. Sein Geist bediente nur das Klischee von bestimmten Marotten, von Schränken voller Schuhe, und er kannte Menschen, die hielten im Kühlschrank eine penible Ordnung, sortierten Joghurtbecher nach Haltbarkeitsdatum von hinten nach vorne oder hängten ihre Wäsche nur nach strikten Vorgaben auf, die Socken keinesfalls neben den Unterhosen.

»Ihr Auge zuckt, wenn sie nervös und gestresst ist«, hatte Tim geantwortet. »Ich werde das heilen.« Tim, der Heiler, auch das noch! In allen Bereichen hatte er sich gnadenlos hoch eingestuft.

Lena ließ zwei Tassen mit Kaffee volllaufen. Keiner von ihnen sagte etwas, bis der Automat verstummt war und sie gemeinsam am Tisch saßen.

»Deine Eltern sind auf Reisen?«, fragte er.

»Ein Jahr lang auf Weltreise«, sagte sie und sah ihm fest in die Augen. »Sie sollen das genießen, darauf haben sie sich ihr halbes Leben lang vorbereitet und gefreut. Wenn ich ihnen erzähle, was hier gerade los ist, brechen sie ab und kommen sofort her. Das will ich nicht. Nicht bevor ich weiß, was überhaupt los ist. Was soll ich ihnen denn sagen? Sie standen Tim immer ein bisschen skeptisch gegenüber. Mich bei ihnen jetzt auszuweinen, das ergibt keinen Sinn. Verstehst du das?«

Tim hatte hin und wieder von Lenas Eltern erzählt, vor allem, dass sie viel zu fürsorglich seien und ein bisschen nervig, weil sie über jeden Schritt ihrer Tochter Bescheid wüssten und Lena sogar vorschreiben wollten, was sie studieren sollte. Bis er, Tim, kam und Lena zu ihrer Traumausbildung zur Illustratorin ermutigte und diese auch bezahlte. Seitdem hatten sie sich alle nicht mehr so gut verstanden und er war lieber auf Geschäftsreise, wenn Lenas Eltern zu einem ihrer häufigen Besuche nach Berlin kamen.

»Klar verstehe ich das«, antwortete Hendrik. »Finde ich außerdem super, was deine Eltern machen. Erzähl mal was von ihnen.«

»Sie waren beide Lehrer und liebten ihren Beruf, sind darin aufgegangen, am Schluss waren sie allerdings nahe an einem Burnout. Sie haben den Ruhestand beantragt und sind sofort losgefahren. Ich bekomme Postkarten aus der ganzen Welt, Bilder von der Wüste, zerklüfteten Bergen und türkisfarbenem Meer. Sie wollen alle Kontinente bereisen. Ich habe mit ihnen in Oldenburg gelebt, bis ich nach Berlin kam. Vor über zehn Jahren.«

Hendrik nickte. »Ich würde ihnen jetzt auch nichts davon erzählen. Aber was ist mit deinem täglichen Leben? Geht das auch normal weiter?«

Ihr Auge zuckte wieder. Jetzt, als er es einmal gesehen hatte, war es schwer, nicht direkt hinzuschauen.

»Mein Leben? Welches Leben? Ich lebe im Moment für Luca«, sagte sie. »Für ihn stehe ich jeden Morgen auf.« Sie sah zur Küchentür. »Nein, halt. Es gibt noch zwei Freundinnen, die mir wichtig sind, und meine Arbeit. Mehr weiß ich gerade nicht über mein Leben, schon gar nicht, wie es weitergeht.«

Der Kaffee war lauwarm aus der Maschine gekommen und schmeckte sehr bitter. Lena schien es nichts auszumachen, oder sie merkte es nicht einmal. Sie trank ihre Tasse leer.

»Du wartest jederzeit auf einen Anruf, einen Brief, eine Nachricht?«, fragte er.

Sie blinzelte ihn an. »Sicher.«

Genau diese kleine Macke, das Blinzeln, der Tick, berührte etwas tief in ihm, ohne dass er hätte sagen können, was es war. Hendrik trank die bittere Brühe ebenso in einem Zug aus. Es war Zeit zu gehen, raus aus der Küche, raus an die Luft, sich bewegen, laufen, rennen. Schon zum zweiten Mal suchte ihn ein unmöglicher Gedanke heim, vorhin im Garten, neben Lena auf dem Boden kauernd, und jetzt. Er stand auf. »Wenn du Hilfe brauchst, melde dich. Jederzeit.«

»Danke. Du warst ein großartiger Osterhase.«

Luca kam wieder herein, hatte weitere Tiere dabei, eine Katze, einen Elefanten, eine Kuh, ein Nilpferd, einen Hund, so viele, dass sein Gesicht kaum zu sehen war. »Schau mal ...«, begann er, wollte Hendrik seine Sammlung zeigen, doch Lena dirigierte den Kleinen zurück in den Flur.

»Wir beide spielen gleich im Wohnzimmer«, sagte sie. Es war ihr offenbar recht, dass Hendrik nun ging, der Kaffee war eine Formalie gewesen und der Moment der Nähe im Garten pure Einbildung oder gar ein Warnzeichen, sich lieber nicht zu nahezukommen. Ganz bestimmt wollte Lena in ihrer plötzlich einsamen Welt erst einmal ihre Ruhe haben, so wie er auch schon seit zwei Jahren in seinem inneren Vakuum lebte, viel zu lang. Vielleicht aber konnte er das Vakuum bei einem Umzug in eine andere Stadt einfach ausrangieren wie ein Möbelstück. Sich neu und vor allem glücklich zu verlieben, das war anderswo einfacher. Hier in Berlin, wo ihn immer noch viel zu viel an Hanna erinnerte und er auf einmal die frisch verlassene Frau seines besten Freundes küssen wollte, standen die Chancen dafür ziemlich schlecht.

Kapitel 7

Die Freundinnen

Ein Haufen Schachteln und Tuben türmte sich vor ihr auf. Lena suchte ihre homöopathischen Tropfen, die gegen ihr Augenzucken helfen sollten, und hatte die Tüte mit den Medikamenten auf dem Küchentisch ausgekippt. Die hinter ihr liegenden Jahre seit dem Einzug in die Wohnung breiteten sich vor ihr aus. Sie betrachtete Packung für Packung, vieles davon war Kindermedizin: Ohrentropfen, Hustensaft, Fieberzäpfchen, bunte Pflaster. Für Tim: Kopfschmerztabletten, Allergietabletten, Magenschutzmittel, Stimmen-Öl, weil er manchmal heiser war, Schlaftabletten fürs Wochenende, wegen der vielen Jetlags. Ihr Anteil bestand aus eben jenem Fläschchen mit den Tropfen, die sie länger nicht genommen hatte, und zwei übrig gebliebenen Packungen eines Antidepressivums.

Bevor sie Tim kennenlernte, hatte sie eine ganze Weile die kleinen hellblauen Pillen genommen, und bis heute wusste sie nicht, warum es nötig geworden war. Sie war ein normales Mädchen mit langen Zöpfen gewesen, das verwöhnte Einzelkind eines Lehrerehepaars, das seine Tochter liebte, ihr die Welt genau erklärte und jedes Fach geduldig mit ihr paukte.

Sie weinte oft, daran konnte sie sich noch erinnern. Sie ging zum Ballett und spielte Klavier, und als sie keine Zöpfe mehr tragen wollte, hörte sie mit diesen Hobbys und auch mit dem Weinen auf, dafür schlief sie sehr viel. Außer Tinka hatte sie nur wenige Freundinnen, mit denen sie sich damals regelmäßig traf. Wenn sich andere Mädchen schminkten und sexy anzogen, wenn sie gemeinsam flüsterten und lachten, fühlte sie sich meistens ausgeschlossen. Sie war immer mittelgroß und mittelhübsch gewesen, und auch ihre Brüste waren so: nicht groß, nicht klein. Sie machte ihr Abitur mit durchschnittlicher Note, hatte nie Lieblingsfächer gehabt, keine besondere Begabung ausgebildet, nie einen Pokal oder eine Auszeichnung errungen. Lena Mittelmäßig, so nannte sie sich selbst in den Stunden, in denen sich Heranwachsende entweder selbst bemitleideten oder hassten, wenn sie nicht wussten, wohin mit den Gefühlen, oder noch nicht einmal, was sie überhaupt fühlten. Und wenn sie etwas fühlten, dann wussten sie oft nicht genau, warum. Im Nachhinein hätte sie sich dieses Fach in der Schule gewünscht: Gefühle.

Nach dem Abitur hatte sie keine Idee, was sie studieren sollte, und sie wollte auch nicht die Welt erkunden wie Tinka, die damals mit vor Abenteuerlust glänzenden Augen und einem großen Rucksack auf dem Rücken zum ersten Mal Richtung Asien aufbrach. Lena verspürte auch keinen Drang, sich die Lippe zu piercen, die Nächte durchzutanzen oder Drogen auszuprobieren. Ihre ersten sexuellen Erfahrungen waren fad wie ungewürztes Essen, und in ihrer ersten Berliner WG fühlte sie sich nicht wohl, wenn alle in der Küche waren und quatschten und rauchten und Musik hörten. Sie spülte ab und hörte zu. Sie war diejenige, die nach der Party aufräumte. Sie verwechselte ihre Bereitschaft, für andere da zu sein, mit sozialem Interesse, und wählte deswegen ein sozialwissenschaftliches Studium. Langweilte sich bei den Vorlesungen und blieb den

Kursen fern. Manchmal fühlte sie sich dermaßen frustriert und unglücklich, dass sie sich Papier und einen Filzmarker griff und schwarze Strudel, zackige Blitze, endlose Wellen und alle möglichen anderen Symbole aufs Papier malte, stundenlang. Irgendwann begann sie richtig zu zeichnen, mit Kreide, Wachs und Bleistiften in verschiedenen Stärken, belegte einen Kurs an der Volkshochschule. Sie liebte es, Flächen zu schraffieren, den Dingen mit etwas hellerem oder dunklerem Grau Tiefe zu geben. Sie fertigte Skizzen von Tieren, Bäumen und Häusern sowie Stillleben an: Obstschalen, Blumenvasen, ihre Sammlung von Muscheln und Steinen, sie zeichnete an der Uni, nach der Uni, vor der Uni. Irgendwann, an einem der Besuchswochenenden bei ihren Eltern, heulte sie beim Mittagessen los, heulte stundenlang, lag abwechselnd in den Armen ihres Vaters und ihrer Mutter. Es folgten Arztbesuche, die Diagnose einer *versteckten* Depression, einer, die sich eben nicht eindeutig ausmachen ließ, aber mit großer Wahrscheinlichkeit irgendwo tief in ihr hauste, und das vielleicht schon sehr lang. Es gab viele Gespräche mit ihren Eltern, die sich bestürzt fragten, ob sie etwas falsch gemacht hatten. Sie drängten darauf, das Studium fortzusetzen, sobald die Pillen wirkten. Bildung gibt Halt. Bildung strukturiert. Bildung muss sein. Die Sätze waren in Lena eingemeißelt. Ihre Eltern schickten sie zu einem Coaching, das ihr bei der Berufsfindung helfen sollte, und weil ihr auch rückblickend keine Lieblingsfächer einfielen, erinnerte sich Lena unter den sanft bohrenden Fragen ihres Coachs daran, dass sie Englisch und Französisch ganz gern gelernt hatte. So brachte das Coaching ein klitzekleines Interesse für Fremdsprachen und ein großes für den Beruf der Illustratorin hervor.

»Lena, Schatz. Versuch's erst einmal mit Sprachen. Dann steht dir die Welt offen. Zeichnen kannst du immer noch.« Dabei lagen die mütterlichen Arme verständnisvoll, aber auch so schwer auf ihren Schultern wie das darauf folgende Lehramtsstudium der Sprachen.

Auch diese Kurse langweilten sie. Sie begann wieder zu fehlen. Versäumte die Frist für den Antrag eines Auslandsstipendiums. Eines Tages setzte sich auf dem Campus ein großer strohblonder Typ neben sie auf die Wiese und blinzelte sie im Sonnenlicht an. Sie lächelte zuerst. An diesem Tag war Tim von einer anderen Sprachstudentin versetzt worden. Sonst wären sie sich nicht über den Weg gelaufen.

»Was für ein Glück«, sagte er dazu öfter.

Lena setzte das Antidepressivum wenige Wochen später ab. Sie war glücklich verliebt, fühlte sich lebendig und erfüllt. Sie war in Tims Armen geborgen, bei ihm wurde ihr warm in der Brust und kribbelig am ganzen Körper, ihre Stimme klang höher, die Tage wirkten im ausklingenden Sommer heller als je zuvor. Die beiden Packungen mit den Tabletten, auf denen ein Schmetterling abgebildet war, hatte sie behalten und gedacht: Solche hübschen Motive kann ich mir auch ausdenken. Noch im selben Jahr zog sie aus der WG aus. Tim hatte seine erste gut bezahlte Anstellung und eine komfortable Wohnung. Er lud Lena oft zum Essen ein, überraschte sie mit tollen Urlauben, kaufte ihr Geschenke und finanzierte ihre Privatschule.

»Lebe deinen Traum!«, sagte er. »Um jeden Preis.«

Sie waren ein gutes Team. Ein Liebespaar mit Zukunftsvision: mindestens zwei Kinder, Riesenwohnung, tolle Urlaube und her mit dem schönen Leben!

Ihre Eltern waren enttäuscht. Ein schlecht bezahlter Job mit mittelmäßigen Perspektiven, ein Beruf, den jeder Realschüler machen konnte, das sollte für ihre gebildete Tochter genug sein? Es kam zum ersten großen Streit zwischen ihnen, an den sich Lena noch gut erinnern konnte. »Ihr wollt also lieber eine unglückliche Akademikerin als eine glückliche Illustratorin?«, schrie sie. Es tat weh zu erkennen, dass ihre Eltern auch von Tim enttäuscht waren – irgendwie.

»Liebes, er verdient gut, aber bist du auch glücklich? Ist er dir nicht … zu laut, zu ambitioniert? Du bist so eine Sensible und Feine …«, hatte ihre Mutter gesagt und es ganz und gar ehrlich gemeint.

Es folgte eine lange, ungewohnte Funkstille zwischen ihnen. Irgendwann eine zaghafte Annäherung.

Eine Aussprache und ein gemeinsamer Urlaub auf Hiddensee mit Tim, Lena und ihren Eltern, bei dem sich alle Mühe gaben, auf den langen Spaziergängen am Strand unverkrampft zu schweigen oder sich abends fröhlich zu unterhalten. Froh, wieder zu Hause in den eigenen vier Wänden zu sein, waren sie danach alle. Es gab nun mal keinen Draht, der alle vier verband und freudige Signale übertrug, sondern nur ein friedliches Nebeneinander. Das war in Ordnung.

Lena bekam als frisch gebackene Illustratorin ein paar kleine Aufträge. Tim schenkte ihr eine Reise nach Bali, sie lernte, lächelnd still dazusitzen, wenige Wochen später gab es das erste Ultraschallbild von Luca. Es folgte der Umzug in die Traumwohnung mit Wintergarten und nun wieder regelmäßige Besuche der Eltern. Es war ein herzliches Miteinander, wenn Lena allein mit ihnen war, und eine annehmbare Atmosphäre, wenn Tim dabei war. Wenigstens gab es nun ein Thema für alle: das Kind. Manchmal sprachen sie auch über den Bauboom in Asien und den Arabischen Emiraten. Lena war meistens glücklich. In jedem Fall war sie eine glückliche Mutter.

An den ganzen langen Weg vom Teenagerdasein bis heute erinnerte sie die Schmetterlingspackung in ihrer Hand, sie schaute lange nachdenklich darauf. Würde die Depression nun zurückkommen? In ihr gab es seit Tims Verschwinden eine ähnliche innere Leere wie damals. Tinkas und Marlenes Rat, jetzt besonders gut für sich zu sorgen, war schwer umzusetzen. Nach wie vor saß sie im stillen Zimmer im Räucherstäbchenduft, kreiste aber immer nur um diesen einen Gedanken: Wie konnte das alles nur passiert sein? Lena versuchte, den gleichmütig dreinblickenden Buddhas an den Wänden zuzulächeln, und erschrak dabei vor sich selbst.

Weil ihr Lächeln eine furchtbare Maske war.

Bitte suche mich nicht, warte nicht auf mich, warte auf nichts, lebe, wie ich auch. Sie drehte die Zeilen für sich um und rezitierte für sich auf dem Boden sitzend immer wieder: »Ich suche dich nicht, ich warte nicht auf dich, ich warte auf nichts, ich lebe, wie du auch.«

Vor Luca verbot sie sich jedes traurige Gesicht. Das wiederum fühlte sich nicht falsch an. Wenn sie mit ihm lachte, war es meistens echt.

Tim war nun fast vier Wochen fort. Und es gab noch eine andere Parallele zu damals, zu ihrer depressiven Zeit: Sie funktionierte einfach nur. Die Welt und sie waren auseinandergebrochen, voneinander getrennt. In dem großen Bett schlief sie nach ihrem Beruhigungstee, den Marlene ihr gemischt hatte, jede Nacht schwer und tief. Immer drehte sie der leeren Stelle neben sich den Rücken zu und rückte keinen Zentimeter von ihrer Seite ab. Sie zeichnete wieder Skizzen, meistens leere Räume mit leblosen Gegenständen, alles in Schwarzweiß. Bunte Glücksbilder gelangen ihr nicht mehr. In der Woche zuvor hatte sie Tinka und Marlene abgewimmelt. »Gebt mir bitte eine Pause, ich brauche das jetzt einfach.« Jener Leser, Christoph, der ihre Illustrationen in seinen Kommentaren gelobt hatte, fragte daraufhin prompt, ob es keine neuen Bilder mehr zu sehen gebe. Er schien den Blog aufmerksam zu verfolgen.

Lena stand auf. Das Haltbarkeitsdatum auf der Schmetterlingstablettenpackung war abgelaufen. Sie warf sie in den Mülleimer. Starrte eine Weile auf den Boden. Es war nicht mal so, dass sie Tim schmerzhaft vermisste. Leere tat nicht weh.

Aber sie war einfach schrecklich. Lena ging zum Tisch zurück, um die anderen Medikamente wieder in der Tüte zu verstauen, und es passierte wieder ganz plötzlich: Eine heiße Welle brandete in ihr auf, und ihr wurde schlecht. Fast glaubte sie, sich übergeben zu müssen. Es schüttelte sie. Im nächsten Moment hörte sie sich schreien, ein hoher durchdringender Ton, und sie ballte die Fäuste. Dann griff sie in den Medikamentenhaufen, griff, was sie packen konnte, umschloss es mit beiden Händen, drückte fest zu, zerdrückte die Schachteln, bis sie aufrissen und platzten und Plastik ihr in die Haut schnitt, und sie pfefferte alles in den Mülleimer. Es war nicht in Ordnung, Medikamente einfach wegzuwerfen, aber es war noch viel weniger in Ordnung, so zu tun, als würde Tim bald wieder auf dem Sofa liegen und sie fragen: »Schatz, bringst du mir eine Kopfschmerztablette?« Und sie würde nicken und loslaufen und es einfach tun. Lena atmete heftig und schnell. Ihr Schrei klang in den Ohren nach. Wochenlang hatte sie nichts von Tims Sachen angerührt, selbst die Zahnbürste stand noch so im Becher, wie er sie zurückgelassen hatte. Im Kühlschrank lag sein abgepackter Lieblingsschinken, und sie hatte seine schmutzige Wäsche gewaschen und in den Schrank geräumt.

Damit war jetzt Schluss. Ihr Schrei war ein Kriegsschrei. Als Erstes zog sie Tims Ring vom Finger und warf ihn auf den Tisch, wo er bis kurz vor den Rand kullerte und liegen blieb. Sie wollte mit den Dingen und Gewohnheiten, die an Tim geknüpft waren, nichts mehr zu tun haben. Mit dieser Entscheidung regte sich tief in ihr drin etwas Gewaltiges, kam etwas in Fluss, eine verborgene Quelle der Kraft. Die Kraft, die sich in ihr regte, war aber nicht die messbare Energie in Kilojoule, die der Körper aus der Nahrung zog und die den Stoffwechsel antrieb. Die Energie kam aus derselben Quelle, die plötzlich angefangen hatte zu sprudeln, als sie sich in Tim verliebt hatte, tagelang kaum etwas aß, wenig schlief und viel

.iebte. Die Energie, die sie wachgerüttelt hatte für ein neues lebendiges Leben, die sie erfüllte und befriedigte, neue Freude versprach mit jedem Atemzug. Liebesenergie war mächtig. Sie versetzte Berge, genau wie der Glaube. Trauer und Verzweiflung aber lähmten und schnitten meistens von der Kraftquelle ab, die gerade dann umso nötiger gebraucht wurde. Doch eben hatte sie selbst das Blatt gewendet. Sie wollte ihr Glück wieder selbst in die Hand nehmen!

Karlo huschte herein und strich Lena um die Beine. Ihr Kater mochte keine Schreie und kein Geheul und nahm dann meist Reißaus, doch dieses Mal zeigte er keine Angst, sondern blickte sie irgendwie neugierig und fragend an. »Wirst schon sehen«, sagte sie zu ihm. Sie war zwar meilenweit davon entfernt, innerlich zu akzeptieren, dass Tim sie und Luca im Stich gelassen hatte. Vielleicht würde sie es niemals annehmen können und ihn immer wieder verfluchen. Doch sie würde nicht weiter so tun, als käme Tim auf jeden Fall wieder und es bräuchte dann nur ein paar klärende Gespräche, um dort weiterzumachen, wo sie aufgehört hatten: mit der Hochzeitsplanung und der Sehnsucht nach einem zweiten gemeinsamen Kind. Lena schüttelte über sich selbst den Kopf, weil sie erst jetzt kapierte, dass der Gedanke einen gravierenden Fehler enthielt. Sie allein war es gewesen, die geplant und sich gesehnt hatte. Tim war schon vorher irgendwo ausgestiegen. Sie hatte es nur nicht sehen wollen.

Eine schwere Last fiel von ihr ab, ein ganzer Gebirgszug! Die Kraft des Loslassens, darüber hatte sie viel gelesen. Plötzlich spürte sie genug Energie, um die ganze Wohnung auf den Kopf zu stellen. Sie würde ein paar Dinge ändern, ausmisten, umstellen, sich selbst neuen Raum verschaffen, und sie begann an Ort und Stelle in der Küche.

Alle Nahrungsmittel, die nur Tim mochte, schmiss sie zu den Medikamenten in den Mülleimer, und es war nicht nur der Schinken. Seine Lieblingstasse mit dem kleinen Sprung wollte sie nie wieder sehen. Seine Kochschürze, die sie ihm geschenkt und die er nur einmal benutzt hatte, nahm sie vom Haken. Das Familienfoto, das am Kühlschrank klebte, löste sie ab. Luca zeigte auf dem Bild erste Zähnchen, und Tim sah fast ein wenig vorwurfsvoll in die Kamera, als ahnte er schon damals, irgendwann rigoros aus ihrem Sichtfeld entfernt zu werden. Lena packte alles in einen Beutel und schnürte ihn fest zu. In der Schublade des Küchentischs fand sie noch dieses sehr alte Foto von Tim. Es war das einzige Bild aus seiner Kindheit, das sie kannte. Sie betrachtete es lange, den kleinen Knirps mit strohblondem Haar und blonden Wimpern. So hätte ein Geschwisterkind von Luca vielleicht ausgesehen, und Kinder konnten nie etwas für die Dramen der Erwachsenen. Das Bild durfte erst einmal unter den Kochbüchern in der Schublade liegen bleiben, wie auch immer es dorthin gekommen war. Ihr Blick fiel auf den Zettel, der am Kühlschrank klebte. Sie hatte das Blatt aus einem Kalender herausgetrennt, und der Spruch lautete: »Realität: Alles ist mit allem verbunden«. Tim hatte vor »Realität« in kleinen Buchstaben ein Wort geschrieben, sodass es jetzt hieß: »Banale Realität«. Sie hatten beide darüber gelacht, denn schließlich stimmte der Spruch nach wie vor. Sie ließ den Zettel kleben, alles war mit allem verbunden, das hieß dann auch: Wenn sie sich von Tims Krempel befreite, würde sie demnächst beim Meditieren vielleicht wieder ein klein wenig lächeln können. Im Rückzugszimmer allerdings hatte Tim nicht die leiseste Spur hinterlassen.

* * *

Lena klappte das Buch zu und küsste Luca zärtlich auf die Stirn. Links und rechts von ihm lagen auf dem Kopfkissen die beiden Löwen, und sie hatte genug über Kinderpsychologie gelesen, um zu wissen, dass Luca sich inmitten der Phase des magischen Denkens befand, einer Phase, in der Kinder mit allen möglichen – für die Erwachsenen oft unsichtbaren – Wesen kommunizierten. Sie war froh, dass er diese beiden realen Gefährten als seine wichtigsten Begleiter auserkoren hatte. Mit ihnen konnte sie interagieren. Seit Hendrik zu Ostern auf die erstaunliche Idee gekommen war, aus dem zweiten Löwen eine Löwenmutter zu machen, ergab es noch mehr Sinn: So hatte Luca wenigstens im Spiel ein vollständiges Elternpaar.

»Schlafen?«, fragte sie leise.

Lucas Augen öffneten sich wieder. »Papa«, sagte er nur und legte seine Händchen auf die beiden Löwenköpfe rechts und links.

Lena atmete tief durch. Sie hatte sich eine Frist von einem Monat gesetzt, um mit Luca zu sprechen. Was genau und in welchem Wortlaut, das hatte sie vor sich hergeschoben. Sie zögerte. Wann war für so etwas schon der richtige Zeitpunkt? Nach dem Frühstück? Vor dem Mittagessen? Jetzt. Sie legte sich neben Luca aufs Bett, stützte den Kopf auf und lächelte ihn an. Sie hatte sich fest vorgenommen, nicht zu weinen.

Luca sah sie mit hellwachen Augen an. Spürte, dass er nun etwas sehr Wichtiges zu hören bekommen würde. »Kommt er morgen?«

»Nein«, sagte Lena mit fester, ruhiger Stimme. »Ich glaube nicht.«

»Wo ist er?«

»Er hat es mir nicht gesagt. Ich weiß es nicht.«

»Warum nicht?«

»Auch das weiß ich nicht. Er hat nur gesagt, wir beide sollen uns keine Sorgen um ihn machen. Er ist irgendwo auf der großen Erde unterwegs. Er hat gesagt, wir sollen jeden Tag viel Spaß haben und auch gar nicht so oft an ihn denken. Ihm geht's gut, und dich lässt er besonders lieb grüßen.« Sie küsste

Luca auf die Stirn. »Der ist von Papa.« Die klitzekleine Notlüge musste sein.

Luca drehte sich von Lena weg und sah die Wand an. Lena hatte eine der Erzieherinnen um Rat gefragt. »Mein Mann ist verschwunden«, diesen Satz mied sie nach wie vor. Sie hatte Angst vor den entsetzten und mitleidigen Gesichtern und vor den wahrscheinlich bescheuerten Nachfragen: »Warum das denn?« oder: »Was sagt die Polizei?«

Stattdessen hatte sie es in der Kita so ausgedrückt: »Mein Mann ist sehr lange im Ausland. Wir hatten darüber eine Meinungsverschiedenheit und konnten es Luca bisher nicht gemeinsam sagen.«

Lena streichelte Luca sanft über den Kopf. Die Erzieherin hatte besonders darauf hingewiesen: Keinesfalls sollte sich Luca schuldig fühlen, doch gerade das taten kleinere Kinder oft, es war die Kehrseite des magischen Denkens. Wenn ein Elternteil plötzlich fort war oder starb oder sehr krank wurde, dann dachten manche Kinder, es habe vielleicht damit zu tun, dass sie ihr Zimmer nicht aufgeräumt oder das Gemüse nicht aufgegessen hatten.

»Papa hat dich lieb, egal wo er ist«, sagte Lena leise. Sie hatte darüber nachgedacht, Luca weiterhin Kuscheltiere zu kaufen und sie ihm in einem Paket zukommen zu lassen, vermeintlich von seinem Vater, damit der Junge eine innere Brücke zu ihm behielt. Doch das konnte sie nicht ihr Leben lang tun, falls Tim verschwunden blieb. Dann würde sie die Stunde der Wahrheit als Lügenpaket vor sich herschieben. Auch das hatte die Erzieherin gesagt: Kinder konnten mit der Wahrheit ganz gut umgehen. Sie musste nur kindgerecht serviert werden.

Luca drehte den Kopf wieder zu ihr. Lena wartete eine Weile, und er schluchzte auf. »Er ist nicht da.«

»Papa hat dich sehr lieb«, wiederholte sie. Ihr Herz war so schwer, dass es fast durch das Bett krachte. Wenn sich Glück und Leichtigkeit einfach auflösten, weil ein Mensch sich auflöste, waren es dann eigentlich je reale Gefühlszustände gewesen oder nichts weiter als Illusionen?

Ein weinender Luca zwischen zwei lachenden Löwen – und die rettende Idee. Es gab eine Lösung für diesen Augenblick, und Lena lächelte schmerzlich. Auch sie hatte sich seit Tims Verschwinden des magischen Denkens bedient. Vielleicht, wenn ich jetzt einschlafe und morgen wieder aufwache, ist alles nur ein böser Traum gewesen …

Lena setzte sich auf. »Schau doch mal«, sagte sie und nahm die beiden Tiere, drückte sie an ihre Brust. »Wie gut es ihnen geht! Mama Löwe lacht und Papa Löwe lacht. Sie sind fröhlich, auch wenn der echte Papa nicht da ist. Was sagst du dazu?«

Beide Tiere nickten mit ihren Zottelmähnen und hörten nicht auf zu lachen. Auf Lucas Gesicht erschien ein Schimmer Glückseligkeit, um gleich wieder zu verschwinden. »Aber wer spielt mit mir Ball?«, fragte er mit kummervoll verzogenem Mund.

Kindliche Sorgen! Lena hätte das kleine Gesicht neben sich am liebsten mit Küssen übersät. Sie tat es nicht. Es war besser, bei diesem Gespräch ganz bei den Gefühlen des Kinds zu bleiben, und sich nicht von eigenen Emotionen überwältigen zu lassen. Sie nickte Luca zu, als teilte sie seine Bedenken absolut. Das Ballspielen! Es war Tims Sache gewesen, und er hatte es gern mit Luca getan, wenn er Zeit dafür fand. Im Garten, im Park, auf ihren Ausflügen, immer hatten sie gekickt, und Kuscheltiere konnten leider nicht Fußballspielen, da half alles magische Denken nichts.

»Hendrik macht das«, hörte sich Lena antworten, noch bevor sie darüber nachgedacht hatte. Sie hatten zwar seit Ostern kaum mehr etwas voneinander gehört, aber er hatte seine Hilfe angeboten.

Wie geht es dir?, hatte er ihr vor Kurzem mal geschrieben. Unglaublich einfallsreich.

Danke, es geht, hatte sie zurückgeschrieben, ebenfalls unglaublich einfallsreich.

Luca streckte die Arme nach ihr aus, und Lena nahm ihn mitsamt den beiden Löwen in die Arme. »Wir sind eine Familie«, flüsterte sie froh und traurig zugleich. Sie hatte es geschafft, nicht zu weinen, nicht bitter zu klingen und auch nicht zu lügen. Luca schnaubte leise in ihr Ohr, es klang erleichtert und herzerweichend und so fühlte es sich auch an: Lenas Herz wurde von der süßen Umarmung durchdrungen wie ein trockener Pfannkuchen, der sich mit Zuckersirup vollsaugt, um dann köstlich zu schmecken. Hendrik würde ihr helfen. Sie wusste, dass sie sich auf ihn verlassen konnte. Luca glaubte das wohl auch, denn er schlief, den Kopf an ihre Schulter gedrückt und mit der Antwort offenbar zufrieden, seelenruhig ein.

* * *

Diesmal hatte Marlene zu sich nach Hause eingeladen. Zuvor hatte sie Lenas Nachbarin Connie die versprochene Ernährungsberatung verpasst und ihr noch eine weitere Gratisstunde versprochen, wenn sie auch heute Nachmittag wieder auf Luca aufpasste. Connie wunderte sich zwar, warum Lena nicht selbst bei ihr vorsprach, doch Marlene sah sich gezwungen, Lena zu überrumpeln. Lena hatte ein weiteres Arbeitstreffen geschwänzt und sich schon zwei Wochen lang die Decke über den Kopf gezogen, statt das Gesicht in die Frühlingssonne zu strecken. An diesem Maitag, wo es endlich weitergehen sollte, war das Wetter aber kühl und regnerisch. Kein Gedanke an ein Treffen im Grünen. Tinka war schon da, als Lena bei Marlene ankam. Beide Freundinnen hatten am Morgen bei ihr angerufen und damit gedroht, sie höchstpersönlich abzuholen, eine rechts und eine links, wenn sie nicht freiwillig käme. Es war seltsam: Lena hatte festgestellt, dass sie allein einigermaßen gut klarkam. Wenn aber andere Menschen um sie herum waren, die lachten, sich zuprosteten und vom Weltgeschehen oder Kinofilmen sprachen, weil das Leben nun mal weiterging, fühlte sie sich elend. Deswegen verkroch sie sich am liebsten.

In Marlenes Wohnung roch es gut, nach leckerem Essen und frisch gebackenem Brot. Lena setzte sich aufs Sofa und bekam einen Chai nach indischer Art serviert, Schwarztee mit Milch, Kardamom, Zimt, Nelken und Honig. Dazu reichte Marlene Konfekt aus Datteln, Kakao, Cashew-Nusscreme und Kokossplittern. »Köstlich und stimmungsaufhellend«, beteuerte sie.

Sie schlürften ihren Tee. Tinka saß wie immer mit gekreuzten Beinen und aufrecht auf dem Boden. »Schön, dass wir heute mal wieder zusammen sind«, sagte sie.

»Wo ist Max?«, fragte Lena zwischen zwei Schlucken. »Ich hab deinen Mann schon länger nicht mehr gesehen. Geht's ihm gut?«

»Hab ihn heute mal weggeschickt«, sagte Marlene und machte es sich im Schaukelstuhl bequem. »Ich nenne ihn übrigens am liebsten Partner, Gefährte, Herzensmensch und gern auch meinen Liebsten. Er ist nicht *mein* Mann, ich will ihn nicht besitzen. Und auch nicht heiraten.«

Lena seufzte. »Natürlich nicht.« Marlene rückte ungenau gebrauchte Worte oft zurecht, und Lena hatte mal wieder unbewusst ihre eigene Sehnsucht ausgedrückt: Sie hätte das gern höchstoffiziell gesagt: *mein* Mann …!

»Du und Max, ihr versteht euch super, und genau das habe ich bei Tim auch immer gedacht«, sagte sie. Ein Hauch von Neid wehte sie an, weil alles in der Wohnung so harmonisch wirkte: der Duft, der aus der Küche hereinzog, die Spuren des Zusammenlebens eines Paares wie etwa das aufgeschlagene

Buch über nahe Ausflugsziele im Umland auf dem Tisch, daneben eine Brille, Hausschuhe unter dem Tisch und Marlenes zufriedener Gesichtsausdruck, vielleicht weil sie am Morgen schon ausgiebig die Liebe genossen hatte. Dabei wollte Lena nicht missgünstig sein. Anderen ihr Glück zu neiden, konnte nicht zum eigenen Glück führen. Es war schlicht unmöglich, sie musste nicht mal die Beiträge ihres eigenen Blogs und tiefschürfende Literatur lesen, um das hundertprozentig sicher zu wissen. Es widersprach einfach dem gesunden Menschenverstand.

»Wir verstehen uns wirklich gut«, sagte Marlene und lächelte versonnen. Es war ein eher seltener Gesichtsausdruck bei ihr. Wie von einer anderen Welt, so hatte Lena sie vor drei Jahren kennengelernt. Marlene war eine auffällige Person. Damals trug sie jedes Mal ein anderes buntes Tuch kunstvoll um den Kopf geschlungen, dazu war sie sorgfältig geschminkt und sie wirkte als große, schlanke Person zerbrechlich wie Glas. Mit ironischen Sprüchen hielt sie andere auf Distanz. Lena hatte sich von ihr immer etwas verunsichert gefühlt, bis sie Marlene besser kennenlernte. Irgendwann nach dem Yogakurs, an einem der seltenen Abende, als Lena mal nicht das Gefühl hatte, sofort wieder zu Tim und Luca nach Hause zu wollen, ging sie mit Tinka und Marlene etwas trinken. Damals hatte Marlene Kummer gehabt, weil ihr Freund sie unerwartet verlassen hatte. Damals hatte Lena gedacht: Mir könnte es nie passieren, dass Tim mich völlig unerwartet verlässt, unmöglich …

»Hätte mich mein Ex nicht sitzen gelassen, hätte ich Max nicht getroffen, mit dem ich heute wirklich glücklich bin. Vor drei Jahren konnte ich darin noch keine Fügung sehen, aber heute weiß ich ganz bestimmt, dass es gut so war«, sagte Marlene und schaukelte hin und her. Der Stuhl knarrte dabei. Das heimelige Geräusch verstärkte Lenas Sehnsucht nach einem intakten Zuhause noch.

Lena verschränkte fest die Arme vor der Brust. Klar, nun wollte Marlene ihr weismachen, dass es für sie, Lena, genauso gut sein konnte, wenn Tim nun fort war!

»Beobachte mal deine Körperhaltung«, mischte sich Tinka ein. »Leg die Hände lieber locker auf die Beine oder leg sie vor dein Herz, wenn dir innen etwas wehtut. Das ist besser, als die Muskeln in Abwehrhaltung zu verkrampfen.«

Sie stöhnte innerlich. Sie hätte es wissen müssen. Ihre beiden Freundinnen wollten sie heute erneut dazu bringen, nein, zwingen, alles positiv zu sehen, gemäß dem Glücksspruch des Dichters Menander, nach dem das Unglück vielleicht die Quelle eines Glücks sein konnte. Aber den würden sie wohl noch weiter vertagen müssen.

Lena fühlte sich wie ein trotziges Kind, ihre Arme waren ineinander verkeilt. Eine Szene aus ihrer Kindheit kam ihr in den Sinn, als sie im Kindergarten die Füße vom Stuhl nehmen sollte, weil sie ihre Straßenschuhe nicht ausgezogen hatte. Zwanzig Kinder und die Erzieherin schauten sie an, und ihre Füße wuchsen immer hartnäckiger auf dem Stuhl fest, je länger die anderen sie anstarrten. Lena schämte sich, konnte sich aber nicht bewegen, hatte den Kopf gesenkt, und ihre Wangen brannten. Allerdings war das vor etwa dreißig Jahren gewesen …

Marlene goss Tee nach. »Ich habe dir damals nur die Hälfte erzählt, warum es mir schlecht ging. Nur wenige kennen meine ganze Geschichte, wie etwa Tinka. Als ich in den Kurs kam, habe ich mich ihr als Lehrerin anvertraut, weil ich nicht wusste, ob ich kräftemäßig durchhalten und alle Übungen würde mitmachen können.«

Lena hob den Kopf.

»Ich war sehr krank. Aber ich wollte nicht bemitleidet werden und will es auch heute nicht. Meistens reicht es, wenn man das selbst tut.«

Lena schluckte, weil Marlene ihr aus der Seele sprach. Ihre Freundin hatte sie kalt erwischt. Ja, tief drinnen wollte Lena bemitleidet werden.

»Wieso, was war damals mit dir los?«, fragte sie – etwa drei Jahre zu spät. Damals hatte sie zwar so etwas vermutet, aber es nie direkt angesprochen.

»Mein Freund hatte mich verlassen, das weißt du. Aber es war noch viel schlimmer. Ich hatte Krebs. Das hat meinen Partner damals überfordert, das war ihm zu heftig. Er konnte nicht mit ansehen, wie schlecht es mir ging, so hat er es formuliert. Er hat mich im Stich gelassen. Manche Menschen tun so etwas. Es ist nicht einmal so selten, wie ich herausgefunden habe.«

Lenas Arme lösten sich. Tinka hatte recht: Fest verschränkte Arme fühlten sich an wie eine Blockade oder ein Schutzwall. Den brauchte sie hier bei ihren Freundinnen nicht. »Das tut mir sehr leid. Auch, dass ich nie näher nachgefragt habe. Warum hast du denn immer so getan, als könnte dir nichts und niemand etwas anhaben?«

»Das Leben tut mit einem Schuss Ironie weniger weh. Ironie ist Zuckerguss auf den bitteren Seiten des Seins. Mir hilft das, um nicht gleich loszuheulen. Ich habe nah am Wasser gebaut, auch wenn man mir das vielleicht nicht anmerkt.«

Lena schwieg betroffen. Verlassen werden, wenn man Unterstützung am nötigsten brauchte, das war ein doppelter Schicksalsschlag. Sie selbst hatte so gesehen nur einen einfachen Schicksalsschlag zu verkraften. »Das tut mir echt leid«, wiederholte sie.

»Es hätte mir damals rein gar nichts geholfen, wenn meine Freundinnen meinen Ex als Schweinehund beschimpft hätten. So, wie ich auch Tim nicht beschimpfe und dich nicht bemitleide. Es ist schlimm, verlassen zu werden. Ich fühle mit dir!

Nun kannst du aber jemanden kennenlernen, der besser zu dir passt. Da bin ich mir ganz sicher.«

Tinka nickte. »Dinge passieren nicht einfach so, damit es uns schlecht geht. Es geht uns schlecht, weil wir die Dinge anders haben wollen, als sie passieren. So herum stimmt es.«

Lena starrte in ihren Tee und ließ die Worte der beiden auf sich wirken.

»Hand aufs Herz«, sagte Tinka. »Tim hat dich vor allem materiell verwöhnt, mehr und noch mehr durfte es sein, gern das Beste und Teuerste. Deine Enttäuschung, weil er oft nicht da war, hat er mit seinen Geschenken versucht wiedergutzumachen. Du hast dich darauf eingelassen. Nun ist deine rosarote Welt zerplatzt. Aber es ist vielleicht gut so, weil du nun im echten Leben ankommst.«

Innerlich zuckte Lena zusammen. »Im echten Leben?«, fragte sie, wusste jedoch genau, was damit gemeint war. Sie hatte gedacht, mit Tim und Luca in der schicken Wohnung mit ihrem tollen Job und den Hochzeitsplänen im echten Leben angekommen zu sein. Was für eine Täuschung!

Tinka kam ein Stück zu Lena herangerückt, blieb weiterhin auf dem Boden sitzen und streckte die Hände nach ihr aus – mal wieder. Lena ließ es geschehen. Tinka umfasste ihre Füße, ihre Hände waren angenehm warm. »Erdung«, sagte sie und sah Lena fest in die Augen. »Wir leben auf der Erde, sie trägt uns und sie nährt uns. Das dürfen wir an keinem Tag vergessen, sonst kann es jederzeit geschehen, dass uns der Boden unter den Füßen wegrutscht, weil Dinge passieren, die wir nicht unter Kontrolle haben. Wir werden krank, jemand stirbt, wir werden verlassen, wir verlieren unser Haus. Es passiert allen und überall. Und oft bringt es auch nichts, wenn wir andere in unser Leid hineinziehen.«

Lena musste ihren Blick kurz abwenden. Wenn sie ehrlich war, hatte sie in den vergangenen Jahren tatsächlich nur an ihr eigenes Glück gedacht. Sie hatte nicht geahnt, was Marlene hatte erleiden müssen. Und sie hatte schon seit Ewigkeiten nicht mehr nachgefragt, wie es Tinka wirklich ging. Ob sie das größte Unglück ihres Lebens tatsächlich verarbeitet hatte, wie sie behauptete. Lena hatte sich damit zufriedengegeben, dass Tinka heil aus Indien zurückgekommen war und wieder lachen konnte. Natürlich hatte sie hin und wieder gefragt, wie es ihrer Familie ging. Tinka hatte dann meistens nur den Kopf gewiegt, wie es die Menschen in Indien taten, wenn sie etwas bejahten, eine vage Bewegung des Kopfes nach rechts und links, die alles und nichts bedeuten konnte.

Sie sah Tinka wieder an und entdeckte in ihren wachen Katzenaugen einen Schimmer von Schmerz. »Und du?«, fragte Lena. »Hast du mir auch was verschwiegen? Geht es dir wirklich immer so gut, wie du tust?«

Tinka hörte auf, Lenas Füße zu massieren. Es war selten, dass sie traurig aussah. Damals allerdings, als es passiert war, hatte Tinka nicht mal mehr lächeln können.

»Ich denke täglich daran. Vor sieben Jahren und einem Monat ist es passiert«, sagte sie und setzte sich neben Lena aufs Sofa. »Wegen der Augenhöhe«, sagte sie und wischte sich eine Träne weg. »Weißt du, ich habe gelernt, mit dem furchtbaren Verlust zu leben und mich gleichzeitig über jeden Tag auf diesem wunderschönen Planeten zu freuen. Es scheint widersprüchlich zu sein, aber wir können traurig und fröhlich sein, nachdenklich und absolut präsent. Jetzt gerade könnte ich heulen. Ich vermisse meine Schwester unendlich. Dann noch die Fahrerflucht, die nie aufgeklärt werden konnte. Ein Albtraum! In Indien habe ich viel von den Ungerechtigkeiten des Lebens mitbekommen und begriffen, dass der Tod zum Leben gehört und es keinen Sinn hat, sich seinen chaotischen Plänen zu widersetzen. Oder mein Leben mit dem Groll auf jenen Fahrer

– oder die Fahrerin – zu vergiften. Ich habe mich entschieden, zu verzeihen.«

Marlene setzte sich auf die andere Seite neben Lena. Sie schwiegen einen Augenblick, im Gedenken an die tote kleine Schwester, das war ihnen allen klar.

»Kurios«, sagte Marlene dann. »Vor vier Jahren, die ersten Tulpen blühten gerade, ich erinnere mich genau daran, bekam ich meine Diagnose. Die Chancen standen nicht gut. Ich wusste noch nicht, wie schlecht es mir wirklich gehen würde. Und in diesem Jahr, fast zur gleichen Zeit, ist auch dein persönliches Unglück geschehen. Es hat uns alle drei zum Frühlingsbeginn mal eben umgehauen.«

»Unser persönliches Unglück«, wiederholte Lena leise. »Tinkas Geschichte ist eine der schlimmsten, die ich in meinem Umfeld kenne. Deine kenne ich nun auch.«

Marlene nickte. »Ich bin ziemlich unbewusst und oberflächlich durchs Leben gestolpert. Heute bin ich öfter viel zufriedener als vor dieser schlimmen Zeit. Verrückt.«

»Bist du wieder ganz gesund?«, fragte Lena.

Marlene strahlte über das ganze Gesicht. »Habe mich gerade untersuchen lassen. Im Moment ist alles gut. Ich bin dankbar und happy.«

Tinka blätterte schon wieder in ihrem Heftchen. »Was haltet ihr von diesem Wochenspruch:

›*Nicht die Glücklichen sind dankbar. Es sind die Dankbaren, die glücklich sind.*‹
Von Francis Bacon, englischer Philosoph.«

»O ja!«, rief Marlene und stand lachend auf. »Aber vor der Arbeit essen wir was. Es gibt hausgemachte Gemüsecremes. Kreiert habe ich Apfel-Sellerie-Rote-Bete, Bohne-Pflaume und

Karotte-Kürbis-Ananas. Alles mit der wichtigsten Zutat versehen: Hingabe und Liebe.« Sie ging hinaus.

Lena sah ihr nach und schüttelte den Kopf. »Ihr seid echt süß, aber es geht alles so schnell«, sagte sie und ihr Ton kippte ins Jammervolle. »Bei mir ist alles frisch. Ihr habt Jahre ...« Plötzlich erschrak sie höllisch.

Tinka packte sie an der Schulter. »Los!«, rief sie, die Augen weit aufgerissen. »Sag ganz schnell, wofür du in deinem Leben dankbar bist. Nicht nachdenken. Sofort!«

Lena wollte sich ihr entwinden, doch Tinka hielt sie fest. »Los, jetzt!«

»Luca!«, rief Lena fast verzweifelt, als könnte sie ihn verlieren, wenn sie seinen Namen nicht sofort aussprach. »Luca ist mein größter Schatz.«

Tinka starrte ihr ins Gesicht. Es war richtig unheimlich. Wahrscheinlich hatte sie einen solchen Überraschungsangriff bei ihrem Guru, einem angeblich erleuchteten Weisen, in Indien gelernt. Das Foto, das sie immer bei sich trug, zeigte einen schlanken, dunkelhäutigen Mann mit Hemd und Hose, barfuß in Sandalen, mit tiefschwarzen Augen, einem tiefgründigen Lächeln und einem für Lena unaussprechlichen Hindunamen. Er sei ein unberechenbarer Lehrer gewesen, berichtete Tinka. Aber er half ihr dabei, den Unfalltod ihrer Schwester zu verarbeiten. Mehrere Monate lebte Tinka bei ihm in einem Aschram und schlief auf einer Reisstrohmatte auf staubig roter Erde, von der noch ein halbes Jahr nach ihrer Rückkehr Spuren an ihren Sandalen klebten. »Weiter«, forderte Tinka. »Los, wofür bist du dankbar?«

»Meine Eltern! Sie lieben sich, sie lieben mich, und sie genießen ihr Leben.«

»Weiter!«

Lena fühlte sich atemlos, doch die Antworten kamen wie von selbst. »Ich bin gesund! Meine Liebsten sind gesund!« Sie

143

wunderte sich darüber, was ihr alles einfiel, während Tinka sie gefangen hielt.

Wieder rüttelte Tinka an ihren Schultern, und alles lief so überraschend und schnell ab, dass Lena keine Zeit blieb, sich zu wehren oder zu ärgern.

»Ich bin froh, dass Tim wahrscheinlich nicht tot ist.« Sie atmete tief durch, und noch mehr fiel ihr ein: »Mein Beruf. Meine tolle Wohnung. Meine tollen Freundinnen.«

Marlene kam mit einem Tablett mit Köstlichkeiten herein. Es duftete. Tinka lockerte den Griff an Lenas Schulter.

»Frisches warmes Brot«, murmelte Lena. »Auch dafür bin ich dankbar.«

Tinka seufzte tief und ließ sich auf den Boden gleiten. »Das ist eine Menge«, sagte sie. »Zu alldem fällt dir garantiert ein neues tolles Bild ein, das du für den Blog entwerfen kannst.«

Marlene stand da mit ihren Tellern und grinste zu ihnen herüber. »Was ist das für ein Geschrei? Alles in Ordnung bei euch?«

»Ja«, sagte Lena, und jede andere Antwort wäre albern gewesen, die Antwort eines verstockten Kindes, das darauf bestand, dass es Schmerzen hatte, weil es gestolpert war, obwohl es nur einen Schreck bekommen hatte. Und noch jemand fiel ihr ein, der ein Gefühl der Dankbarkeit in ihr weckte: Hendrik. Sie konnte ihn jederzeit anrufen, und er würde ihr helfen, irgendwie. Doch diesen Namen behielt sie lieber erst einmal für sich. Sie war selbst erstaunt darüber, wie deutlich der Gedanke an ihn vor ihr stand.

Kapitel 8

Wahrheit im Spiegel

Die beiden Löwen bildeten die Torpfosten und Hendrik warf sich ins Gras, als er den Ball über die Torlinie rollen ließ.

Auch Luca ließ sich auf die Wiese fallen. »Tor, Tor, Tor!«

»Na warte!« Mit gespielter Empörung sprang Hendrik auf und kickte den Ball zurück.

Luca rappelte sich hoch und lief los. Der Kleine trug ein blau-weiß gemustertes Käppi, einen Ringelpullover in den gleichen Farben und eine blaue Latzhose, sah supersüß aus. Hendrik machte es unerwartet viel Spaß, mit ihm Fußball zu spielen. »Los, los!«, rief Hendrik, und Luca kreischte vor Vergnügen, als er den Ball in seine Richtung schoss.

Hendrik spürte etwas im Rücken, eine leichte, weiche Berührung wie von einer Feder, und er sah sich um. Am offenen Fenster des Wintergartens stand Lena und schaute ihnen zu. Sie lächelten sich an, und er dachte: Wenn ihm schon das Herz davon warm wurde, den Kleinen so glücklich herumtollen zu sehen, dann musste das Herz einer Löwenmutter lichterloh brennen vor lauter Liebe. Genau sehen konnte er es nicht, aber in Lenas Augen schienen sich gerade Freudentränen zu sammeln – oder sie stellte sich bloß vor, er wäre Tim, und würde gleich das Fenster schließen, sich abwenden und vor Unglück heulen.

»Tor, Tor, Tor!«

Der Ball war wieder an ihm vorbeigerollt. Sekunden später wurden Hendriks Beine von zwei Ärmchen umschlungen, und Luca strahlte ihn von unten an.

»Ich habe ganz viele Tore gemacht«, sagte er aufgeregt. »Viel mehr als mit Papa!«

Hendrik beugte sich hinunter. »Das kommt davon, weil du jeden Tag größer wirst. Deswegen spielst du auch immer besser. Jeden Tag lernst du etwas dazu.«

Luca ließ sich ganz selbstverständlich hochnehmen.

»Hast du Durst?«, fragte Hendrik, und immer noch ruhte Lenas Blick auf ihm. Er spürte es, ohne hinzusehen.

»Wir haben Durst«, sagte Luca und zeigte auf die Löwen im Gras.

»Raubtierdurst?«

Luca nickte eifrig und bog sich in Richtung seiner Kuscheltierfamilie nach unten. Hendrik wollte ihn absetzen, doch Luca hielt sich an ihm fest. »Nicht runter!«

Hendrik spürte ein leises Prickeln, eine Mischung aus Zärtlichkeit und Stolz, war von Lucas Zutrauen zutiefst gerührt. Nun würde er erst recht nicht zu Lena hinsehen. Gemeinsam mit Luca, den er weiterhin im Arm hielt, sammelte er die Tiere und den Ball ein und ging zurück ins Haus. Dabei fiel sein Blick auf die verblühten Tulpen am Rand der Wiese, und in seiner beseelten Stimmung begann er zu sinnieren: Ein Blumenleben dauerte nur kurz, und ein Menschenleben verging auf seine Weise fast ebenso rasch. Lange hatte er das Thema Kinder nicht mehr verfolgt, doch wie eine viel zu lang im tiefen Dunkel gelagerte Blumenzwiebel ruhte der Wunsch danach in ihm. Durch den Kontakt zu Luca trieb dieser Wunsch nun in seinem Bewusstsein aus wie das neue Grün aus der trockenen Knolle, die wieder mit Erde, Wasser und Licht in Berührung kam. Eine wunderbare Blüte konnte daraus entstehen … Konnte. Wenn er die richtige Frau traf. Und da war er wieder bei den Fragen, die ihn immer öfter heimsuchten: Sollte er aktiv nach einer neuen Partnerin suchen? Um die Häuser ziehen oder sich im Internet umschauen? Oder sollte er die Dinge auf sich zukommen lassen, alles bis dahin aufschieben, wenn er woanders wohnte, irgendwo, irgendwann?

Er trat mit Luca auf dem Arm in den kühlen Hausflur. Am besten war es vielleicht, gleich nach Hause zu joggen und sich endlich auf die Stellenanzeige für diesen verlockenden Job in Hamburg zu bewerben. Über das Projekt hatte Liam auch schon etwas herausgefunden: Eine alte Brauerei sollte in der Hamburger Hafencity zu einem Museum der jungen kreativen Szene inklusive Atelierräumen umgebaut werden, und der Auftraggeber war eine private Stiftung. Das wäre mal etwas Neues! Keine öden Wohnhäuser mehr, die er für eine Wohnungsbaugenossenschaft zu planen hatte, sondern eine echte Herausforderung.

Liam würde sich freuen. Zu Tims Verschwinden hatte er, nachdem er seine Worte wiedergefunden hatte, gesagt: »Dann kommst du jetzt erst recht hierher.« Allerdings wusste Liam nichts von dem Schwur, an den sich Hendrik seltsam stark gebunden fühlte. Tim und Hendrik waren sich damals einig gewesen, dass es nur sie beide allein etwas anging: der Schwur als Geheimnis für erwachsene Jungs.

Lena öffnete die Tür und nahm ihm Luca ab.

»Ganz viele Tore habe ich geschossen«, berichtete der Kleine aufgeregt.

»Ich hab's gesehen, mein Liebling«, sagte sie und küsste ihn auf die rosigen Wangen. Zu Hendrik sagte sie: »Ich habe uns allen eine Limo gemacht. Ich versorge eben Luca, kommst du noch rein?«

Gerade noch hatte sich Hendrik möglichst schnell verabschieden wollen, doch Lena verschwand schon in der Wohnung, und er blieb noch einen Augenblick auf der Schwelle stehen. Schließlich trat er kopfschüttelnd ein, nahm sich vor, wirklich nur kurz zu bleiben. Auch wenn es ihm natürlich schmeichelte, dass Lena sich ihm gegenüber immer aufgeschlossener zeigte. Die ersten Tage nach Tims Verschwinden hatte sie in ihm einen Feind gesehen, doch ihre Haltung zu ihm hatte sich völlig geändert, so wie auch sein Blick auf Lena ein anderer geworden war: Wenn er sie früher in Begleitung von Tim traf, erschien sie immer perfekt, von den glänzend über den Rücken fallenden Locken bis hin zu ihrer herausgeputzten Kleidung. Herausgeputzt. Dieses Wort war ihm manchmal in den Sinn gekommen, weil alles an ihr immer frisch und rein wirkte. Tim hatte ihr ständig neue Sachen gekauft, er wusste es, weil Tim ihm davon erzählt hatte: Wie viel Spaß es machte, in den teuren Boutiquen der Flughäfen die Kreditkarten hinzulegen und später in Lenas Gesicht zu blicken. Das erste Mal, dass er Lena nicht herausgeputzt gesehen hatte, war, als sie in Tims zu großem Pullover aus dem Taxi stieg. Noch unter Schock, kurz nach seinem Verschwinden, wirkte sie fast verwahrlost. Nun hatte sie sich äußerlich wieder unter Kontrolle, wirkte gepflegt, aber unscheinbarer. Und noch eine andere Eigenschaft von früher fehlte: Lena war damals oft aufgekratzt gewesen, und damit meinte er nicht aufgekratzt wie eine stark geschminkte Frau mit schriller Stimme, die hektisch durch die Gegend rannte. Es war eine subtile Aufgekratztheit, die Lena mit sich herumgetragen hatte wie ein exquisites Schmuckstück, ein Aufgekratztsein, das sich auf Tims Status und ihre Beziehung zu ihm bezog: »Schaut her, welch toller und erfolgreicher Mann zu mir gehört!«, lautete in etwa die Botschaft.

Mit Tim war auch dieser Habitus bei Lena verschwunden. Sie war viel ruhiger und wirkte jedes Mal schöner, wenn er sie sah. Hendrik beobachtete gern ihre Bewegungen und wie sie dastand, wie sie nachdachte, atmete oder nach Luca rief. Es war manchmal nicht ganz leicht, den Blick abzuwenden. Aber mehr als das durfte nicht sein. In dieser Wohnung noch einen Schritt weiterzugehen, weiterzudenken, das war … tabu. Hier hatte Tim bis vor Kurzem noch mit Lena gelebt und sie wahrscheinlich in allen Räumen schon mal geliebt.

Hendrik stand im Flur und hörte Lena und Luca im Kinderzimmer miteinander reden. Er ging zum Gästebad am Ende des Flurs, um sich die Hände zu waschen. Er wusch sie ausgiebig mit warmem und kaltem Wasser, damit Zeit verging, trocknete sich die Hände ab und wollte schon wieder hinausgehen, als er sich selbst im Spiegel sah.

Wirklich sah.

Eben war dort nur ein Mann gewesen, der sich die Hände wusch. Nun sah er dort einen Mann, in dessen Gesicht etwas geschrieben stand, was fatal war. Doch sein flackernder Blick verriet es. Er musste sich in Acht nehmen, vor Lena und vor sich selbst: Sich zu verlieben war keine gute Idee. Mit Trümmerbeseitigung hatte Tim sicherlich nicht dies gemeint. Tatsächlich aber klang das erste Mal seit dem Aus mit Hanna das Bild einer Frau in ihm nach, das ihn auch dann noch begleitete, wenn er allein zu Hause war. »Du Dummkopf«, murmelte er und wandte sich vom Spiegel ab.

Lena kam ihm im Flur entgegen. »Da bist du.«

»Ja, da bin ich«, sagte er, noch benommen vom wahren Blick im Spiegel, der ihm dort begegnet war, und für einen kurzen Moment lag seine eigene Verwirrung bedeutungsschwanger in der Luft.

Lena strich sich unsicher übers Haar. Dann setzte sie dieses freundliche Lächeln auf, mit dem sie ihn nun immer bedachte, und sagte: »Komm.«

Sie führte ihn in den Wintergarten. Durch die offenen Fenster strömte die milde Luft. Es gab den Tisch mit vier Stühlen, einen gemütlichen Lesesessel und diesen Designerstuhl, für den Tim eine utopische Summe ausgegeben hatte. Er hatte den Stuhl Hendrik vorab in einem virtuellen Showroom gezeigt und gönnerhaft gesagt: »Den schenk ich ihr zur bestandenen Prüfung.« Es war die Zeit, als Tim anfing, mit seinem Geld zu prahlen. Hendrik hatte sich bisher nicht ein einziges Mal in den Sessel gesetzt und wollte es auch jetzt nicht. Er wusste nicht genau, wo nun sein Platz in dieser Wintergartenszene sein sollte. Unschlüssig stand er da.

Lena trat zum Tisch, auf dem ein Krug stand, gefüllt mit Eiswürfeln und Limonade. Sie goss zwei Gläser ein. »Magst du?« Unter ihren Augen lagen Schatten, die er erst hier in dem lichtdurchfluteten Glaskubus wahrnahm.

»Danke.« Er nahm das Glas und sie standen voreinander wie zu Beginn auf einer Cocktailparty, etwas steif und unbeholfen, aber mit der festen Absicht, sich ein wenig besser kennenzulernen oder zumindest den üblichen Small Talk hinter sich zu bringen. In ihren Gläsern klirrten die Eiswürfel.

Lena setzte sich an den Tisch, er nahm den Platz gegenüber.

»Ihr habt toll gespielt«, sagte sie. Gedankenverloren ließ sie die Finger über den Glasrand kreisen, dann sah sie ihn wieder an. »Luca tut das sehr gut.« Ihr Blick war irgendwie anders als sonst.

Hendrik musterte Lena und suchte nach Zeichen, die verrieten, was sie mit ihm vorhatte. Da bemerkte er den abgeblätterten Nagellack an ihren Fingern. Kleine rote Flecken an ihren Fingerkuppen verrieten, dass sie an ihren Fingern herumgebissen hatte. Lenas Gesicht wurde einen Moment lang ausdruckslos und leer, und er hätte sich am liebsten mit der flachen Hand auf die Stirn geschlagen, weil er sich einen klitzekleinen Moment gefragt hatte, ob sie mit ihm flirten wollte. Auch seine

Gedanken von eben, vor dem Spiegel, kamen ihm nun grotesk vor. Was für ein Unsinn! Hier saß keine Frau, vor der er sich in Acht nehmen musste. Hier saß eine Frau, die verzweifelt und überfordert war, die immer noch im Staub des eingestürzten Hauses stand, jenes Hauses, von dem sie gedacht hatte, sie werde für immer mit ihrem Mann darin wohnen. Sie hatte Tim heiraten wollen. Nun versuchte sie, diese riesige Lücke irgendwie zu füllen, und Hendrik bot sich im Moment als Lückenfüller an, zumindest was Luca betraf. Und das war in Bezug auf das Kind auch völlig in Ordnung. Diese Art von Trümmerbeseitigung, die Tim gemeint haben konnte, war sogar schön.

»Kannst du dir vorstellen, das regelmäßig zu tun?«, fragte Lena da auch schon.

»Was?«, fragte Hendrik schnell. Viel zu lang hatte er Lena eben gedankenverloren angestarrt.

Sie zog mit ihren wunden Fingerkuppen wieder ein paar Kreise über dem Glas und lächelte schmerzlich. Atmete laut aus, als machte ihr alles, jedes Wort und jede Bewegung, große Mühe. Vielleicht war es auch so. Wie wäre es gewesen, wenn Hanna sich einfach aus dem Staub gemacht hätte? Auf Nimmerwiedersehen, ohne eine Chance für ihn, noch mal mit ihr zu sprechen oder wenigstens über ein paar Ecken zu erfahren, dass es ihr ganz gut ging? Es hatte noch ein paar gemeinsame Gespräche gegeben, die ein klein wenig Licht ins Dunkel brachten. Es war leichter, Dinge zu ertragen, wenn man sie irgendwie nachvollziehen konnte. Lena aber stand nicht einmal vor den Scherben ihrer Beziehung. Sie stand vor einem Nichts, und es kostete sie sicherlich unermessliche Kraft, weiterzuexistieren und immer wieder so zu tun, als wäre alles nicht so schlimm. Zumindest vor Luca musste sie so tun. Und vor ihm vielleicht auch ein bisschen.

»Mit Luca im Garten Fußball spielen«, sagte sie leise.

Ja. Nein. Ja. Nein. Er trank das Glas leer, und als er es abstellte, hatte er seinen Verstand wieder unter Kontrolle und die Situation analysiert. »Hm, hm«, machte er und rang um die richtige Antwort, denn helfen wollte er, aber seit eben, seit dem Blick in den Spiegel, wusste er auch: Er konnte nicht öfter mit Lena in Tims Wohnung zusammen sein und so tun, als ließen ihn ihre neue Schönheit und Anziehungskraft kalt. Es wäre auch nicht rundum gut für Luca. Er würde sich vielleicht zu sehr an den neuen Onkel, wie Hendrik vielleicht auch noch genannt werden würde, im häuslichen Umfeld gewöhnen. Doch wenn er den Job in Hamburg bekäme und zum Ende des Sommers vielleicht tatsächlich umziehen würde? Luca war gerade schon von seinem Vater verlassen worden …

Lena sah ihn mit in Falten gelegter Stirn an. »Nein?«

»Wir finden eine Lösung«, sagte Hendrik, um noch ein paar Sekunden Zeit zu gewinnen.

»Natürlich«, sagte Lena hastig, als hätte sie eine völlig unmögliche Forderung gestellt.

Nun hatten sie den Gesprächsfaden verloren. Hendrik konnte in dem sich verdichtenden Schweigen sein eigenes Schlucken hören.

»Hast du eine neue Freundin?«, fragte Lena da.

Er lächelte etwas verkrampft. »Das ist es nicht«, antwortete er ausweichend. Dann, bevor es wieder so still wurde, hatte er einen sinnvollen Einfall. »Hast du schon mal was von Bambini-Fußball gehört? Hier in der Nähe spielen auf dem Sportplatz doch manchmal kleine Kinder. Ich könnte mich erkundigen und Luca dorthin begleiten. Dann hast du etwas Luft und er seinen Spaß. Wie wäre das?«

Sie zog die Augenbrauen zusammen, sah ihn halb erstaunt, halb zweifelnd an. »Das wäre für dich zeitsparender, als zu uns zu kommen?«, fragte sie und erwischte ihn kalt.

War es natürlich nicht. Aber er würde eben nicht jedes Mal zu sehr in Lenas Bannkreis geraten. Auch das wurde ihm nun bewusst: In der Wohnung zog jeder Hauch, der von Lenas täglichem Leben zeugte, seine Aufmerksamkeit an. Ihr hingeworfener Schal. Die offene Tube Handcreme auf dem Tisch. Eine aufgeschlagene Zeitschrift und Reste von Lippenstift an einer Tasse.

Noch etwas war ihm aufgefallen. In der Wohnung war keine Spur mehr von Tim zu sehen. Seine Schuhe, die immer im Flur gestanden hatten, waren verschwunden, ebenso seine Jacken und diese Matrosenmütze, mit der er aussah, als wollte er gleich lossegeln. Immer hatte Tim irgendwohin gemusst oder gewollt. Als Student schon hatte er verkündet, er wolle die ganze Welt erobern. Hendrik sah über Lenas Schulter hinweg auf das Tischchen neben dem Sessel, wo sich Tims Architekturzeitschriften gestapelt hatten: verschwunden. Dort hatte er manchmal gesessen und gelesen.

»Du schaust durch mich hindurch«, sagte Lena.

»Ganz bestimmt nicht«, erwiderte er und blickte sie wieder fest an. Etwas in ihren Augen bewegte sich, ihre Pupillen vergrößerten oder zogen sich zusammen, über den Tisch hinweg konnte er es nicht genau sehen. Etwas in der Tiefe ihres Seins reagierte auf seine leisen, aber bestimmten Worte. Wahnsinn, wie er jedes Detail um sich herum und an Lena genau registrierte, seit er sich eben im Spiegel bei seiner Wahrheit ertappt hatte. Aber wie es in Lena aussah, das wusste er nicht. »Wie kommst du jetzt überhaupt klar?« Er hatte diese direkte Frage bisher gemieden. Nach seiner eigenen Erfahrung war es besser, eine frische Wunde eine Zeit lang nicht zu berühren, wenigstens so lange, bis ein dünnes Häutchen sie vor dem schlimmsten Dreck und Staub verschloss, der dort eindringen und die Wunde auch noch infizieren konnte. Er hatte es damals gehasst, wenn ihm jemand die Worte »Wie geht es dir denn?« hinreichte wie ein Almosen, allein um das Gewissen zu beruhigen. Was konnte er Lena in dieser fatalen Situation schon Tröstendes sagen? Tim hatte ihr ja auch noch mehr oder weniger untersagt, sich Gedanken über ihn und seinen Verbleib zu machen. *Bitte suche mich nicht, warte nicht auf mich ...* Ein doppelter Schock. Selbst beim Akt des Verlassens musste Tim noch einen drauflegen.

Lena schüttelte den Kopf und presste die Lippen aufeinander. Wollte nicht darüber sprechen, logisch. Dann holte sie tief Luft. »Weißt du, was sehr schlimm ist?«

Er wartete ab. Es war eine rhetorische Frage und kein Ratespiel.

»Ich hätte es kommen sehen müssen.«

»Was?«

»Was bin ich für eine Frau, die nicht merkt, dass ihr Mann total unglücklich ist? Warum bin ich so blind, so dumm, so ... unzulänglich, dass Tim mit mir nie darüber gesprochen hat?«

»Worüber gesprochen hat?« Hendrik lehnte sich ein Stück vor. »Gab es ein bestimmtes Problem?«

»Nein! Gab es nicht! Was weiß ich!«

Hendrik wurde es heiß und kalt. Noch nie hatte er sich entscheiden können, wie sich echte Wut anfühlte. Er konnte es nicht mit ansehen, wie Lena sich selbst geißelte. Tim wusste bestimmt, dass sie die Schuld bei sich suchen würde. Er hätte ihr ein paar Sätze mehr hinterlassen müssen, eine kleine Erklärung wäre das Mindeste gewesen. Hendrik war seltsamerweise auch auf Lena wütend, weil sie die Schuld auf sich nehmen wollte.

»Hör sofort damit auf! Du bist nicht schuld, hörst du? So ein bescheuerter Gedanke!«

Einen Moment lang starrten sie sich an. Schreien gehörte sonst nicht zu seinem Repertoire. Es war etwas, das Hanna ihm bei ihren Trennungsgesprächen sogar vorgehalten hatte: Er sei so abwägend, fahre nie aus der Haut ... nun wäre er gern aufgesprungen und hätte Lena geschüttelt, damit sie aufhörte, diesen Unsinn zu sagen – und zu denken.

»Du darfst dich nicht so quälen. Bitte! Es bringt nichts. Und Tim hat es nicht verdient. Weißt du was? Er hat *dich* nicht verdient!« Erschöpft lehnte er sich zurück. Es war ausgesprochen: seine Wahrheit, wie er heute über Tim dachte.

Lena sah ihn ausdruckslos an.

»Bambini-Fußball.« Er nahm den verlorenen Faden wieder auf, als wäre nichts gewesen, weil Luca plötzlich in der Tür erschien – oder weil er, wie Hanna ihm vorgeworfen hatte, keine Unstimmigkeit ertragen konnte. »Soll ich mich erkundigen? Ich mache es wirklich gern«, sagte er, und es war kein bisschen gelogen. Der Kleine hatte sich längst in sein Herz geschlichen.

Lena war auch schnell wieder gefasst. »Das wäre schön«, sagte sie. »Sag mir bitte bald Bescheid.«

»Was Bescheid?«, fragte Luca und kam näher.

»Überraschung«, antworteten sie beide gleichzeitig. Hendrik versuchte, deswegen zu lachen, und Lena wischte sich verstohlen eine Träne aus dem Augenwinkel.

* * *

Unruhig wälzte Hendrik sich im Traum hin und her. Er befand sich in einem arabisch wirkenden Land, gigantisch hohe, gesichtslose und gleichförmige Bauten lagen links von ihm, versehen mit kleinsten Fenstern wie mit Tausenden von Augen, und eine verschleierte Frau glitt an ihm vorbei. Das Meer rechts von ihm leuchtete in reinem Türkis, und die Strandpromenade, auf der er sich befand, war gesäumt von großen, sich träge im Wind wiegenden Palmen. Die Umgebung war sauber und leer, wirkte fast steril und wie von einem großen Regen frisch gesäubert. Hendrik hatte sich einiges über die Megacitys in den Arabischen Emiraten angesehen, als Tim anfing, im Nahen

155

Osten zu arbeiten. Oft wirkten Fotos aus den reichen Städten so, als wären sie grafisch nachbearbeitet worden, und im Traum kam es ihm nun genauso vor: Die Stadt war eine Collage seiner Vorstellungen mit Extra-Coloration plus Weichzeichner.

Im Traum befanden sich nur wenige Gäste in dem ein oder anderen Café am Meer, und auf dem Wasser war kein einziges Boot zu sehen. Die Menschen trugen weit geschnittene, langärmelige Kaftane im typisch arabischen Stil mit glitzernden Applikationen, Männer wie Frauen. Sie saßen von ihm abgewandt oder so sehr ins Gespräch vertieft, dass Hendrik nicht zu ihnen hingehen und sie stören wollte, um sie zu fragen, wo er war. Hendrik hatte das eindringliche Gefühl, als suchte er jemanden.

Und dann sah er ihn.

Tim trug seine Matrosenmütze, und die blonden Haarzipfel schauten darunter hervor. Er hob lässig den Arm, als wären sie zum Kaffeetrinken verabredet. Er saß in einem der fast menschenleeren Lokale auf einer großen Terrasse, und die Tische und Stühle gleißten in der Sonne. Hendrik ging zu ihm.

Sein alter Freund war plötzlich jung. So hatte er ihn kennengelernt. Verschmitzt, blitzblaue Augen, ein leicht schiefes und charmantes Grinsen. Er schob sich die Matrosenmütze aus der Stirn, und Hendrik sah, dass er schwitzte. Kleine Rinnsale liefen ihm über die Stirn. Sie kommunizierten ohne Worte. Tim machte eine wegwerfende Handbewegung, schüttelte den Kopf. Wo er genau war, spielte keine Rolle.

Tims Gesicht wurde unvermittelt wieder älter, je länger sie sich ansahen. Falten entstanden auf seiner Stirn und um die Augen. Ein europäisch gekleideter Kellner mit weißem Hemd und schwarzer Jacke brachte zwei Gläser Bier und stellte sie auf zwei Bierdeckel auf dem blanken Tisch. Die Bierdeckel waren Fremdkörper in dem antiseptischen Ambiente, dreckig und fleckig und vielfach gebraucht. Es waren ihre Bierdeckel von damals, und Tim hob das Glas.

Hendrik weigerte sich, mit ihm anzustoßen. Er wollte wissen, was los war. Warum sie sich hier trafen. Aber weder er noch sein Freund konnten richtig sprechen. Unter dem hellblonden Haar zog sich seine Stirn kummervoll zusammen, seine Augen spiegelten plötzlich Angst, und er stand auf, zeigte über Hendriks Schulter hinweg nach hinten. Hendrik drehte sich um zur Skyline der City, die wahrlich fast am Himmel kratzte, ein Turm war höher als der andere, und etwas stimmte mit den riesigen Gebäuden nicht: Sie schwankten leicht. Sie schwankten stärker. Sie würden gleich einstürzen, und ein Brecher aus Beton, Stein, Glas, Schutt und Asche würde sich im nächsten Moment über sie ergießen und hinwegrollen wie eine gewaltige, alles vernichtende Sturmflut.

Tim fuchtelte mit den Armen, seine massive Angst überspülte Hendrik, riss ihn mit sich. Er musste sich in Sicherheit bringen, sofort! Der Himmel wurde dunkel, Tim war verschwunden, die Tische waren schon mit einer staubigen Schicht überzogen …

Hendrik wachte auf. Er lag eine Weile reglos da und lauschte seinem Herzschlag. Auf seltsame Weise fühlte er sich ertappt, weil er sich entschlossen hatte, es zu tun: Den ganzen Abend hatte er am Bewerbungsschreiben gefeilt, wollte es nun endlich abschicken. Er schlug mit der Faust hart neben sich auf die Matratze. Manchmal wusste er wirklich nicht mehr, ob er nur extrem feinfühlige Antennen hatte oder tatsächlich kurz vorm Durchdrehen war. Jetzt hatte er wieder das Gefühl, er sollte Berlin nicht verlassen, der Traum hatte ihn mahnend an seinen Schwur erinnert. Vor dem Schlafengehen war er sich über diesen Schritt noch so sicher gewesen! Was war nur los? Er war kein Mensch, der seinen Träumen zu viel Gewicht gab, doch seit neuerdings Tim darin auftauchte, war es anders. Fast glaubte er den jüngsten Bildern: Es war gut möglich, dass Tim tatsächlich in solch eine Stadt gegangen war. Er hatte immer wieder mal von Kontakten und Freunden in den Arabischen Emiraten erzählt, von einem enorm luxuriösen Lifestyle, vom guten Essen und sogar von schönen Frauen, nur zum Anschauen natürlich, wie er ungefragt beteuert hatte. Doch glaubte Hendrik seinen nächtlichen Fantasiegebilden, dann ging es Tim dort gar nicht gut.

Hendrik bewegte seinen Körper, der sich schwerfällig und immer noch wie schlafend anfühlte, machte Licht und wischte sich über die Stirn. Sie war nass, ohne dass er das Gefühl hatte, geschwitzt zu haben.

Er holte sich ein Glas Wasser und legte sich mit der Decke eine Weile aufs Sofa. Er dachte an Tim. Er dachte an Lena. Und immer mehr an sie. Viel lieber hätte er von ihr geträumt, von Leichtigkeit und gemeinsamem Lachen, von Zärtlichkeiten, die sie austauschten, und dass sie ganz selbstverständlich zusammen sein konnten. Als es draußen bereits dämmerte, fiel er in einen erschöpften Schlaf.

* * *

Isabell hantierte an der Kaffeemaschine und es war klar, dass sie Hendrik nicht gleich wieder gehen lassen würde.

»Du wirkst so fertig in letzter Zeit«, sagte sie und ließ die schwarze Brühe in die Tassen laufen.

Noch sah sie ihn nicht an, doch er kannte ihren unnachgiebigen Blick, wenn sie etwas Bestimmtes wissen wollte, und er wappnete sich mit einem Ausdruck voller Unschuld, bevor sie sich gleich zu ihm umdrehte. Als klebte er eine Folie auf sein Gesicht, die seine gleichgültige Miene besiegeln sollte. Keinesfalls durfte er auch nur einen Hauch seiner Pläne durchschimmern lassen. Tatsächlich aber würde er Isabell sogar vermissen. Sie war zwar manchmal nervig, aber auch erfrischend direkt und vor allem eins: natürlich und sie selbst. Bestimmt hatte sie ein großes Herz, bestimmt hätte sie für all seine Probleme auch ein Ohr und vielleicht sogar guten Rat. Aber sie konnte nun mal nichts für sich behalten. Hendrik hatte die Bewerbung auf dem Weg ins Büro in den Briefkasten geworfen. Er wollte sich von Tim nicht auch noch im Traum sein Leben diktieren lassen, das tat sein alter Freund allein schon durch seine Abwesenheit genug. Als Hendrik gerädert aufgewacht war, kam ihm seine Reaktion auf den Traum mit Tim selbst wie ein Traum vor. Völliger Unsinn! Lieber orientierte er sich an Liam, der real in seinem Umfeld war und ihm versprochen hatte, sich für ihn starkzumachen, denn er kannte den Chef der Hamburger Firma, bei der sich Hendrik bewerben wollte, persönlich. Hendrik konnte Liam wohl kaum erzählen, dass sich durch einen schlechten Traum seine Pläne wieder geändert hatten.

Während der letzten Studiensemester hatte Liam zu ihrem Dreierteam gehört. Gemeinsam hatten Tim, Liam und Hendrik all den Spaß gehabt, den Studenten haben mussten: Partys, Alkohol und Clubs, aus denen sie ins Tageslicht taumelten, zu dritt in den Süden trampen und in den Vorlesungen übermüdet einnicken.

Wären sie an jenem Abend doch nur zu dritt gewesen! Liam hatte damals ein Auslandssemester eingelegt, und vielleicht waren Hendrik und Tim deswegen dem Schwur verfallen, eben weil da plötzlich diese Lücke klaffte. Dann war der Bund geschlossen worden, so tief und symbolisch aufgeladen, dass beide niemals mehr direkt darüber gesprochen hatten. Er bestand einfach. Nun hatte Hendrik es mit sich selbst auszumachen, ob er den Eid brach oder nicht, indem er nach Hamburg ging. Aber er konnte nicht ewig Lenas Hand halten, schon gar nicht *nur* ihre Hand halten.

»Also?« Isabell hatte sich zu ihm umgedreht und ihm eine Tasse in die Hand gedrückt. »Was ist los mit dir? Hast du Liebeskummer? So sehen Männer nämlich aus, die wegen einer Frau leiden. Wie du.«

Hendrik lächelte schwach, ließ es aber schnell wieder, damit sein Foliengesicht undurchdringlich blieb. »Du irrst dich.« Er nippte an seiner Tasse, der Kaffee war ungenießbar stark. »Milch ist alle?«, fragte er.

»Ja, wenn ich keine kaufe, ist sie meistens alle«, sagte Isabell. »Ich denke nämlich auch nicht mehr an alles, seit ich unsere Hochzeit plane. Es macht so viel Spaß! Du bist natürlich eingeladen.«

Hendrik nahm einen Minischluck. Vielleicht war er dann schon fort …

»Es wird ein großes Fest«, fuhr Isabell fort.

Hendrik blieb unverbindlich. »Wenn es mir möglich ist, komme ich gern.«

»Hast du schon deinen Sommerurlaub eingereicht?«

Hendrik nahm einen größeren Schluck und verbrannte sich die Lippen. »Autsch! Urlaub?«

Genau in diesem Moment kam Jens herein, ihr Chef, der seinen Schreibtisch seit einiger Zeit in die oberste Etage verlagert hatte, mit einem weiten herrschaftlichen Blick über Berlin. Manchmal sah Hendrik ihn tagelang nicht, dann stand Jens plötzlich in der Teeküche, wie immer genau dann, wenn er nichts von den nebenbei geführten Gesprächen hören sollte.

»Grüß euch, ihr beiden«, sagte er. »Ihr sprecht gerade über Urlaub?«

Isabell setzte ihr typisches Gesicht auf – das, mit dem sie nicht nur Dinge herausbekommen, sondern auch zeigen wollte, dass sie etwas wusste, was andere nicht wussten. Sie machte große Augen und lächelte zuckrig.

»Lässt du uns mal allein?«, fragte Jens.

»Klar, Chef.« Isabell zwinkerte Hendrik zu und ging hinaus.

»Geheimnisse?«, fragte Jens leicht süffisant, aber nicht fies. Er war als Vorgesetzter in Ordnung und wenn es sein musste, berechtigt autoritär. Vor allen Dingen war er augenscheinlich dabei, sein Leben zu genießen. Er hatte ein verdächtig gebräuntes Gesicht und neuerdings strahlend weiße Zähne.

»Zurück von einer Geschäftsreise?«, fragte Hendrik.

Jens musterte ihn in aller Ruhe. Warum nur rochen Chefs immer Lunte? Er spürte garantiert, dass mit Hendrik etwas nicht stimmte, trotz Foliengesicht. »Komm doch gleich mal hoch«, sagte er, und Hendrik stutzte.

Normalerweise wurde er per Telefon in die Chefetage gerufen und nicht persönlich abgeholt. Etwas angespannt – die Folie saß zu fest – blickte er in das sonnenverwöhnte Gesicht seines Chefs. »Klar«, antwortete er nur.

»Oben habe ich auch Milch. Du trinkst Kaffee doch sonst nicht schwarz, oder?«

Als Jens gegangen war, stöhnte Hendrik innerlich auf. Chefs rochen nicht nur im richtigen Moment Lunte, sie wussten auch noch alles Mögliche über ihre Mitarbeiter, sogar wie sie ihren Kaffee tranken. Er hingegen hatte keinen Schimmer davon, was Jens gleich mit ihm vorhatte.

Oben glitten die Fahrstuhltüren auf, und er trat auf den Flur. Jens hatte sich eine der Dachwohnungen zum Privatbüro umgebaut. Er saß auf der Terrasse in einem Liegestuhl und winkte Hendrik heran. Deutete auf den zweiten Liegestuhl und grinste. »Ist entspannter zum Reden«, sagte er. »Wir kennen uns ja nun schon eine Weile.«

Hendrik setzte sich, lehnte sich nach hinten und ließ den Blick über die Stadt gleiten. »Toller Arbeitsplatz«, sagte er. »Du hast es echt geschafft, oder?«

»Was?«, fragte Jens und schlug ein Bein übers andere. Seine fein gearbeiteten Lederschuhe waren blank gewienert.

»Du bist da angekommen, wo du hinwolltest«, sagte Hendrik.

»Genau«, antwortete Jens. »Und du? Wo willst du denn hin?«

Hendrik faltete die Hände vor der Brust. Was wusste sein Chef? Er schwieg, und einen Moment lang sahen sie beide in den weiten mit Wolkenschlieren durchzogenen blassblauen Himmel.

»Ich glaube, du bist unterfordert, und deswegen gebe ich dir ein Hammerprojekt«, sprach Jens neben ihm in den Himmel. Hendrik sah ihn aus dem Augenwinkel heraus lächeln.

»Israelische Investoren mit viel Geld. Ein supercooles Hotel im Herzen von Berlin, Millionen von Menschen werden es sehen, fotografieren und bewundern. Friedrichstraße, Nähe Checkpoint Charlie, du kennst den Baugrund dort ja. Interessante Details warten auf dich. Mit diesem Prestigeprojekt steht dir die Welt danach offen.« Jens wandte sich ihm zu und grinste. »Du willst wahrscheinlich nicht für immer da unten sitzen und Wohnblocks planen, oder?«

Hendrik zwang sich, Jens' stummem Befehl, ihn anzusehen, noch ein paar Sekunden zu widerstehen. »Warum ich?«, fragte er, immer noch mit Blick geradeaus. Andere im Team waren wesentlich engagierter als er. »Ab wann?«

Jens zuckte mit den Schultern. »Du bist gut«, sagte er. »Und du kannst es noch besser. Wäre ich nicht auch von meinem Chef aus heiterem Himmel herausgefordert worden, säße ich immer noch im Großraumbüro. Ich mag deine ruhige, konzentrierte Art. Ich bekomme gutes Feedback, was deine Arbeit betrifft.«

Hendrik sah Jens an und hatte sein Foliengesicht nicht mehr unter Kontrolle. Es zerriss.

»Zweifel?«, fragte Jens.

Hendrik nickte. »Ehrlich gesagt, ein bisschen.« Er dachte als Erstes an das Lauftraining, darauf konnte er unmöglich verzichten, und so ein Projekt bedeutete Überstunden ohne Ende. Dann dachte er an die Bewerbung, die er gerade abgeschickt hatte, dann an Luca. Vielleicht würde er nicht mal mehr Zeit für diesen einen Nachmittag mit ihm haben. Allerdings konnte er von Hamburg aus mit dem Kleinen auch nicht Fußball spielen. Dieses Argument durfte nicht gelten, aber doch wog es seltsam schwer.

Jens pfiff leise durch die Zähne. »Andere würden sich die Finger danach lecken.«

»Vielleicht. Oder bestimmt sogar. Aber ich will ... ich muss ... wie soll ich sagen?« Hendrik musste schnell eine gute Begründung finden, ohne seine wirklichen Pläne schon zu verraten. »Ich möchte mir wieder ein Sozialleben aufbauen. Mein Freundeskreis geht gegen null. Das macht mir Angst.« Dieser Teil der Wahrheit brach aus ihm heraus wie die Sonne hinter den Wolken. Plötzlich war das Gespräch unter dem zerfetzten Himmel mit Blick auf Berlin für ihn so existenziell wie die Frage, was Tim von ihm erwartete, seit er verschwunden war.

Jens beugte sich nach vorne und lachte auf. »Ich hätte dich nicht gefragt, wenn ich dich nicht so gut kennen würde. Ich habe mit einer ähnlichen Antwort gerechnet«, sagte er und zwinkerte ihm über die Schulter hinweg zu. »Wir finden eine Lösung. Du bist für den Auftrag nicht allein verantwortlich, und ich garantiere dir, du wirst auch noch Zeit für dich haben. Wann ist dein aktuelles Projekt genau abgeschlossen?«

»Ende des Sommers.«

»Passt genau. Danach verhandeln wir das neue. Die Investoren sind ziemlich anspruchsvoll, aber großzügig. Es beginnt für dich dann eine, sagen wir, Probephase auf hohem Niveau.« Er hielt Hendrik die Hand hin. »Wir bereiten das jetzt mal vor, und dann sehen wir weiter. Gehaltserhöhung inklusive.«

Hendrik starrte auf die Hand. Es war so ein Moment, in dem sich alles oder nichts entschied, eine Weggabelung des Lebens, ohne zu wissen, ob rechts oder links die richtige Wahl bedeutete – was überhaupt »richtig« bedeutete.

Jens grinste, die Sonne hatte gegen die Wolken gewonnen und schien ihm direkt ins Gesicht. Seine Augen glitzerten fast ein wenig diabolisch. Hendrik schlug ein.

KAPITEL 9

SCHLIMME VERGANGENHEIT

Gemeinsam tranken sie eine Tasse Kräutertee – laut Marlene eine stimmungsaufhellende Mischung – und aßen dazu ihre neueste Kreation selbst gemachter Zartbitterpralinen, die mit Dattelsirup gesüßt waren. »Industriezucker begünstigt Depressionen«, hatte Marlene zuvor eine Studie zitiert und für den Blog eine ganze Reihe süßer Snacks kreiert, die ohne die suchterzeugenden Kristalle auskamen. »Zucker macht glücklich – dieser Slogan kann nur von der Lobby lanciert sein«, behauptete sie.

Das Motto der Woche war weder einem großen Philosophen noch einer anderen bekannten Persönlichkeit entliehen, sondern hieß ganz einfach mal nur:

> *Süße(s) macht glücklich – das Leben aber ist nicht nur Zucker.*

Mit dieser Aussage konnte Lena, im Gegensatz zu einigen anderen postulierten Sprüchen des Blogs – endlich mal wieder etwas anfangen. Zunächst hatte sie gedacht, die Süße des

Lebens sei ihr abhandengekommen. Dann hatte sie angefangen, eine Skizze anzufertigen mit Dingen, die ihr nach und nach zum Wochenslogan einfielen. Die Süße des Lebens, das waren auch ein buntes Beet mit Blumen, Kräutern, Käfern und Schmetterlingen sowie die Fülle heranreifender Trauben und Beeren, ein lachender Kindermund mit zwei Mausezähnchen garniert und zwei grauhaarige wettergegerbte Menschen, die sich im zärtlichen Einverständnis an den Händen hielten und sich mit gütigen Augen ansahen. Es war ein Sonnenstrahl, der aufs kuschelige Bett fiel, und ein Vogelschwarm, der über glitzerndem Wasser im Abendlicht aufflatterte. Die Collage war toll geworden, und bestimmt würde sie von ihrem Fan Christoph einen lobenden Kommentar dafür bekommen. Und die Illustration des Wochenspruchs zeigte bei ihr therapeutische Wirkung. Bei jedem Element, das sie ins Bild eingefügt hatte, machte sich Lena klar, dass sie all diese Dinge immer noch um sich haben und erleben konnte. Nur ein sich küssendes Liebespaar in jenen Jahren, in denen eine Familiengründung sinnvoll war, suchte man in der Collage vergeblich. Vor nicht mal zwei Monaten wäre dies das erste Sinnbild gewesen, was ihr zum Thema »Süße des Lebens« eingefallen wäre, abgesehen von einer Schokoladentorte, einem Stapel amerikanischer Pancakes oder einer großen Portion Himbeereis. Nach der bittersten Erfahrung ihres Lebens verspürte Lena kaum noch Lust auf Süßigkeiten. Sie aß auch sonst nicht viel, schaffte kaum mehr als Lucas Kinderportionen, und ihre Hüftknochen drückten spitz durch die Haut, wenn sie auf dem Rücken lag. Tim hätte das nicht gefallen, und sicherlich hätte sie noch magerer ausgesehen, wenn Marlene und Tinka ihr nicht immer wieder geschickt ein paar Zusatzkalorien untergeschoben hätten. Das Dattelkonfekt zerschmolz süß und sämig auf ihrer Zunge.

»Schaut mal, was ich mitgebracht habe«, sagte Tinka und holte ihr Handy hervor. Sie zeigte ein paar Fotos, hatte sich zum Thema »Süße des Lebens« bei einer Reihe von Übungen ablichten lassen, die dem Körper laut Yogalehre besonders viel Energie schenken sollten: der Hund, der konzentriert auf seinen leicht angewinkelten Beinen stand, der Krieger, der sein Ziel genau kannte und fokussierte, die Totenstellung, in der sich jede Zelle des Körpers und jede Muskelfaser entspannen konnte. Außerdem hatte sie einen Text geschrieben, in dem sie den Bloglesern und -leserinnen empfahl, nach der kleinen Übungsreihe einen Yogitee zu genießen und in sich hineinzufühlen, ob die übliche Lust aufs Bier, auf die Zigarette oder den Schokoriegel – weit verbreiteter Treibstoff fürs Belohnungssystem – tatsächlich glücklich machte oder ob es sich vielleicht nur um einen gewohnheitsmäßigen Reflex *nach getaner Arbeit* handelte. Tinka jedenfalls hatte genau das für sich herausgefunden und ungesunde Gewohnheiten abgesetzt wie eine korrupte Regierung per Misstrauensvotum. Ihre innere Gier war entmachtet worden, so beschrieb sie es gern.

Bei diesem Arbeitstreffen im Wintergarten fügten sich alle drei Beiträge optimal zusammen. Seit Langem konnte sich Lena darüber wieder freuen. Die kreative Arbeit gab ihr Halt, und auch sonst waren ihre Freundinnen ständig für sie erreichbar. In der Nacht hatte sich Lena das erste Mal schlafend auf Tims Seite gerollt und war dort am Morgen aufgewacht. Sie hatte im fahlen Morgenlicht an die Decke gestarrt und in sich hineingehorcht. Das innere Flehen, Tim möge zurückkommen, war nach sieben Wochen verstummt. Selbst wenn er zurückgekommen wäre, hätte es kein Zurück mehr in das gegeben, was gewesen war. Und die Brücke ins noch schönere Leben, die sie als Braut an seiner Seite und unter herabregnenden Blüten hatte überschreiten wollen, war komplett eingestürzt. Da lagen nur noch Trümmer.

»Ich glaube, du solltest mal wegfahren«, sagte Tinka und streckte sich auf dem Boden aus. »Oder wir alle gemeinsam.

Wir könnten eines unserer nächsten Arbeitstreffen auf dem Land abhalten, uns in eine einfache Pension einmieten oder auf einem Bauernhof übernachten, mit Hühnergegacker, Schweinegrunzen und Hahnenschrei. Ich helfe freiwillig im Stall, und du kannst dich bei frischer Luft ausruhen. Jeden Tag in dieser Wohnung!«

»Ich habe die Wohnung ausgesucht, Tims Seele ist hier nie gewesen«, antwortete Lena. »Die paar Sachen, die ich von ihm zusammengepackt habe, passten in wenige Kisten, und die stehen für immer im Keller.«

»Hast du irgendwo doch noch einen Hinweis darauf gefunden, warum er sich in Luft auflösen wollte?«, fragte Marlene, die ihren Stammplatz im Lesesessel eingenommen hatte.

Lena schüttelte den Kopf. »Keine Spur, nichts. Nur seinen Aktenordner mit wichtigen Papieren hat er mitgenommen und diesen Bademantel. Ein paar wenige Fotos fehlen. Viel mehr Persönliches gab's gar nicht. Seine Maßhemden, die ungelesenen Bücher, sein unpersönlicher Kram, das lasse ich alles da unten vermodern, sollte ich ausziehen. Aber das habe ich erst einmal nicht vor. Die Wohnung ist meine Burg. Geld ist zum Glück erst mal kein Problem.«

Tinka zog die Stirn kraus wie so oft, wenn sie etwas sagen wollte, was sie sehr beschäftigte. »Schon interessant. Bei dir ist es das Geld, bei Marlene die Gesundheit und bei mir der Geist, drei verschiedene Dinge, die unsere Brücken zum Glück bauen. Drei Freundinnen, drei G-Wörter, drei Haltungen.« Sie sagte das ruhig und leise, vielleicht war es eher eine Art lautes Denken.

Lena aber fühlte sich, als hätte sie einen Schlag bekommen. »Wie meinst du das?«

Tinka setzte sich auf. »Willst du es wirklich wissen?«

Lena nickte. »Bei mir ist Geld die Brücke zum Glück, hast du das eben wirklich gesagt?« Obwohl sie noch nicht wusste, was ihre Freundin meinte, versteifte sie sich schon jetzt.

»Ich sehe das nun ganz klar«, sagte Tinka. »Für Marlene ist es das größte Glück, nach ihrer schlimmen Krankheit gesund zu sein und zu bleiben. Stimmt's?«

Marlene nickte. »O ja«, sagte sie. »Ich bin fast gestorben. Heute ist jeder gesunde Tag das pure Glück.«

Tinka wiegte den Kopf. »Für mich war es das Wichtigste, nach dem tragischen Unfall meiner Schwester irgendwie weiterzuleben. Nicht zu zerbrechen. Gerade, weil ich dieses Schicksal nicht annehmen wollte, blieb mir nur, demütig zu werden. Ich habe meinen Geist neu ausgerichtet.« Sie machte eine kurze Pause und sah Lena aus zwei Katzenaugenschlitzen an. »Bei dir ist es vermutlich so, dass dir der ganze Luxus, den Tim dir von Anfang an bot, sehr viel bedeutet hat. Dazu sein wahnsinnig selbstbewusstes Auftreten. Natürlich leidest du jetzt unter dem Schock, der Trennung, dem Unerwarteten, dem fehlenden Vater für Luca, vielleicht sogar einem angeknacksten Herzen. Aber dein materieller Wohlstand ist ungebrochen. Du leidest, aber du bist nicht zerschmettert, noch denkst du, du musst sterben. Es tut weh, aber es geht an manchen Tagen auch irgendwie wie von selbst weiter, stimmt's?«

Lena starrte Tinka durch einen Tränenschleier an. In den ersten Tagen nach Tims Verschwinden hatte sie sehr gelitten. Sie hatte geglaubt, in tiefen Depressionen zu versinken, konnte jedoch mit Luca spielen, Kuchen backen und den Haushalt machen, alles im Schutz ihres komfortablen Heims. Es war erstaunlich. Sie hatte bisher gedacht, Luca allein habe ihr die Kraft gegeben. Doch Tinka tischte ihr einen völlig neuen Aspekt auf, und sie konnte nicht widersprechen.

»Tim hat dir von Anfang an gesagt, er will hoch hinaus, ohne Wenn und Aber. Klang doch zunächst super. Hast alles immer brav mitgetragen, dafür gab's jede Menge Geschenke und Urlaub im Luxusresort. Sogar eine Ausbildung hat er dir finanziert. Das hat dich unausgesprochen verpflichtet, schön stillzuhalten bei all seinen Lebensplänen«, sagte Tinka. »Im Grunde hat er dich gar nicht wirklich einbezogen. Vielleicht war er auch deswegen dazu fähig, einfach so zu gehen.«

Lena war von Tinkas Einschätzung völlig überrumpelt. »Du meinst, ich habe Tims Geld und Erfolg mehr geliebt als ihn selbst?«

Tinka schwieg.

»Er hat sein Ding gemacht«, mischte sich nun Marlene ein. »Und du hattest am Ende nur noch eine Traumhochzeit und ein zweites Kind im Kopf. Hast du dich mal gefragt, inwiefern es dir wirklich um Tim ging oder um deine Vorstellung von einem perfekten Leben?«

Lenas Kehle war wie zugeschnürt. »So denkt ihr von mir?«, brachte sie mühsam hervor. »Als hätte ich mich kaufen lassen?«

Tinka sah sie besänftigend an. »Mach dir keine Vorwürfe. Genau genommen bist du ganz normal. Etliche Beziehungen funktionieren in unserer Welt so: Du gibst mir dies, ich gebe dir das. Aber es macht eben nicht unbedingt glücklich. Es ist sinnvoll, diese Haltung mal zu hinterfragen, und von allein hättest du das nicht getan, stimmt's?« Tinka rückte näher und wollte wahrscheinlich wie so oft Körperkontakt aufnehmen.

Lena wich zurück. »Lass mich!«

Ihre Freundinnen wechselten besorgte Blicke. Es reizte Lena noch mehr, und gleichzeitig erinnerte sie sich gut: Manchen Streit, der sich darum drehte, dass er immer länger und öfter unterwegs war, hatte Tim mit einem teuren Geschenk besänftigt: einem wertvollen Flakon, einem Gutschein für eine Boutique, einer exklusiven Flasche Champagner.

»Tim ohne Geld – kannst du dir das vorstellen?«, fragte Tinka.

Jetzt war es Lena, die schwieg.

170

»Oder stell dir vor, du müsstest ausziehen aus deiner Traumwohnung. Er hätte das Auto mitgenommen, dir kein Geld dagelassen. Wie wäre das?«

Lena schluckte schwer. Natürlich wäre es noch furchtbarer, als es ohnehin schon war! Was für eine dumme Frage! Sie fand es geradezu gemein, wie Tinka und Marlene sie abwechselnd bearbeiteten.

»Wenn du dir klar wirst, ob du eher den Menschen oder eher das Leben geliebt hast, das er dir geboten hat, kannst du schneller wieder glücklich werden«, sagte Marlene.

»Ihr scheint gut über mich Bescheid zu wissen«, stieß Lena unendlich gekränkt hervor. Leidenschaftlich widersprechen aber konnte sie nicht. Sie hatte sich ja selbst manchmal vorgeworfen, bestechlich zu sein, allein um des lieben Friedens willen. Hatte es selbst als »normal« eingestuft.

Eine kurze Weile schwiegen sie vor sich hin, dann holte Tinka etwas aus ihrer Tasche. »Spür einfach in Ruhe darüber nach. Und jetzt lass uns doch mal wegen eines Wochenendes im Grünen nachschauen«, sagte sie und öffnete ihren Kalender.

Marlene holte ihr Handy hervor, und Lena wollte keine Spielverderberin sein. Sie war froh, sich erst einmal nicht weiter rechtfertigen zu müssen, und nahm ebenso ihren Kalender zur Hand. Wie Tinka notierte sie sich ihre Termine lieber auf Papier, statt sie ins Handy zu tippen. Sie blätterte zur nächsten Woche, und ihr Blick blieb bei einem ganz bestimmten Datum hängen. Sie hielt inne. Warum hatte sie daran bisher nur nicht gedacht?

Die anderen beiden redeten über irgendwelche Zeitfenster und Urlaubsziele, doch sie verstand davon kein Wort. Sie starrte auf ihre Wochenübersicht wie ein Kaninchen auf die Schlange.

»He, was ist denn?«, waren die nächsten Worte, die Lena wieder mitbekam, und eine Hand rüttelte leicht an ihrer Schulter. Als Antwort flüsterte sie den Namen, der dort mit zarten Buchstaben für den Dienstag der kommenden Woche eingezeichnet war: »Walter.«

»Walter?«, fragten Tinka und Marlene unisono und etwas irritiert.

Lena hatte den Namen am Jahresanfang mit Bleistift hineingeschrieben, weil Tim bei seiner Jahresplanung noch nicht wusste, ob er seinen Vater zum fünfundsiebzigsten Geburtstag besuchen würde.

»Der Fünfundsiebzigste ist ein Muss«, hatte sie beharrt und auf den Kugelschreiber verzichtet. »Siehst du?« Lena hatte Tim den Eintrag gezeigt. »Bitte überlege es dir. Ich würde hinfahren.«

»Er wird nicht mal mehr deinen Namen wissen.«

»Darum geht's doch nicht«, sagte sie. »Es geht um euch beide, ihr solltet euch wiedersehen. Dich erkennt er bestimmt noch.«

Tim kniff die Lippen zu einem schmalen Strich zusammen, wie fast immer, wenn sie über seinen Vater sprachen. Er hatte ihm nicht verziehen und würde es niemals tun, das wusste Lena. Aber vielleicht würde Tim sich in drei Tagen zu diesem wirklich besonderen Geburtstag irgendwie melden oder sogar vor der Tür seines Vaters stehen, einen Brief schicken, eine Spur streuen dorthin, wohin er jetzt verschwunden war. Auch wenn Lena Tim nicht suchen wollte und würde – dieser Geburtstag war eine Chance, ein wenig Licht ins Dunkel zu bringen. Der Gedanke daran ließ ihr Herz schneller schlagen, und ihre Hand, die den Kalender hielt, zitterte.

»Was ist mit diesem Walter?«

Welche der beiden Freundinnen sie das fragte, bekam sie nicht mit. Die Erinnerung an das einzige und letzte Mal, als sie Walter sah, nahm sie völlig gefangen. Er war schon im Heim untergebracht, und die ersten Züge der Krankheit zeichneten sich ab. Er wollte ständig Lenas Hand halten und nannte sie »Fräulein«. Es war der siebzigste Geburtstag, Luca war noch nicht auf der Welt. Lena hatte Tims Vater wenigstens hin und wieder eine Postkarte geschickt und Tim unterschreiben lassen. Er setzte immer nur seine drei Buchstaben darunter, ohne jeden weiteren Gruß. Lena hatte das grausam gefunden.

»Ich glaube nicht, dass du von Grausamkeit auch nur die geringste Ahnung hast«, hatte Tim geantwortet.

An der Kaffeetafel hatte Lena versucht, mit dem hageren Mann, der lichtes weißes Haar auf dem Kopf trug, ein Gespräch in Gang zu bringen, während Tim mit verschränkten Armen am Tisch saß. Sein Bruder Ricky sagte auch nicht viel, lobte aber wenigstens den Kuchen. Auch zwischen den Brüdern herrschte Eiszeit.

Lena hätte gern gewusst, warum, doch Tim hatte ihr schon kurz nach ihrem Kennenlernen gesagt: »Alles, was war, bevor ich dich traf, ist unwichtig. Ich mag nicht einmal mehr darüber reden. Für mich gibt es nur noch dich und die Zukunft.«

Lena hatte diese Aussage damals romantisch gefunden. Sieben Jahre später, als erwachsene Frau und Mutter, fand sie sie idiotisch. Wie hatte sie sich von Tim nur so blenden lassen können, dass sie dachte, all seine sonderbaren Einstellungen und Verhaltensweisen seien in Ordnung? Keine Vergangenheit, kein Interesse an gemeinsamen Hochzeitsvorbereitungen, der Hass auf seinen Vater und die Zumutung, immer mehr statt weniger unterwegs zu sein – wer war dieser Mann überhaupt, in den sie sich kopflos verliebt und der ihr einfach so den Boden unter den Füßen weggezogen hatte? Hatte sie Tim jemals richtig gekannt? In wen oder was hatte sie sich dann verliebt?

»Welcher Mann namens Walter sorgt bei dir dafür, dass du auf einmal blass wirst und fast zitterst?« Tinka stellte die Frage sehr laut und holte Lena zurück ins Hier und Jetzt.

»Entschuldigt«, krächzte Lena, weil Hals und Mund auf einmal so trocken waren. Sie trank einen Schluck Tee. Nahm sich Zeit für die Antwort. Sie schloss die Augen und schmeckte eine ganze wohltuende Kräuterwiese auf ihrer Zunge, herb und süß zugleich. Sie atmete ein paar Mal durch. Das Buch, das sie gerade zu lesen begonnen hatte, kam ihr in den Sinn. Es handelte vom menschlichen Geist, der als ständig quasselnder, unsichtbarer innerer Mitbewohner beschrieben wurde, der sich überall einmischte. Eine Art automatische Schaltzentrale, die jedem Menschen gegeben war und die das Leben auf mehreren Ebenen koordinierte. Ein unfassbares Phänomen, ein Geist eben, der ständig in die Zukunft und Vergangenheit sauste, um irgendwelche Probleme zu lösen. Der Geist beharrte darauf, seine Probleme seien zentral und absolut. Doch die permanente Unruhe des Geistes war nicht real, sondern eine Projektion, weil der Geist eben aus seinen eigenen Projektionen bestand. Realität hingegen war das, was Lena mit ihren Sinnen wahrnehmen konnte. Da war ihr Körper, der bequem auf einem Stuhl saß, der Tee, der gut schmeckte und wärmte, der Herzschlag, der wieder langsamer wurde, die neugierigen Blicke der Freundinnen, die sich um sie – um ihr Geisteswohl – sorgten. Lena lachte auf. Überrascht, weil sie Gedanken hatte, die sonst eher zu Tinka passten. Sollten Tinka und Marlene gern glauben, sie lächle wegen eines Unbekannten namens Walter. Sie lächelte einfach, weil sie ein kleines bisschen über sich hinauswuchs und ihrem unruhigen Geist Einhalt gebot und nicht gleich losquasselte oder hektisch aufsprang. Schritt für Schritt.

»Ich erzähle es euch später mal.« Lena zog die Bleistiftbuchstaben in ihrem Kalender mit dem Kugelschreiber nach und dachte erst einmal ans Praktische. Damit ließ sich der Geist gern beschäftigten. Die Fahrt wäre lang, und Luca sollte keinesfalls dabei sein und sich vor dem bisher unbekannten dementen Opa vielleicht erschrecken. Von Tinka und Marlene, die sie gerade erstaunt ansahen, mochte sie erst einmal keine weiteren Ratschläge oder Analysen hören. Sie meinten alles gut, wollten sie sogar begleiten. Aber es war Zeit, der Welt da draußen endlich mal wieder allein und selbstständig zu begegnen.

* * *

Tim war in der Nähe der Küste aufgewachsen, nicht weit weg von Lenas Heimatstadt Oldenburg, eine verbindende Gemeinsamkeit, wie sie anfangs dachte.

»Mein Leben hat keinen Rückspiegel«, sagte Tim jedoch ziemlich bald, nachdem sie sich kennengelernt hatten, und sie begriff, dass er mit seiner Vergangenheit gebrochen hatte. Sein Vater war als Witwer mit zwei Kindern überfordert gewesen, erklärte Tim ihr knapp. Jede weitere behutsame Nachfrage vergällte er ihr radikal und deutlich, indem er sagte: »Ich bin eben nicht so verhätschelt und vertätschelt aufgewachsen wie du!«

Lena hatte eingewendet: »Mir ging's deswegen im Leben auch nicht immer gut.« Es war verrückt: Manchmal war sie auf andere Menschen, die von außen sichtbares Leid zugefügt bekamen, fast neidisch. Die hatten wenigstens einen offiziellen Grund zum Unglücklichsein, konnten mit dem Finger auf andere zeigen. »Dir geht's eben zu gut«, das hatte Lena manchmal zu hören bekommen, wenn sie ihre innere Verlorenheit und ihre Schwermut nicht erklären konnte.

Aber Tim hatte sie auch beschützend in den Arm genommen und ihr ins Ohr gebrummt: »Vergiss alles andere, wir sind jetzt zusammen, uns beiden geht's bestens.«

Trotzdem erschütterte es sie jetzt von Neuem, nur ein einziges Mal mit Tim bei seinem Vater gewesen zu sein. Die gemeinsamen Besuche bei ihren Eltern in Oldenburg konnte Lena ebenso an einer Hand abzählen. Die Temperatur zwischen ihm und ihren Eltern war über lauwarm nie hinausgekommen.

175

Auch diesen Zustand hatte sie klaglos akzeptiert, und es war eines der vielen seltsamen Dinge, die ihr auf der langen Fahrt in den Norden schwer auf der Seele lagen. Das gleichmäßige Dahinrauschen auf dem Asphalt, während draußen die Landschaft vorbeiflog, befreite nach und nach die Gedanken in ihrem Kopf, die sich dort zu einem Schutzwall verfestigt hatten. Dahinter hatte sie sich verschanzt und Tim vor ihren Eltern und Freundinnen stets verteidigt. Eigentlich gab es niemanden, der Tim besonders nahestand. Außer Hendrik.

Hendrik! Ohne ihn hätte sie nicht losfahren können, denn Connie war nicht da, und weder Tinka noch Marlene hatte sie seit dem letzten Treffen vor drei Tagen in ihren Plan eingeweiht. Sie war immer noch gekränkt, von beiden für ein Luxusopfer gehalten zu werden. Die Freundinnen ließen sie seitdem in Ruhe, ahnten wohl, dass sie das Gespräch – und die Wahrheit – erst einmal verdauen musste. Es waren auch nicht nur teure Geschenke, womit Tim immer wieder die Harmonie zwischen ihnen hergestellt hatte. Oft, wenn die Stimmung in der wenigen gemeinsamen Zeit nicht perfekt war, gingen sie besonders edel essen, mehrere Gänge begleitet von exquisiten Tropfen und schwindelerregenden Rechnungen. Damals hatten sie Luca hin und wieder spontan über einen exklusiven Babysitterdienst betreuen lassen. Doch diesmal kam so etwas nicht infrage. Lena wusste nicht einmal, wann sie zurückkommen würde.

Hendrik hatte völlig unkompliziert reagiert und einfach einen halben Tag Urlaub genommen. »Ich lege mich, wenn es später wird, einfach auf die Couch«, sagte er. Es war ein echter Freundschaftsdienst.

Der Mittelstreifen schoss als endlose weiße Linie an ihr vorbei. Lena hatte sich im Heim und bei Ricky nur knapp per Telefon angekündigt: »Wir kommen.« Das Wir – sie gemeinsam mit Tim – hatte bisher niemand infrage gestellt …

176

Lena umfasste fest das Lenkrad. Was, wenn sie Tim wirklich gleich treffen würde? Es fiel ihr schwer, sich sein Gesicht vorzustellen. Seit einigen Tagen ging das so. Wenn sie an Tim dachte, bekam sie kein klares Bild, als schaute sie durch ein Objektiv, und alles bliebe verschwommen, egal, wie nah sie sich heranzoomte. Jetzt versuchte sie es wieder, und etwas Seltsames geschah: Das Bild von Hendrik schob sich darüber. Sie hatte früh bei ihm geklingelt, um ihm den Schlüssel zu bringen, mit Luca an der Hand, damit die beiden an diesem Tag, den sie ab nachmittags gemeinsam verbringen würden, schon mal Kontakt aufnahmen. Mit verstrubbeltem Haar hatte Hendrik geöffnet. Dieses Bild war gestochen scharf: Er sah unverschämt gut aus mit Dreitagebart und Shorts, die seine wohlgeformten Männerbeine bestens präsentierten. Wie er in die Hocke ging, um zuerst Luca zu begrüßen, der sofort hochgenommen werden wollte. Hendrik hielt Luca die ganze Zeit auf dem Arm, während sie erklärte, wo die Kita war, was Luca danach gern trinken oder essen wollte und wann er ins Bett sollte. Dann hatte sie den Kleinen weggebracht und raste seitdem auf der Überholspur dahin.

Oldenburg lag schon hinter ihr. Die Wohnung ihrer Eltern stand während der Weltreise leer. Sie ahnten immer noch nichts, denn bei jedem Telefonat konnte sich Lena einfach herausreden: Tim war dienstlich unterwegs. Das hatte sie sonst auch immer gesagt. Das Navigationsgerät kündigte mit einem Signalton die nächste Ausfahrt an, und Lenas Hände wurden auf einmal glitschig wie zwei Fische. Sie dachte an Tim und wieder an Hendrik und wieder an Tim und wieder an Hendrik. Er hatte ihr für diesen schweren Besuch alles Gute und viel Kraft gewünscht. Sie solle sich jederzeit bei ihm melden, wenn es Probleme gäbe. Als er mit ihr sprach, hatte sie die ganze Zeit auf seinen Mund geschaut, und einen Augenblick lang hatte sie sich gefragt, wie es wäre …

Was für ein Unsinn! Tim war erst ein paar Wochen weg, und sie würde sich nicht in die Arme seines einst besten Freundes werfen. Ihre Fantasie spielte verrückt, wahrscheinlich, weil mit jedem Meter, den sie sich dem Ziel näherte, Stresshormone ihren Körper fluteten. Sie zwang sich, nach jedem Atemzug lang auszuatmen. Tinka behauptete, mit dem Einfach-nur-Atmen Frieden mit der ganzen Welt schließen zu können, egal, was einem im Leben passierte. Sie behauptete auch, heute nicht einmal mehr auf den Unfallfahrer wütend zu sein, der ihre Schwester totgefahren hatte. Dafür hatte sie drei Jahre das Einfach-nur-Atmen geübt und währenddessen immer wieder auch ihrem ganzen Hass, der Wut und dem Schmerz ins Gesicht sehen müssen. Ein Prozess in Wellen, so hatte Tinka ihr Erleben beschrieben.

Lena beruhigte sich tatsächlich ein wenig, ihre Hände fanden wieder Halt. Sie hatte die Autobahn verlassen und fuhr langsam, ließ ihren Blick über das flache, weite Land gleiten, über rote Backsteinhäuser, eine Windmühle und dahintreibende Wolkenfetzen am Himmel. Sie öffnete das Fenster und sog die Luft ein, glaubte fast schon, das Meer zu riechen. Hinter einer Kurve zuckte sie zusammen. Dieser blonde große Mann dort! Sie fuhr an ihm vorbei und sah in den Rückspiegel. Natürlich war es nicht Tim. Hier in Friesland hatten viele große Männer diese hellen Haare. Sie durfte jetzt nicht die Nerven verlieren!

Das zweistöckige Heim, in dem Tims Vater untergebracht war, trug eine dieser typischen Backsteinfassaden. Es war eine kleine Stadt, alles lag nah beieinander. Lena parkte mindestens hundert Schritte entfernt – damit Tim das Auto nicht gleich erkennen und vielleicht davonlaufen konnte. Einen Moment legte sie die Handflächen vor ihr Gesicht. Wie elend! War das wirklich alles, was von ihrem einstigen Göttergatten übrig geblieben war, wenn sie an ihn dachte? Dass er davonliefe, wenn sie ihn sähe? Sie fuhr sich durch die Haare, nahm den

Blumenstrauß vom Rücksitz und stieg aus. Ihre Hose schlug Falten, es wurde langsam sichtbar, dass sie dünner geworden war. Aufrecht ging sie auf den Eingang zu.

Sie klingelte, die Tür summte und ließ sich aufdrücken. Sie trat in den großen Vorraum mit der Stelltafel, an der verschiedene bunte Zettel klebten, genau wie vor fünf Jahren. Der Wochenspeiseplan stand mit großen Buchstaben auf die abwischbare Fläche geschrieben. Auf den Zetteln las Lena flüchtig irgendwas mit Märchenerzähler, Fußpflege und Spielenachmittag. Es roch nach Essen, hinter der Schwingtür klapperte es laut. Der Fahrstuhl kam nach unten. Wenn er jetzt aufginge und Tim würde dort stehen ... Lena starrte auf die Türen. Es gab einen hellen Signalton, der Fahrstuhl war angekommen, öffnete sich.

Eine grauhaarige buckelige Frau, die sich auf einen Stock stützte, lachte sie mit ihrem in hundert Millionen Falten liegenden Gesicht an. »Wo wollen Sie denn hin?«

In mein altes Leben, hätte Lena gern geantwortet. Sie nickte der Alten nur freundlich zu und nahm die Treppe.

Oben waren die schweren Demenzfälle untergebracht. Auch Walter war, nachdem sie ihn vor fünf Jahren noch unten besucht hatten, dorthin umgezogen. Eine Pflegerin in weißem Kittel kam ihr entgegen. Sie hatte rote Flecken am Hals und im Gesicht und wirkte gehetzt. »Frau Löwenhaupt?«

Lena ließ sich nicht anmerken, dass man sie fälschlicherweise so nannte. Frau Löwenhaupt! Der Name eines zerstörten Traums. Sie spielte mit, kam sich ein bisschen vor wie eine Detektivin. Detektivinnen arbeiteten auch mit Tricks, und sie wollte unbedingt etwas herausfinden – irgendetwas! »Ist ... mein Mann schon da?«, fragte sie mit leicht heiserer Stimme.

Die Pflegerin sah sie verwundert an. »Er wollte also doch kommen?«

»Wieso also doch?« Lenas Schläfen begannen zu pochen.

»Na, wegen des Korbs.«

»Ich verstehe nicht ...«

»Nun gratulieren Sie erst einmal. Kommen Sie mit.«

Lena ging hinter der Pflegerin her. Der Flur war lang, es gab bestimmt zwanzig Zimmer, die meisten Türen standen offen, aber sie sah nicht hinein, sondern hatte den Blick fest auf die breiten Hüften der Weißbekittelten vor sich gerichtet, damit sie nicht schwankte. Irgendwo stieß jemand hohe Klagelaute aus, ein gruseliger Singsang.

Sie blieben vor einer der offenen Türen stehen, und die Pflegerin wies mit der Hand hinein. »Kaffee steht schon bereit. Kuchen gibt's dann später in der großen Runde. In Ordnung?« Dann ging sie weg.

Lena trat ein. Die Luft war stickig, das Zimmer klein. Ein Pflegebett, ein Tisch, ein Schrank. Auf einem der Stühle befand sich ein riesiger Präsentkorb. Lena wusste sofort, wer ihn geschickt hatte. Das Ding war fast schon monströs, eingepackt in Folie und mit bunten Schleifchen versehen. Eine Karte baumelte daran. Sie hätte sich am liebsten darauf gestürzt, doch Walters Anblick lähmte sie. Sie erkannte ihn nicht, hatte ihn ja nur einmal gesehen. Er saß in sich zusammengesunken am Tisch. Ein dünnes Männchen mit spitzen Schultern und Haarresten, die ihm wie Spinnweben auf dem Kopf lagen. Der Hemdkragen war viel zu groß, oder sein Hals war zu dünn. Irgendwas stimmte mit den Proportionen nicht, schon gar nicht im Vergleich zu dem Korb, der fast so groß wie Walter war. Allein und von der Welt vergessen starrte er vor sich hin. Er nahm Lenas Anwesenheit nicht wahr.

Sie machte einen Schritt auf ihn zu und legte ihm sachte die Hand auf die Schulter. »Walter.« Sie ging neben ihm in die Knie und suchte seinen Blick. Er sah sie an und verstand nichts. Er wusste nicht, wer sie war, warum sie hier war, und wahrscheinlich wusste er auch nicht, dass er nichts wusste. Sein Blick war leer.

Lena zog einen Stuhl heran und hielt ihm die Blumen hin. »Herzlichen Glückwunsch.« Ihre Stimme klang heiser, Walter starrte durch die Blumen hindurch. »Für dich«, sagte Lena und mit Blick auf den Präsentkorb, der mit ihnen am Tisch saß: »Ist das von Tim?« Sie legte die Blumen beiseite und griff über den Tisch nach der Karte. Es waren noch weniger Worte, als er für sie übrig gehabt hatte.

Alles Gute zum 75. Geburtstag wünsche ich dir, Vater.

Ich kann nicht kommen. Tim.

Der erste Impuls war Erleichterung. Tim lebte, sie hatte endlich den Beweis! Doch dann kamen schon die anderen Gefühle, und sie waren stärker. Empörung. Fassungslosigkeit. Zur echten Wut war sie in diesem Moment nicht fähig, nur zu diesen Nuancen. Das war alles, was Tim zu sagen hatte? *Leck mich am Arsch?* So las es Lena zwischen den Zeilen, und sie musste ein paar Mal blinzeln. Hatte Tim das nicht auch in seinem Brief mehr oder weniger zu ihr gesagt? Warum geizte er so sehr mit seinen Worten und Erklärungen, warum mussten alle einfach schlucken, dass er so war, wie er war? Welche Schuld gab Tim seinem Vater, indem er ihn mit Nichtworten strafte? Auch Lena war ihren Eltern manchmal diffus böse gewesen, wenn es ihr nicht gut ging, weil es – natürlich – manchmal auch mit ihnen zu tun gehabt hatte, mit ihren Erwartungen und Ansprüchen und ihrer übergroßen Fürsorge. Jetzt aber war sie erwachsen, trug die Verantwortung für sich allein. Sie blinzelte noch mal, doch der Tick konnte sich nicht durchsetzen. Dann entdeckte sie die andere Karte, die Postkarte. Sie stand auf dem Nachttisch an die kleine Lampe gelehnt. Australien. Das Motiv des Uluru, des heiligen Bergs der australischen Ureinwohner, war unverkennbar. Der magische Fels ruhte unter einem endlosen Himmel in der Wüste. Auf der Postkarte, die Lena vor wenigen Tagen von ihren Eltern bekommen hatte, schimmerte er ähnlich geheimnisvoll im diffusen Sonnenlicht. Auf einmal überfiel Lena eine wilde Sehnsucht nach ihrer Mutter und ihrem Vater. Lange hatte sie diese nicht mehr so stark gespürt. In den vergangenen Jahren war dieses Gefühl manchmal sogar ins Gegenteil umgeschlagen: Dann kam es ihr manchmal zu viel vor, zwei- oder dreimal in der Woche zu telefonieren und ihr Leben vor ihren Eltern ausbreiten zu müssen. Als sie zum zweiten Mal das Studium abbrach und zu Tim zog, war die enge Bindung zu ihnen gebrochen.

Lena stand auf und ging zum Nachttisch. Sie blickte zu Walter. »Darf ich?« Er reagierte nicht, und sie nahm die Karte vorsichtig in die Hände. Ihre Eltern hatten in weiter Ferne an Walters Geburtstag gedacht, und sie wussten, dass Lena heute hier war. Dachten, auch Tim sei hier und Luca vielleicht. Wann würde sie es ihnen sagen? Es war ein zweiter Bruch mit den Menschen, die ihr im Leben so viel bedeuteten. Damals der eine. Jetzt der nächste, weil sie sich ihren Eltern nicht anvertraute und ihnen verschwieg, dass sich Tim als die größte Enttäuschung ihres Lebens herausstellte. Die übergroße Tim-Puppe, die so lange über ihr geschwebt hatte wie ein zu prall aufgeblasener Luftballon, war geplatzt. Sie hörte ihre Mutter schon verletzt am Telefon schweigen und ihren Vater konsterniert fragen: »Seit Anfang April? Aber warum sagst du uns denn nichts?«

»Weil ich euch nicht noch euren zweiten Traum zerstören wollte«, würde Lena antworten. »Euer großer Traum ist es gewesen, dass ich Ärztin, Rechtsanwältin oder wenigstens

Lehrerin werden würde, so wie ihr. Der andere Traum war eure große Reise. Die sollt ihr genießen.«

Jemand kam ins Zimmer. Tim war es nicht, das spürte sie und hörte es an der Art und Weise, wie diese Person sich bewegte. Leise und unauffällig, als wäre sie nur halb da.

»Hi, Lena. Hallo, Vater.«

Sie drehte sich um. Ricky ging zum Tisch und legte die Hände für einen kurzen Augenblick auf die Schultern seines Vaters. »Happy Birthday.« Lena fühlte ihre Mundwinkel zittern, als sie versuchte zu lächeln. Ricky sah so anders aus als Tim. Für Brüder hätte man sie nicht gehalten.

Sie setzten sich, und Walter sah von ihr zu Ricky und ließ dann den Kopf wieder sinken. Vier Tassen und eine Thermoskanne standen bereit. Ricky faltete die Hände vor sich auf dem Tisch und wartete. Auf was, fragte sich Lena. Wusste er mehr über Tim als sie? Dann kam er ihr zuvor.

»Mein großer Bruder hat also mal wieder keine Zeit und schickt stattdessen diesen Präsentkorb?« Er nickte dem Plastikgebilde auf dem Stuhl zu. Lenas Hoffnung zerbarst augenblicklich in tausend Stücke. Entweder war Tims Verschwinden eine grandios inszenierte Show, in der alle auf der Welt – außer sie selbst – wussten, was gespielt wurde, und auch Ricky mimte seine Rolle perfekt. Oder aber Tim hatte wirklich keine Menschenseele eingeweiht.

Sie faltete ebenso die Hände auf dem Tisch und sah in Rickys zusammengekniffene Augen. »Ich glaube, er hat mich verlassen«, sagte sie.

Ricky beugte sich ein Stück vor. »Was?«

Seine Verblüffung war vollkommen echt, das spürte sie. Lena hatte weder Lust noch Zeit noch Kraft, um die Sache herumzureden. Sie würde gleich alles auf den Tisch packen, es hinter sich bringen. »Tim ist weg, verschwunden, hat sich in Luft aufgelöst. Vor ein paar Wochen schon, von heute auf morgen.

Niemand weiß, wo er ist. Er hat geschrieben, ich solle ihn nicht suchen.« Sie hörte sich sprechen, als wäre sie eine andere, und es war ungeheuerlich, was sie da hörte. Jetzt wusste sie, warum sie darüber mit anderen so wenig wie möglich reden wollte: Unausgesprochen hatte die Tatsache, dass es so war, wie es war, weniger Macht.

Walter stieß einen seltsamen Ton aus. Verstand er, was hier gesprochen wurde? Sie schämte sich plötzlich, weil sie nur von sich redete. »Wie geht es eurem ... deinem Vater eigentlich?«, fragte sie. »Seit ich hier bin, rührt er sich kaum.«

Ricky sah seinen Vater emotionslos an. »Das ist alles, was von ihm übrig geblieben ist. Sprechen kann er schon lange nicht mehr. Bald wird er nur noch liegen, und irgendwann kann er nicht mehr schlucken, und dann wird er sterben. Schwerste Demenz. Als wollte er vergessen, was er getan hat.«

»Psst«, machte Lena erschrocken. »Was ist, wenn er alles versteht?«

Ricky verzog das Gesicht. »Das glaube ich nicht. Und wenn – ich konnte mich damals auch nicht wehren. Jetzt geht es ihm genauso. Ich weiß noch nicht mal, warum ich ihn überhaupt besuche. Eigentlich ist er für mich gestorben.« Nun huschte ein schmerzlicher Ausdruck über sein Gesicht. »Tim hat dich also auch verlassen?«

»Wieso auch?« Kerzengerade saß sie da. Vielleicht würde der Besuch tatsächlich etwas Licht ins Dunkel zu bringen, in dem sie seit Wochen hilflos herumtappte.

Rickys eben noch kummervolles Gesicht glättete sich wieder. Innerhalb einer Sekunde sah er wieder gleichmütig aus. »Tim hat mich als großer Bruder beschützt, solange wir zusammenlebten. Das vergesse ich ihm nie. Aber irgendwann war er fort und ich erst dreizehn. Es war schlimm. Ich war nicht so kräftig und viel schmächtiger als Tim.«

Lenas Herz schlug bis zum Hals. »Was ist passiert?«

Ricky schüttelte ungläubig den Kopf. »Er hat dir nie davon erzählt?«

»Er hat euch geschlagen.«

»Das ist eine schöne neutrale Beschreibung.« Ricky grinste schief.

Walter machte eine überraschend schnelle Bewegung mit dem Arm und legte den Kopf in den Nacken, starrte an die Decke. Als hörte er eben doch dem Gespräch zu …

»Er hat uns nicht nur geschlagen. Er hat uns gezeichnet, in grün und blau. Tim hat sich irgendwann gewehrt und manchmal auch Schläge für mich eingesteckt. Aber als mein Beschützer weg war, bekam ich's doppelt.«

Lena musste aufstehen. Sie ging zum Fenster, sah hinaus auf die roten Dächer der roten Backsteinhäuser.

»Erst wenn's blutig wurde, hörte Vater auf.«

Sie ballte eine Hand zur Faust und legte sie auf den Mund. Von Schlägen wusste sie. Von dem leeren Kühlschrank und vielen leeren Flaschen. Vom Ausmaß der Gewalt hatte sie keine Ahnung gehabt. Sie drehte sich wieder um. »Deswegen hattet ihr Brüder später so wenig Kontakt?«, fragte sie.

Ricky spielte nachdenklich mit der leeren Tasse auf dem Tisch, ließ sie hin und her kreisen. »Er hat mich alleingelassen, von heute auf morgen.« Er machte eine Pause. Wägte seine Worte ab. »Wie dich jetzt«, sprach er weiter. »Tim hat sich das damals wahrscheinlich nie verziehen. Wenn er vor sich selbst versagt, dann verkriecht er sich vor der Welt. So gut kenne ich ihn.«

Lena ging zu Ricky hinüber, blieb vor ihm stehen. »Warum, meinst du, hat er *mich* verlassen?«

Ricky hielt ihrem Blick stand. »Total überrascht bin ich nicht. Irgendwas war bei euch eben los, etwas, das nicht zu seinem tollen Selbstbild gepasst hat. Du musst eure Konflikte doch besser kennen. Er kann viel weniger verkraften, als andere vermuten, der große, starke Tim.«

Lena hatte die Hand immer noch zur Faust geballt und löste die verkrampften Finger. Als Erstes fiel ihr etwas völlig Absurdes ein. Ihr letzter Abend! Tim hatte nicht mit ihr schlafen wollen oder können, eigentlich das erste Mal in ihrer siebenjährigen Beziehung. Doch das konnte nicht die Antwort auf Rickys Frage sein. Deswegen ließ ein Mann doch nicht seine künftige Braut und seinen Sohn zurück! Und doch. Die Sache hatte einen wahren Kern. Hatte sie ihn zu sehr unter Druck gesetzt? Schon wieder so eine Frage! Sie hatten beide viel zu wenig über ihre Gefühle gesprochen. Wenn Tim etwas störte, wurde er schnell wütend, und er rang um seine Fassung, um nicht zu laut zu werden. Dann packte er seine Tasche und musste plötzlich auf eine unvorhergesehene Dienstreise. Oder er machte eben eine gute Flasche Wein auf. Oder er klappte die Augen zu und sperrte Lena aus. Hatte er an ihrem letzten gemeinsamen Abend schon seine Entscheidung getroffen? Er hatte sie nur zärtlich gehalten, nichts weiter. Es war seltsam tröstlich im Nachhinein.

Ricky saß ruhig da, Walter sackte wieder zu einem Häuflein Mensch zusammen.

»Wann hast du Tim das letzte Mal gesprochen?«, fragte Lena.

»Ist noch nicht lange her. Ein paar Tage.«

»Ein paar Tage? Was hat er gesagt? Von wo rief er an?« Sofort war sie wieder völlig aufgeregt.

»Von weit weg, glaube ich. Ausland, sagte er nur. Er sagte, er werde heute nicht kommen.«

»Du wolltest nicht wissen, warum?«

»Ich will viel mehr wissen! Warum er mich damals im Stich gelassen hat. Ich meine … so radikal. Die wenigen Male, die wir uns noch gesehen haben, konnte ich ihn nie wirklich fragen, immer hat er mich abgewürgt. Ich wollte eine Aussprache mit ihm! Heute hätte ich ihm draußen vor der Tür die Meinung gesagt, endlich mal, und verdammt, er ist abgehauen, der feige Arsch!«

Lena fuhr hoch. »Die Nummer! Unter welcher Nummer hat er angerufen?«

Ricky schüttelte den Kopf. »Ohne Nummer. Und die alte Nummer funktioniert nicht mehr. Ich wollte dich heute fragen, was bei euch los ist. Jetzt weiß ich es ja. Tut mir echt leid. Vor allem für den Kleinen.«

Lena fühlte sich wie betäubt. »Glaubst du, Tim kommt zu mir zurück? Oder zu uns?«

Ricky schwieg eine Weile, und Walter sah irgendwo in die Luft. »Damals kam er nicht zurück«, sagte Ricky in das Vakuum des Augenblicks hinein. »Du wirst das schaffen, Lena, und vielleicht ist alles sogar besser so.«

Die Pflegerin erschien in der Tür. »Es gibt bald Kaffee und Kuchen für alle, dazu ein bisschen Musik«, sagte sie. »Zwei zusätzliche Gedecke im Gemeinschaftsraum?«

Lena stand schnell auf und musste sich einen Moment lang auf dem Tisch abstützen, um Kraft zu schöpfen. »Nein. Ich nicht. Ich muss … gehen.«

Die Pflegerin runzelte die Stirn. »Aber Sie sind doch gerade erst gekommen, den ganzen weiten Weg aus Berlin …«

Lena nahm den Strauß, den sie zur Seite getan hatte, und legte ihn vor Walter auf den Tisch. »Nur, um eben Blumen zu bringen.« Sie strich Tims Vater leicht über den Kopf, die Spinnweben fühlten sich tatsächlich so leicht und fein an, wie sie aussahen. »Was hast du nur getan«, murmelte sie. Dann streckte sie Ricky die Hand hin.

»Ich gebe dir Bescheid, wenn ich etwas von ihm höre, versprochen«, sagte er und hielt ihre Hand fest. »Aber aus eigener Erfahrung weiß ich, es könnte Jahre dauern, bevor Tim sich zurückmeldet.«

* * *

Lena zögerte ihre Rückkehr hinaus. Auf einem Parkplatz stellte sie den Sitz nach hinten und fiel in einen bleiernen Schlaf. Als sie wieder erwachte, brach die Realität schmerzhaft über sie herein. Ihr Körper war steif und ungelenk, und sie musste ein paar Schritte gehen, bevor sie ihn wieder ganz spürte und die Fahrt fortsetzen konnte.

Sie hatte das immer deutlichere Gefühl, etwas furchtbar falsch gemacht zu haben, konnte aber nicht begreifen, was es genau war. Außer, dass sie sich von Tim hatte mundtot machen lassen, immer wieder. Sie hatte es zugelassen, dass er Auseinandersetzungen und viele Fragen im Keim erstickte, hatte es versäumt, sich dem großen, starken, lauten Mann zu stellen, der auch mal Kind gewesen war. Tim und Ricky taten ihr unendlich leid, sie sah zwei verprügelte Buben vor sich, Blut, ihr Herz zog sich zusammen. Hatte Tim sie vielleicht gar nicht wirklich geliebt, weil er selbst nicht geliebt worden war? War das die einfache und schlimme Wahrheit, diese simple Milchmädchenrechnung, die sich in so vielen Büchern wiederfand? Hatte sie ihm nur den Rücken freigehalten für ein Leben im Erfolgsrausch, in dem er die Bestätigung suchte, die er von seinen Eltern nie bekommen hatte? War Tim nur wegen Luca bei ihr geblieben? Hatte er sie längst verlassen wollen, weil er dachte, Lena nicht zu genügen, weil, weil, weil …?

Wie in Trance fuhr sie zurück nach Berlin, immer auf der rechten Spur, sie hatte nicht einmal Kraft, andere Autos und Laster zu überholen. Leise schloss sie die Wohnungstür auf, Luca musste längst schlafen. Im Flur war es dunkel und ruhig, und sie hätte sich am liebsten einfach auf den Boden gelegt, so erschöpft fühlte sie sich. Der Kampf mit diesen unerbittlichen Fragen war so zermürbend! Wahrscheinlich würde sie ihn niemals gewinnen. Schon gar nicht, wenn Ricky recht hatte und

Tim für Jahre oder vielleicht für immer verschwunden blieb. Eine Tür öffnete sich ein kleines Stück, und Karlo kam maunzend auf sie zu. Sie beugte sich zu ihm hinab und streichelte das warme Fell, und innerhalb von Sekunden war ihr Gesicht tränennass. Sie hockte da und weinte.

Das Licht ging an, Hendrik war plötzlich bei ihr, zog sie nach oben und nahm sie in die Arme. Es war lange her, dass sie länger als ein paar Sekunden an der Schulter eines anderen Mannes als Tim gelegen hatte. Eine Weile standen sie so, und sie atmete Hendriks Geruch ein, warm, erdig, herb, angenehm.

»Komm«, sagte er, führte sie ins Wohnzimmer, dirigierte sie zum Sofa. »Erzähl.«

Er setzte sich neben sie, und sie lehnte sich leicht an ihn. Jetzt brauchte sie seinen Halt. Morgen wäre wieder alles anders, denn eigentlich hatte sich nichts verschlimmert, im Gegenteil: Tim lebte, endlich wusste sie es sicher. Ganz hatte sie den Zweifel, dass er sich vielleicht doch etwas angetan haben könnte, nie ablegen können, auch wenn sie seinen Abschiedsbrief hundertmal analysiert hatte und zu dem Schluss gekommen war, dass er einfach nur fortwollte. *Nur.*

»Er hat seinen Bruder von irgendwo weit weg angerufen«, erzählte Lena.

Hendrik nickte und wollte alles wissen. Sie wiederholte jedes Wort, das sie mit Ricky gesprochen hatte. Am Ende ließ sie sich gegen Hendrik sinken, hätte am liebsten den Kopf in seinen Schoß gelegt. Eine Atempause lang. Sie spürte, wie Hendriks Lippen einen zarten Kuss auf ihr Haar drückten, der alles und nichts bedeuten konnte. Eine ewige wundervolle Sekunde lang oder zwei. Es tat gut, und sie spürte ein kleines Feuer in ihrer Bauchgegend.

Alles kam immer mehr durcheinander. Sie richtete sich wieder auf. Plötzlich war da ein Plan, ein Einfall, ein Rettungsanker und eine Boje der Orientierung in dem wilden Ozean voll widerstrebender Gefühle, der ihr Leben seit ein paar Wochen war. Liebe und Hass, Wut und Erleichterung, Abschied und Neuanfang, Sehnsucht und Kontrolle.

Sie brauchte Zeit.

»Ich werde ein Jahr warten«, sagte Lena.

Wo Hendriks Lippen eben gewesen waren, spürte sie von einer Sekunde auf die andere die Kühle des Nichts, die Leere einer zurückgenommenen und viel zu früh abgebrochenen Liebkosung.

»Ein Trauerjahr. Wie eine Witwe«, fügte sie hinzu.

Hendrik bewegte sich nicht. Auf dem Schrank tickte die große Uhr. Noch lehnte sie leicht an ihm und spürte sogar die leise Vibration seiner Stimme in ihrem Körper, als er fragte: »Wenn er zurückkommen würde, wenn es jetzt klingeln und er vor der Tür stehen würde, was wäre dann?«

Es war eine gute Frage.

»Ich weiß es nicht genau«, sagte sie leise. »Ich weiß nur: Das Leben ist nicht fair. Glück und Liebe sind über die Erdkugel zerstreut wie ein Haufen Puderzucker, in den Gott hineingeblasen hat, einfach aus einer Laune heraus. Das habe ich so als Bild vor mir. Ich muss das alles in Ruhe verdauen.«

Langsam ließ Hendrik sie los, Zentimeter für Zentimeter. Einen Moment lang saßen sie still nebeneinander, hölzern, ratlos, was jetzt noch zu tun oder zu sagen sei. Hendrik stand auf. Die Uhr tickte stoisch vor sich hin, sie sagten sich Gute Nacht und bis bald, denn sie hatten ausgemacht, dass er mit Luca zum Fußballspielen gehen würde, und sie war sich sicher, Hendrik würde sein Wort halten. So wie sie sich sicher war, dass das Jahr ohne Tim und ohne einen anderen Mann vergehen würde, wenn auch sehr langsam.

TEIL 2: HERBST

Kapitel 10

Wettlauf mit der Seele

Hendrik schloss hinter sich das Tor und ging durch den Garten zum Eingang der Kita. Von der Rückseite des Gebäudes war fröhliches Geschrei zu hören, und aus der Tür trat ein Vater mit seinem rotznäsigen Kind auf dem Arm ins Freie. Der Knirps fasste dem Vater ins Gesicht, ein unbeholfenes Streicheln, und rief dabei begeistert: »Papa, Papa!« Hendrik hatte den anderen schon mal gesehen, er war etwa in seinem Alter, groß und schlaksig, und vielleicht würden sie mal ins Gespräch kommen. Dann würde er ihm dasselbe sagen wie auf dem Fußballplatz den anderen Vätern und Müttern: »Ich bin nur ein Freund der Familie.« Oder er würde zum Spaß mal sagen: »Ich bin der Ersatzpapa« und denken: Schön wär's. Seit fast vier Monaten holte er Luca einmal wöchentlich von der Kita ab, aber zum echten Ersatzpapa fehlte noch einiges. Trotzdem, wenn er sich für einen Augenblick vorstellte, er würde in diesem Leben wirklich noch Vater werden, dann kam es ihm einen Atemzug lang so vor, als wäre das Glück im Gesicht des anderen eben auch seines gewesen.

Er ging durch die Glastür und schaute sich im Vorraum um, wo die Garderoben waren, eine Menge Haken auf Augenhöhe der Kinder. Jedes Kind hatte sein Lieblingstier gemalt, das Bild über seinem Haken aufgehängt und sowohl den Tier- als auch den Eigennamen dazuschreiben lassen oder krakelig sogar selbst geschrieben. Sarah Kätzchen, Luisa Einhorn, Luca Löwe. Die meisten Kinder waren noch draußen, aber Hendrik kam immer etwas früher, wegen des Trainings. Eine der Erzieherinnen erschien mit Luca an der Hand, und er riss sich von ihr los und lief ihm entgegen. Außerhalb der Wohnung hatte Luca beide Ärmchen frei; Lena hatte ihm mühsam beigebracht, dass seine Löwen besser zu Hause blieben, wenn er in der Kita war. Hendrik umarmte Luca liebevoll. Von außen unterschied ihn nichts von dem richtigen Vater, den er eben gegrüßt hatte. Die Erzieherin nickte ihm zu, und Hendrik kniete sich hin, um Luca die Jacke anzuziehen. Er nahm den von Lena vorbereiteten Turnbeutel vom Haken und rief: »Los geht's!«

Draußen gingen sie Hand in Hand zum nahen Sportplatz, wo Hendrik bei einem der Fußballvereine im Prenzlauer Berg tatsächlich einen der begehrten Plätze im Bambini-Fußball ergattert hatte. In der Umkleide zog er dem Jungen die Sportsachen an und war zunächst wie auch die anderen Mütter und Väter damit beschäftigt, den Minikicker in sein Trikot und dessen zappelnde Füße in die Turnschuhe zu bekommen. Dichte Wolken waren aufgezogen, und das Training wurde kurzerhand in die Halle verlegt, was Hendrik lieber mochte, statt sich draußen die Beine in den Bauch zu stehen. In der Turnhalle konnten die Eltern wenigstens sitzen, wenn auch nur auf niedrigen Holzbänken wie Hühner auf der Stange. Hendrik nahm den Platz am äußersten Ende einer Bank und signalisierte damit allen: Ich möchte meine Ruhe. Er stützte seine Ellenbogen auf die Knie und beobachtete die Trainerin, eine drahtige mittelgroße Frau namens Carina mit raspelkurzen blonden Haaren und einer markanten Stimme, mit der sie sich gegen den Krach der Kleinen gut durchsetzen konnte.

»Wir wärmen uns auf mit dem Schneeballspiel!«

Die Kleinen jubelten, und jedes Kind bekam einen Schaumstoffball und durfte diesen auf die Trainerin werfen, die laut lobte, wenn sie gut getroffen wurde. Lächelnd stand sie in dem Hagelsturm aus Schaumstoffbällen. Hendrik sah abwechselnd zu Luca und zu ihr, wie sie ihren Körper geschmeidig bewegte. Auf einer ihrer straffen Waden prangte ein großes Tattoo, ihre Brüste drückten prall durch das tief ausgeschnittene Sportshirt, ihre Haut war gebräunt und glatt und …

Jemand setzte sich neben ihn. Ein Mann, das erkannte Hendrik aus den Augenwinkeln heraus.

»Die knackige Trainerin ist nicht zu haben«, sagte der Typ neben ihm, und nun drehte Hendrik leicht den Kopf und musterte ihn. Er kam ihm vage bekannt vor, wahrscheinlich hatten sie schon mal beim Training gemeinsam den Kindern zugesehen, aber ohne miteinander zu reden. »Dafür hat sie aber meine Frau schon mal angebaggert«, fuhr der andere fort. Er hatte ein raues Lachen, das jedoch vom Lärmpegel sofort verschluckt wurde, und er hielt Hendrik die Hand hin. »Bernhard.«

»Hendrik.« Er rührte sich nicht, und Bernhard nahm seine Hand wieder zurück.

»Welcher ist denn deiner?«, fragte sein ungebetener Gesprächspartner mit einem Nicken in Richtung der Kinder, und Hendrik stöhnte innerlich auf. Dummes Gelächter, ein genauso blöder wie indiskreter Kommentar über die Trainerin und eine völlige Ignoranz gegenüber seinem abweisenden Verhalten. *Zieh Leine!*, signalisierte Hendrik ihm überdeutlich, doch Menschen, die gegenüber nonverbaler Kommunikation blind und taub waren, wurde man so schnell leider nicht mehr los.

»Nummer drei«, sagte Hendrik knapp.

»Ach, der Kleine mit der Drei! Sieht dir gar nicht ähnlich. Haste noch mehr Nummern gezeugt?« Wieder dieses doofe Lachen.

Auf diese Art von kumpelhaftem Gespräch hatte Hendrik überhaupt keine Lust – fehlte nur noch eine Bierdose, die sein Sitznachbar gleich öffnen und ihm anbieten würde. Prost!

Er verzog keine Miene. »So lustig ist das für mich nicht«, sagte Hendrik. »Ich habe keine Kinder, das ist nicht meiner.« Am besten gleich raus mit der Wahrheit, manche fragten dann gar nicht erst weiter. Er verharrte mit den Ellenbogen auf den Knien.

»Oh«, sagte Bernhard und kratzte sich etwas verlegen am bärtigen Kinn. »Tut mir leid. Deswegen bist du so? Scheint schlimm für dich zu sein, habe ich recht?«

Hendrik starrte erst Bernhard und dann Carina an, die nun mit den Kindern die Bälle einsammelte und irgendetwas rief, was die Kleinen begeistert aufschreien ließ. Spaß stand in dieser Altersklasse an erster Stelle, und gleichzeitig sollten die Minikicker Zusammenspiel und Geschicklichkeit erlernen. Hendrik wollte einfach nur in Ruhe seinen Gedanken nachhängen, eingelullt in dieser Blase aus Turnhallengeruch, Kindergeschrei und Auszeit. Kein Laufen, kein Arbeiten, kein Alltag, kein Handy. Einfach nichts. Aber nun machte dieser bärtige Trampel ungefragt seine Kommentare, und einer davon traf ihn scharf im Innersten wie ein Giftpfeil. Hendrik wäre gern einfach rausgegangen, aber das konnte er Luca nicht antun. Der Junge brauchte Blickkontakt, Winken, Beistand und Aufmunterung. Hendrik musste etwas antworten, und er überlegte einen Moment, genervt und verunsichert zugleich. Ein Nein wäre auf jeden Fall gelogen gewesen und bei einem Ich-weiß-nicht hätte Bernhard bestimmt noch weitere Kommentare abgegeben. Hendrik entschied sich für ein kurzes und knappes: »Ja.«

Bernhard sah ihn betroffen an, was ihn nun völlig aus der Bahn warf.

Hendrik versuchte noch schnell, eine Folie über sein Gesicht zu ziehen, wie er es beim Job gelernt hatte, doch es misslang. Er hatte diesen Typ abwimmeln wollen, stattdessen entgleisten ihm die Gesichtszüge und drückten offen aus, was die Wahrheit war: Ja, es ist schlimm für mich.

Bernhard nickte. Klopfte ihm leicht auf die Schulter. »Mensch, kann ja noch werden. Ist echt das Schönste der Welt.« Dann erhob er sich und setzte sich woanders hin.

Hendriks Hände schwitzten, er wischte sie an der Hose ab, richtete sich auf und musste ein paar Mal tief atmen, um sich wieder einzukriegen. So schnell hatte ihn lange nichts mehr aufgewühlt, im Gegenteil, eine angenehme Routine hatte sich über den Sommer hinweg in die dahingehenden Tage eingenistet. Die Stelle in Hamburg hatte er nicht bekommen, so hatte er sich nicht einmal aktiv entscheiden müssen, und in das neue Projekt, das sein Chef ihm angeboten hatte, würde er sich langsam einarbeiten. Nachts war sein Schlaf tief und traumlos, er kümmerte sich einmal pro Woche um Luca, holte ihn von der Kita ab, brachte ihn zum Training und gab ihn dann meistens bei Lena an der Haustür ab. In wenigen Tagen war der Marathon, er lief die Strecke nun in vier Stunden, und er fühlte sich nach seinen Trainingsläufen angenehm erschöpft und beseelt. Alles war gut.

Nein, eben nicht. Durch all das ging plötzlich ein tiefer Riss, wegen ein paar Worten eines Fremden.

Der Lärm in der Turnhalle verebbte, die Kinder saßen nun im Kreis um die Trainerin, die eindringlich etwas erklärte. Bernhard hatte sich zu einer rothaarigen, sommersprossigen Frau gesetzt. Hendrik versuchte, sein plötzliches inneres Chaos in den Griff zu bekommen. Doch seine eigene Wahrheit stand gerade vor ihm wie ein riesengroßes Ausrufezeichen.

Nichts war gut!

Seit dem Tag bei Lena, als er sich verboten hatte, sich weiter in sie zu verlieben, hatte er nicht mehr richtig in den Spiegel geschaut. Den Spiegel hatte ihm der bärtige, laut lachende Bernhard mal eben vorgehalten. Darin sah er einen Mann, der sich von seinem sehnlichsten inneren Wunsch immer weiter entfernte, je mehr Zeit er verstreichen ließ: Wie gern, ach wie gern, hätte er Kinder und eine Familie gehabt! Und was tat er dafür? Nichts. Hamburg wäre eine Chance auf einen Neuanfang mit frischer Energie gewesen, er hätte dranbleiben sollen, und auch Liam hatte ihn bestärkt, es wäre der richtige Schritt, es gab noch viele andere Möglichkeiten in der Hansestadt zum Arbeiten – zum Sich-Verlieben. Lena hatte auch ohne Tim ihr Leben, hatte Luca, ihre Freundinnen und ihre Arbeit, wollte ein Jahr lang trauern – wo bitte blieb er selbst dabei?

Die Kinder waren wieder aufgesprungen. Luca rannte dem Ball hinterher, Hendriks Herz pochte im Hals. Manchmal bewirkten wildfremde Menschen oder ein Blitz am Himmel, dass die Steine, die man sich selbst in den Weg gelegt hatte und die auch mal zu Felsbrocken wurden, plötzlich in Bewegung kamen. Er sah zu Bernhard, der der Rothaarigen mit einem Seitenblick zu ihm vielleicht gerade erzählte, dass er gerade eine Begegnung mit dem unglücklichsten Menschen aus dem ganzen Kiez gehabt hatte. Hendrik wischte sich erneut die Hände an der Hose ab. Er war wie aus einem Tiefschlaf erwacht. Die Kinder schrien wieder durcheinander, es war plötzlich unangenehm. Die Blase, in der er sich während des Trainings immer befunden hatte, war zerplatzt, aber nicht nur die. Plötzlich konnte Hendrik es gar nicht erwarten, dass die Stunde zu Ende ging, als hätte er nach so langer Zeit untätigen Wartens keine Minute mehr übrig. Gleich heute würde er eine neue Weiche stellen und eben nicht erst in neun Monaten, wenn Lena ihr Trauerjahr beendete. Neun Monate, so lange dauerte eine

Schwangerschaft, in diesem Zeitraum entstand ein völlig neues Leben, und ein neues Leben wollte er endlich auch.

* * *

»Könnte ich kurz mit reinkommen?«, fragte Hendrik, als er Luca nach dem Training bei Lena ablieferte. Bis auf wenige Ausnahmen, wenn er einen schnellen Kaffee bei ihr getrunken hatte, war er immer sofort wieder gegangen. Wenn er blieb, erkundigten sie sich gegenseitig kurz danach, wie es dem anderen ging und ob es etwas Neues gab, ohne in die Tiefe zu gehen. Lena wirkte jedes Mal ausgeglichener, wenn er sie sah.

Sie sah ihn überrascht an. »Klar«, sagte sie. »Gern!«

Er nahm im Wintergarten Platz wie ein förmlicher Gast, trommelte mit den Fingern nervös auf die Tischplatte und wartete, bis Lena Luca in seinem Kinderzimmer versorgt hatte, damit sie eine Weile ungestört waren. Auf dem Tisch standen eine brennende Kerze und eine halb volle Teetasse – Lena hatte hier also eben gesessen, und er hätte gern gewusst, was sie gemacht oder worüber sie nachgedacht hatte. Er blickte durch die geschlossenen Fenster nach draußen, wo Connie mit Lila an der Hand über die Wiese lief und zu ihm hereinblickte. Sie formte die Hände zu einem Ball und fragte so, ob er vielleicht Zeit für ein Spiel im Garten hatte. Er schüttelte den Kopf und dachte gleichzeitig: Kindertrainer. Das hätte ihm richtig Spaß gemacht. Plötzlich dehnte sich der Zweifel, der vorher in der Turnhalle über ihn gekommen war, auch auf seinen Job aus. Er hatte das Architekturstudium begonnen, weil er das Fach interessant fand, aber er hatte nie dafür gebrannt. Er ging nicht ungern ins Büro, aber selten begeistert, er hatte getan und tat, was von ihm verlangt wurde. Und jetzt, da er sich in das neue Prestigeprojekt voll und ganz hätte einbringen können, ein Glitzerhotel im Herzen der Hauptstadt, hatte er nur halb zugegriffen. Statt sich zum ersten Projektleiter machen zu lassen, wollte er erst einmal nur zuarbeiten, zunächst für ein halbes Jahr, weil er eben doch um seine freie Zeit fürchtete. Jens hatte sich stirnrunzelnd darauf eingelassen. In einem halben Jahr wollte er dann allerdings wissen, ob Hendrik für das Projekt brannte oder nicht.

Er starrte in die Kerzenflamme. Diese Frage: Für was brannte er? Das Einzige, was ihm einfiel, war der Marathon, das Rennen, in dem er vor dem Rest seines Lebens davonlief. Vor der Unfähigkeit, aktiv nach einer neuen Partnerin zu suchen. Aber im Wald würde er seine Traumfrau nicht finden, auch nicht in seinem Büro und wahrscheinlich auch nicht beim Kinderfußballtraining. Seine Traumfrau versteckte sich auch nicht unter seinem Bett oder im Schrank. Seit Bernhard ihn aus seiner Trance gerissen hatte, kreisten seine Gedanken mit schmerzender Heftigkeit um die Frage, wo er eigentlich hinsteuerte in diesen kostbaren Jahren seiner Dreißiger. Hendrik wollte kein alter Vater werden, er hatte selbst einen. Der Altersunterschied bei seinen Eltern betrug fast zwanzig Jahre, sein Vater war achtzig und seine Mutter war überwiegend mit dessen Pflege beschäftigt, opferte sich auf von früh bis spät. Ein- bis zweimal im Monat fuhr Hendrik zu ihnen nach Dahlem, schleppte seinen Vater, der in zittrigen Minischritten ging, einmal um den Block, und die Gespräche drehten sich um Arztbesuche, Blutwerte, Schwächeanfälle. Sein Vater hatte früher selten mit ihm Fußball gespielt oder getobt. Viel öfter hatte er Rückenschmerzen gehabt. Nein. Selbst vierzig war schon zu alt, um sich an die Familiengründung zu machen. Und wenn er schon morgen eine Frau fände, konnte er sie ja nicht gleich am nächsten Tag schwängern und davon ausgehen, dass schon alles irgendwie gut gehen würde. Er wollte die Frau, die vielleicht die Mutter seiner Kinder werden konnte, vorher eine gute Weile kennen. Es brauchte Zeit, Zeit, Zeit …

Hendrik sah auf seine Finger und befahl ihnen, ruhig zu sein. Er hörte Lena in der Küche mit Geschirr klappern, etwas flog scharrend gegen die Scheibe, er zuckte zusammen und sah, wie Connie mit Lila schimpfte, die offenbar Erde in seine Richtung geschleudert hatte. Entschuldigend hob die Nachbarin die Hand, dann verschwanden ihr runder Hintern und die Kleine um die Ecke. Dieses Mal hatte die Nachbarin anders ausgesehen, irgendwie besser, schlanker, attraktiver … Hendrik stöhnte innerlich auf. Erst konnte er die Augen nicht von Carina nehmen, nun starrte er Connie hinterher und von Lena ganz zu schweigen. Langsam aber sicher tat ihm seine sexuelle Abstinenz nicht mehr gut. Da musste sich zuerst etwas ändern, und zwar bald.

Er wischte sich die Hände an seiner Trainingshose ab und suchte nach Worten für den richtigen Gesprächsanfang. Er fand keine.

Lena kam, stellte Kaffeetassen hin, setzte sich ihm gegenüber und sagte: »Na.«

Er sagte: »Lena.«

Da merkte sie offenbar, dass er nicht übers Fußballtraining oder das trübe Wetter sprechen wollte. Sie strich sich eine Locke aus dem Gesicht, und ein paar Sekunden sahen sie sich in die Augen. Er hätte in ihren versinken können, in dem Dunklen, Geheimnisvollen, Warmen. Er sah eine wunderschöne Frau, die durch die neue ernste Lebenssituation reif geworden war. Das Unsichere, Unechte, Aufgesetzte war aus ihrem Gesicht verschwunden, und es hatte nicht nur damit zu tun, dass sie sich weniger schminkte. Er atmete ihre Schönheit ein, und er war unfähig, nach der Tasse zu greifen, wollte den Blickkontakt nicht unterbrechen. Und Lena, was sah sie in ihm? War er für sie nur Tims alter Freund, eine Brücke zu diesem Verlust? Oder war er für sie das, was sie in seinen Augen mehr und mehr wurde: ein eigenständiger Mensch? Sie war nicht mehr Tims

Anschaffung, so wie der sich viele Sachen angeschafft hatte, für sein tolles besseres Leben, das er einfach zurückgelassen hatte wie ein Ding, das er nun nicht mehr haben wollte, das ihn nicht mehr interessierte. Immer noch suchte Hendrik nach Motiven für Tims Flucht, immer noch hatte er gehofft, selbst einen Brief zu bekommen oder einen Anruf. Nichts.

»Wer bin ich für dich?«, fragte er Lena. Er musste es wissen, jetzt, und nicht erst in ein paar Monaten.

Lena holte schon Luft, um zu antworten, doch dann kniff sie die Augen zusammen, als müsste sie erst einmal genau hinschauen, wer ihr da gegenübersaß. »Ein Freund«, sagte sie nach ein paar weiteren Sekunden, in denen es Hendrik heiß wurde und Lena vielleicht auch, weil solche Blicke Hitze erzeugten, so war es nun mal zwischen Mann und Frau, wenn etwas zwischen ihnen laufen konnte. Konnte.

»Ein Freund«, wiederholte er neutral und tonlos, genauso, wie sie es gesagt hatte.

Es klang ziemlich dünn, und sie merkte es auch. »Ein Freund der Familie«, präzisierte sie, und das letzte Wort sprach sie warm und weich aus: Familie. Als Lena ihn wieder ansah, war sie traurig geworden.

»Welcher Familie?«, fragte er.

»Luca mag dich sehr gern«, antwortete sie.

Er sah auf ihre Hände, die Fingerkuppen waren heil. Zeit war vergangen, die von Tim geschlagene Wunde war auch bei ihr nicht mehr ganz frisch. In der Turnhalle war ihm schlagartig klar geworden: Es ging jetzt nicht mehr allein darum, Tim diesen Gefallen zu tun und Lena und Luca beizustehen. Es ging auch um ihn.

»Du warst Tims einziger richtig guter Freund«, sprach sie weiter. »Oder bist du sogar immer noch sein bester Freund?« Wachsam sah sie ihn an und hatte blitzschnell das Blatt gewendet, als müsse er sich nun für irgendetwas rechtfertigen.

»Ich habe dich zuerst etwas gefragt.«

Sie sah ihn skeptisch an. »Ich weiß nicht, ob ich deine Frage richtig verstanden habe.«

»Und ob. Du redest von Tim und Luca, aber nicht von dir. Wer bin ich für dich?« Hendrik sprach atemlos. Tatsächlich war er es nicht gewohnt, eine Antwort derart einzufordern. Viel zu nachgiebig, so hatte Hanna ihn bezeichnet, wenn er in Diskussionen nicht auf sein Rederecht beharrte oder sein Ziel aus den Augen verlor, weil andere schneller, lauter und aggressiver waren als er. Jetzt würde er das Ziel, eine ehrliche Antwort, nicht so schnell aufgeben. War er nur Onkel und Seelentröster oder bedeutete er Lena auch ungeachtet der beschissenen Geschichte mit Tim etwas mehr?

»Nun, ich denke, wir beide sind erst jetzt in dieser schwierigen Zeit Freunde geworden, oder nicht?«, antwortete sie ausweichend.

Hendrik ließ kurz den Kopf hängen. Diese Aussage bedeutete rein gar nichts. Er beugte sich ein Stück vor und fasste nach ihren Händen. Sie waren kühl, seine heiß. »Lena«, sagte er, als würde er mit der Wiederholung ihres Namens allein die Antwort erhalten, die er sich wünschte. *Nicht nachgeben.* »Ich wollte dir beistehen, ich will dir beistehen, ich will euch beistehen«, sagte er. »Aber es könnte auch mehr sein, mehr werden als nur Freundschaft.« Nicht stehen bleiben, weiter, immer weiter, wie beim Laufen. »Ich möchte wissen, ob du so etwas auch manchmal denkst. Spürst. Fühlst.« Wow, er hatte einen Spurt Richtung Ziel hingelegt, und das auf einer Klippe, er hätte leicht ausrutschen und tief fallen können. Denn was wusste er schon von Frauen, wenn er nach so vielen Jahren mit Hanna nicht gemerkt hatte, dass sie ihn nicht mehr wollte? Was also wusste er schon von Lena nach so kurzer Zeit? Konnte sie Signale aus der Welt, in der es Tim nicht mehr gab, überhaupt schon empfangen? Was war denn schon zwischen ihnen passiert? Nichts als ein paar nahe Momente, als sie verzweifelt und haltlos war.

Aber gerade deswegen, er musste es wissen!

»Wenn ich dir keine richtige Antwort geben kann, kommst du dann nicht mehr?«, fragte sie vorsichtig.

Hendrik nahm seine Hände zurück, ihre Finger glitten leicht aus seinen. Er hatte den Hauch Angst in ihrer Stimme gehört, und das war das Letzte, was er wollte: ihr Angst machen, sie unter Druck setzen. Trotzdem. *Nicht aufgeben.* Nicht kurz vor dem Ziel. »Sag mir, wer ich für dich bin, dann beantworte ich auch deine Fragen.«

Die Stille um sie herum wurde laut.

Lena konnte nicht mehr ausweichen, und er registrierte, dass sie damit kämpfte, nicht einfach aufzustehen oder zu sagen: Der Kaffee wird kalt.

»Ich denke darüber nicht nach. Ein Jahr wollte ich warten, einfach genau deswegen, um darüber nicht nachzudenken.«

Wieder so eine zweideutige Antwort. Oder war er zu dumm, um sie richtig zu verstehen? Wahrscheinlich wartete sie tatsächlich, wie angekündigt, noch auf ihren Fast-Ehemann, und Hendrik war übers Ziel hinausgeschossen. Er wollte nicken, aufstehen, aufgeben, da war sie es, die plötzlich ihre Federfinger in seine legte.

»Ich möchte dich nicht missen.«

»Wegen Luca.«

»Nicht nur.«

Sie drückten sich gleichzeitig die Hand, eine Geste, die ihm Mut machte, um weiterzusprechen. »Ich bin so lange schon allein«, sagte Hendrik. »Ich habe Hanna verkraftet. Aber nun noch mal fast neun Monate warten, und dann, weißt du denn dann, wie es weitergeht?«

»Ich weiß gar nichts mehr genau, vielleicht werde ich nie wieder etwas genau wissen, nach allem, was passiert ist.«

»Du und ich, wir sitzen in einem Boot«, sagte Hendrik, weil Lena genau auch von seiner Erfahrung sprach. Sie war viel weniger allein, als sie dachte. »Hanna lebt zwar in Berlin, ich könnte sie jederzeit anrufen, aber sie hat meine Welt damals einfach eingerissen und ist gegangen.«

»Ich habe immer noch so viele Fragen …«

»Wir müssen nach vorne sehen. Dummer Spruch, aber wahr«, sagte er.

Sie zog langsam ihre Hand zurück und versuchte ein Lächeln. »Ich kann dir noch nicht viel sagen, aber vielleicht solltest du etwas wissen: Neun Monate sind es nicht mehr. Nur noch sechs.«

»Aber du hast dein Trauerjahr Ende Mai angekündigt …«

Nun lachte sie, vielleicht weil er den Zeitpunkt aus dem Gedächtnis blitzschnell parat hatte. Oder sie lachte, weil es verrückt war, über so etwas zu verhandeln. Als könnte sie genau sagen, was sie in ein paar Monaten fühlte, wenn sie es jetzt noch nicht wusste.

Abrupt wurde Lena still und wischte sich eine Träne fort, eine Lach- oder eine Trauerträne, er verstand einfach gar nichts. »Es zählt der Tag des Briefs und seines Verschwindens, seitdem zähle ich die Wochen«, murmelte sie. »Die Hälfte ist nun also fast um. Wie die Zeit vergeht.«

* * *

Morgennebel lag über der Stadt und der Himmel war noch grau. Um den Hauptbahnhof herum strömten die Läufer zusammen und ballten sich wie Bienen um einen Bienenstock. Fremde Sprachen überall, ein einziges Gesumm. Hendrik tauchte ein in die flirrende Aufregung, die alle mitriss in den Strom, der nur eine Richtung kannte: loslaufen und dabei sein beim Berlin-Marathon! Start war auf der nahen Straße des 17. Juni, mit dem Brandenburger Tor im Rücken. Das Wahrzeichen der Stadt war zugleich das Ziel. Hendrik wollte mit neuer persönlicher Bestzeit durchlaufen, erschöpft und glücklich, es wäre sein ganz persönlicher Gewinn. Er sah auf die Uhr, während der Pulk ihn vorwärts in den Startbereich trieb. Noch eine gute Stunde, und er wollte sich unbedingt im ersten Drittel seines Blocks positionieren. Heute würde er alles geben!

Es war zwanzig nach acht. Ein Wind ging, er fröstelte, trug nur ein Shirt über seinen Laufsachen und alles, was er sonst brauchte, am Körper. Wie viele andere Läufer würde er sein Shirt kurz vor dem Start zu den anderen Tausenden im letzten Moment ausgezogenen Kleidungsstücken werfen, die für den guten Zweck gesammelt wurden. Lena hatte angekündigt, irgendwo in der Mitte der Strecke mit Luca zu stehen und ihn anzufeuern. Fast ständig dachte er an sie. Nach dem Gespräch im Wintergarten hatten sie sich ein paar Sekunden lang ruhig umarmt. Mehrfach hatte Hendrik seitdem Lenas Worte analysiert, hatte Andeutungen dafür gefunden, dass es vielleicht in nicht allzu langer Zeit eine reelle Chance für sie beide gab – und vor allem, dass es okay war, davon auszugehen, Tim wäre aus ihrem Leben verschwunden. Ein halbes Jahr, das sie noch warten wollte: Es passte genau zum Angebot seines Chefs, der gesagt hatte, in einem halben Jahr würden sie weitersehen. Dann hieß es wirklich gehen oder bleiben. Mit diesem Wenn-dann konnte er leben, alles fügte sich jetzt wieder gut zusammen, nachdem er das ehrliche Gespräch mit Lena geführt hatte.

Das Telefon vibrierte in seiner Gürteltasche, wer rief denn jetzt an? Mit allen, die sich für seine Laufleidenschaft interessierten, hatte er am Tag zuvor gesprochen. Hendrik hatte das Handy außerdem nicht zum Telefonieren dabei, sondern wegen seiner Lauf-App, und um vielleicht ein paar Fotos zu machen.

Es war eine ihm unbekannte Nummer, die auf dem Display erschien. »Hallo?«, meldete er sich knapp.

»Äh ... ist da Hendrik?«

Eine Frauenstimme, die er nicht kannte. »Ja?«

»Äh ... es ist ein bisschen kompliziert. Ich heiße Janine. Ich rufe aus Dresden an, und ich suche Tim. Tim Löwenhaupt. Du kennst ihn doch, oder? Darf ich überhaupt Du sagen, ich meine, ich kenne Sie ja nicht, und ich bin ganz durcheinander, wusste nicht, ob ich anrufen kann oder soll. Tims ganzes Leben war schon immer ein Buch mit sieben Siegeln für mich, aber hin und wieder hat er mal deinen Namen genannt, deswegen. Oder Ihren Namen.«

Der Redeschwall nahm Hendrik fast die Luft weg. »Deswegen was?«, fragte er als Erstes.

»Na ja, ich habe ewig überlegt, ob ich wirklich anrufen soll, aber nun konnte ich ein paar Nächte nicht mehr ruhig schlafen, ich musste es jetzt einfach tun, so geht es nicht weiter. Aber vielleicht habe ich Sie ja geweckt, ich meine: dich?«

Hendrik blieb stehen, wurde angerempelt, mitgezogen mit dem Strom. Er war gerade auf der Brücke über der Spree angekommen, und er hielt sich am Geländer fest, um nicht unterzugehen in der Flut. Eine Spur zu Tim! So viel verstand er sofort. Fremde Körper drückten sich an ihn, jemand trat ihm auf den Fuß, er ließ das Geländer wieder los und wurde vom Strom weitergetrieben. Dabei drückte er das Handy fest ans Ohr und fragte: »Wer bitte ist da?«

»Janine heiße ich. Wir kennen uns noch nicht, und ... ich bin einfach verzweifelt. Ich durfte ja kaum etwas von Tim wissen, aber ich kann einfach nicht mehr. Ich meine, er hat hier einen Sohn, das geht doch nicht, dass er einfach verschwindet und nicht mehr wiederkommt.«

»Verdammt, sprechen Sie Klartext!«, rief Hendrik, denn er verstand kein Wort von dem, was die Stimme da erzählte.

Sie klang jung und unbeholfen. Und die Unbekannte rief ausgerechnet jetzt an, wo er überhaupt keine Zeit hatte und sich konzentrieren wollte. »Wer sind Sie?«

»Die Mutter seines Sohns, hier in Dresden. Ich suche Tim dringend.«

»Seines Sohns?«

»Ja.«

»Tim hat einen Sohn in Dresden?«

»Hallo? Ja, das habe ich doch nun schon dreimal gesagt. Hat er wahrscheinlich nie erzählt, kann ich mir schon denken. Aber so geht's nicht. Ich bin die Mutter, ich heiße Janine, und ich muss mit Tim reden. Bitte, können Sie mir helfen?«

»Wie kommen Sie gerade auf mich?«

»Es ist die einzige Nummer, die ich aus seinem Umkreis kenne. Ich habe sie mal ... zufällig herausgefunden. Ist doch jetzt egal: Sie kennen Tim, Sie wissen, wo er ist, wie ich ihn erreichen kann? Bitte helfen Sie mir! Er hat sich monatelang nicht gemeldet.«

Ein Laternenpfahl vor ihm war eine rettende Insel, und Hendrik presste sich gegen das kalte Metall. »Ja, ich kenne Tim gut«, sagte er und zuckte zurück, weil die Stimme sofort laut und schrill in sein Ohr kreischte: »Ein Glück!«

Dann brach die Anruferin in Tränen aus.

Um ihn herum wurde das Gedränge und Getöse mit jeder Minute dichter und lauter. »Tut mir leid«, rief Hendrik ins Telefon. »Im Moment kann ich nicht sprechen, und ich weiß auch nicht, wo Tim steckt. Ich rufe aber zurück, dann reden wir in Ruhe.«

»Wann?«, weinte die Anruferin ins Telefon, als wäre sie am Ertrinken und nur er könnte sie retten. »Bitte, können Sie mich heute noch zurückrufen?« Es klang abgrundtief verzweifelt.

»Ich schaue, was ich tun kann. Ich muss jetzt auflegen. Tschüs dann.« Hendriks Hals war eng. Er ließ den Laternenpfahl los und trieb einen Augenblick wie betäubt mit der Menge weiter. Doch das konnte und durfte nicht sein, er hatte nicht Hunderte von Stunden trainiert, um jetzt elend abzusaufen. Er schrie: »Verdammt!«, und ein paar Köpfe drehten sich zu ihm. Dann war wieder jeder mit sich selbst beschäftigt. Konzentriere dich, befahl er sich und holte all seine Aufmunterungsformeln hervor. Die Macht des Augenblicks, die vierzigtausend angespannte Läufer erzeugten, war groß, und der Anruf verblasste wie eine Traumsequenz.

Wenig später war sein Block startklar, er hatte eine passable Position. Die Teilnehmer um ihn herum scharrten mit den Schuhen auf dem Asphalt. Irgendwo gab es einen Knall, die Menge johlte und klatschte, Luftballons stiegen in weiter Entfernung verschleiert durch den Morgennebel als verwaschene bunte Flecken in die Luft. Die Elite, flinke Marathonis und Laufprofis aus der ganzen Welt, war schon mal gestartet. Die Sache ging los, und bald lief auch er. Sein Körper tat, was er zu tun hatte, doch etwas war anders als sonst, Hendrik steckte irgendwie gar nicht richtig drin. Er rannte von Beginn an ziemlich schnell, statt seine Kräfte zu schonen, wie er es sich für die erste Hälfte vorgenommen hatte, und da war wieder das drängende Gefühl, vor etwas davonzurennen. Aber nicht mehr vor Hanna. Sie war irgendwo unter den Teilnehmern, und es war ihm egal. Selbst wenn er sie sähe, na und?

Na und? Dieses *Na und* hallte in ihm nach wie die tausendfach auf der Straße aufprallenden Schritte um ihn herum. Wie seltsam, plötzlich frei von dieser alten Last und Bürde einer verflossenen Liebe zu sein! Doch die Erkenntnis blieb abstrakt. Es gab in diesem Moment weder den inneren Raum noch die Zeit, um dem nachzuspüren.

Sein Körper war von Adrenalin geflutet, er rannte und funktionierte wie ein Roboter, bewegte sich ferngesteuert. Das ganze Jahr hatte er auf diesen Vormittag hingearbeitet, hatte den

Lauf zum Mittelpunkt seines Lebens gemacht – und nun war er wie aus sich selbst herauskatapultiert. Hendrik fühlte sich wie im falschen Film, weil er sich wünschte, der Anruf wäre ein Irrtum gewesen oder ein Tagtraum. Mit voller Wucht kam das Telefonat in sein Bewusstsein zurück.

Hendrik rannte noch schneller. Die Anruferin konnte also zu Tims Geheimnis führen. Ein Geheimnis musste Tim schließlich haben, sonst wäre sein Freund nicht einfach vom Erdboden verschluckt worden, sonst hätte er etwas mitbekommen von dessen Plänen und Gründen. Was, wenn sich Tim eben doch noch finden ließ? Hendrik war völlig durcheinander. Statt sich darüber zu freuen, statt zu hoffen, seinen Freund vielleicht wiederzufinden ... Schon kam der nächste dunkle Gedanke heran. Was, wenn er Lena von dem Anruf einfach nichts erzählte, auch zu ihrem eigenen Schutz? Vielleicht war diese Janine nur eine Spinnerin, ein bisschen so hatte sie geklungen. Sofort wollte er die Überlegung, Lena nichts von dem Anruf zu sagen, verwerfen. Es wäre nicht fair, und doch ließ sich der Gedanke nicht abschütteln, weder nach einer halben Stunde noch nach zehn Kilometern.

Durst. Jetzt erst bemerkte er ihn, und an der nächsten Getränkestelle riss er einen bereits gefüllten Becher an sich, trank, warf ihn weg.

Weiter, immer weiter! Dicht gedrängtes Publikum säumte die Strecke, die Zuschauer jubelten, winkten, riefen Namen.

Es Lena nicht sagen und die Anruferin abwimmeln ...

Er schwitzte stark und checkte auf dem Handy seine Kilometerzeit. Sie war super, und sie bedeutete ihm nichts. Er rannte fast mühelos, und er spürte es jetzt ungefiltert, ausgerechnet jetzt: Er war nicht nur ein bisschen verliebt. Es war schon viel mehr.

Er fingerte ein Energie-Gel aus der Tasche, riss die Packung auf, schlang es hinunter, eklig süßer Geschmack. Schaffte es, eine Weile nicht zu denken, konzentrierte sich auf Atem und Schritt, Schritt und Atem, *ich schaffe das, ich kann das, ich will das.*

Er fixierte einen Knackarsch vor sich, gebräunte gestählte Beine. Dankbar sollte er für diesen Anruf sein, der ihn aufweckte aus seinem Dämmer und seinem Wunschtraum, in einem halben Jahr werde sich schon alles weisen. Er war ein heilloser Träumer. So zu tun, als hätte es den Anruf nie gegeben, eine Frau, die verzweifelt Tim suchte und weinte, völlig absurd. Da musste er mindestens einmal am Stück um die ganze Erde laufen, um diese neue Tatsache verdrängen zu können. Nun lachte er auf, verspottete sich selbst über diesen billigen Versuch, sich und den Rest der Welt zu täuschen.

»Hendrik, Hendrik!« Es war Lenas Stimme.

Er sah nach links und entdeckte sie sofort mit Luca auf dem Arm, beide winkten und lachten, und er strauchelte fast, weil er diese beiden Menschen, die er gerade anfing zu lieben, schon wieder freigeben musste.

Der Rest des Laufs war nur noch eine Kulisse aus lärmenden Menschen, schwitzenden Läufern, einem aufreißenden Himmel, blendender Sonne, zunehmenden Schmerzen in den Beinen und im Rücken. Das zermürbende Tief, das ihn und viele Läufer um Kilometer dreißig herum überkam, die Zerreißprobe zwischen Aufgeben und Weitermachen, war nichts gegen den quälenden Gedanken, Lena, egal wie er sich verhielt, schon wieder verloren zu haben.

Er unterbot die Leistung aus seinem Training. Er lief seine absolute Bestzeit. Kippte keuchend zwei Becher alkoholfreies Bier in sich hinein, das die glückstaumelnden Teilnehmer am Ende gereicht bekamen. Jemand hängte ihm eine Medaille um. Er schleppte sich erschöpft mit unzähligen anderen stöhnenden und humpelnden Läufern in die U-Bahn, fuhr nach Hause, legte sich aufs Bett und ließ die Tränen laufen.

KAPITEL 11

DIE SCHATTENFAMILIE

Lena lief mit dem Staubtuch durch die Wohnung und wischte über bereits blitzblanke Flächen. Beim Saubermachen entstanden oft ihre besten Ideen, und sie dachte seit über einer Stunde über den neuen Wochenspruch nach, den sie am Tag zuvor mit Tinka und Marlene entwickelt und auserkoren hatte. Immer wieder sah sie auch aufs Telefon, gefühlte Hunderte Mal. Wie im Frühling, doch etwas war grundlegend anders. Heute verkrampfte sie sich nicht, wenn sie eine Nachricht empfing. Ihre Hände blieben ruhig, wenn sie nachsah, wer ihr geschrieben hatte. Sie erwartete keine Botschaft mehr von Tim. Ihre Gefühle hatten sich verändert, und sie veränderten sich immer noch. Aus dem ersten Schock war tiefer Schmerz geworden, dann war die Wut gekommen und dann die Trauer. Seit einer Weile legte sich eine fast angenehme Neutralität über sie wie ein vor Kälte schützender Mantel, wenn sie an Tim dachte. Als wäre ihr Ex ein Fremder. *Mein Ex.* Es klang genauso fremd wie *mein Mann.* Nachts ließ sie die Frage, wie sehr sie Tim überhaupt geliebt hatte, kaum einschlafen. Hatte er sie mit all dem Luxus, den er ihr so großzügig bot, eingefangen und vernebelt? Es konnte so gewesen sein. Entsetzen und Fassungslosigkeit über seinen brutalen Schnitt, mit dem er ihr gemeinsames Leben beendet hatte, waren wie grelle Farben bei zu oft und zu heiß gewaschener Wäsche verblasst; die Erde drehte sich einfach weiter. Und seit dem Gespräch mit Hendrik im Wintergarten konnte sie sich sogar vorstellen, irgendwann wieder glücklich zu werden, und das nicht als Nonne. Sie würde einen anderen Mann küssen und mit ihm schlafen. Konnte es der beste Freund von Tim sein? Über diese Frage kam sie noch nicht hinaus. Das Gedankenspiel brachte innere Konflikte ans Licht, für die sie noch keine Kraft verspürte. Wie verständnisvoll Hendrik darauf reagiert hatte, dass sie noch Zeit brauchte. Wie gut es sich angefühlt hatte, als sie sich beim letzten Mal zum Abschied umarmten …

Lena stolperte mal wieder über ein liegen gebliebenes Spielzeug und hielt inne. Langsam. Schritt für Schritt. Erst einmal wäre es toll, wenn sich Hendrik überhaupt zurückmeldete! Bestimmt erholte er sich gerade vom Marathon, den er am Vormittag gelaufen war, klar. Nur, warum konnte er nicht eben antworten? Muskelkater auch in den Fingern? Sie hatte sich mit Luca extra durch die Massen gekämpft, um ihn anzufeuern, und nun bekam sie nicht mal eine kurze Antwort auf ihre Fragen, wie es ihm ging und ob er mit seiner Laufzeit zufrieden war. Schade. Schon vor zwei Stunden hatte sie ihm eine Nachricht geschickt.

Ihr Telefon sendete ein Signal. Lena warf das Staubtuch hin und stürzte zum Tisch. Endlich! Es war Hendrik, der mit knappen Worten fragte, ob sie da sei.

Es war später Nachmittag, und es gab noch Glückskuchen vom Vortag, den Marlene zu ihrem Arbeitstreffen mitgebracht hatte. Neben Hendrik, der Luca zuverlässig zum Training und danach nach Hause brachte, waren die Treffen am Wochenende mit ihren Freundinnen eine immer größere Stütze in ihrem

Leben geworden. Und: zu einer Quelle neuer Freude. Oft genug hatte sie sich bei Tinka und Marlene ausgeweint, nun aber sprach sie immer weniger von ihrem Unglück und hatte wieder tolle Ideen, um den Blog kreativ mitzugestalten. Fast wöchentlich kam auch ein wertschätzender Kommentar von ihrem größten Fan Christoph an, der ihren Bildern anscheinend verfallen war. Lena freute sich jedes Mal riesig darüber, und Tinka und Marlene freuten sich mit. Diesmal hatten sie sich einen Spruch ausgedacht, der inhaltlich zwar nicht neu, aber gedanklich ziemlich erfrischend war. In eigenen Worten:

Ein glücklicher Tag ist der, an dem du auch andere glücklicher machst!

Was für eine schöne Vorstellung! Beim letzten Mal war Hendrik recht glücklich weggegangen, obwohl sie ihm gesagt hatte, dass sie noch ein halbes Jahr Zeit brauche. Nun wollte sie ihm vorschlagen, mal etwas gemeinsam zu unternehmen. Ins Kino gehen, eine Ausstellung besuchen, ein Konzert, irgendwas. Oder mit Luca einen Ausflug ins Grüne machen, mit dem Fußball im Gepäck. Lena war wieder bereit fürs Leben, sie wollte zurück ins Licht! Also schrieb sie ihm, dass es Kuchen gebe und sie sich auf ihn freue.

Sie sah noch ein paar Mal aufs Telefon, doch Hendrik reagierte nicht mehr. Auf einmal wurde sie nervös. Irgendwas fühlte sich nicht richtig an, sonst war Hendrik nicht so kurz angebunden, schickte bei ihren wenigen Nachrichten, die sie austauschten, wenigstens Grüße mit. Wahrscheinlich war er zu Tode erschöpft – warum kam er dann dennoch zu ihr? Sie ging ins Bad, wusch sich die Hände und tuschte sich die Wimpern nach.

Bald darauf klingelte es. Er musste geflogen sein.

Hendrik wirkte abgekämpft, aber nicht nur wegen des Marathons. Sie standen sich gegenüber, etwas lag in der Luft. Er trug ein weißes Hemd und ein Jackett, so hatte sie ihn selten gesehen. Er sah gut damit aus, und sie hätte ihn gerne lachen sehen. Er lächelte aber nicht einmal. Statt ihn zu grüßen, fragte sie sofort: »Was ist los?«

»Darf ich reinkommen?«

»Klar.«

Seinen Körper schien Hendrik über die Schwelle schleppen zu müssen. »Bin Bestzeit gelaufen«, sagte er im Vorbeigehen.

»Du scheinst aber nicht in Feierstimmung zu sein.«

»Nein«, sagte er. »Wo können wir uns unterhalten?«

Sie gingen in die Küche, und Lena stellte Kaffee und Kuchen bereit.

Hendrik beobachtete sie dabei und sagte nichts.

»So kaputt?«, fragte sie, um überhaupt was zu sagen, und setzte sich.

»Auch«, sagte er und rang sich ein müdes Lächeln ab. »Schön, dass ihr da wart. Wo ist Luca?«

»Drüben bei Connie und Lila«, antwortete Lena nur, und sie schwiegen kurz. Jedes belanglose Wort war zu viel. »Erzähl«, sagte sie. Von Hendriks persönlichen Sorgen hatte sie kaum eine Ahnung, aber wenn sie ihm bei etwas helfen konnte, gern! Er sollte hier nachher glücklicher rausgehen, das hatte sie sich fest vorgenommen.

»Es gab einen Anruf.« Er holte sein Handy hervor und legte es auf den Tisch.

In Sekundenschnelle kapierte sie, dass es irgendwie um Tim gehen musste. War er tot? War er wieder da? Sie spürte das Blut aus dem Kopf weichen.

Hendrik sah ihr fest in die Augen. Das war gut so, es gab ihr Halt. Sie wäre vielleicht sonst vom Stuhl gefallen vor Aufregung und Angst, denn Hendrik war viel zu ernst, als dass er gleich etwas Schönes berichten würde.

»Eine Frau aus Dresden hat mich heute früh angerufen«, sagte er. »Sie behauptet, mit Tim einen gemeinsamen Sohn zu haben. Sie heißt Janine.«

Fast war sie erleichtert. Es konnte nur ein dummer Scherz sein. »Sehr witzig.«

»Finde ich nicht«, sagte Hendrik.

»Ich schon. Denn davon wüsste ich ja wohl, von noch einem Sohn.«

»Und ich nicht?«

Sie wäre gern aufgesprungen und hätte Hendrik irgendwas Gemeines entgegengeschleudert. Ganz am Anfang, in den ersten Tagen nach dem grauen Brief, hatte sie so gefühlt: Da war Hendrik eher ihr Feind als ihr Freund gewesen, jemand, der vielleicht mehr wusste als sie, und das tat besonders weh. Nun entstand diese Situation für einen winzigen Moment neu: als wären sie Rivalen. Wer wusste mehr von Tim, wem hatte er mehr anvertraut? Seiner Freundin oder seinem Freund? Sie schluckte den feindseligen Impuls hinunter. Atmete tief und langsam durch. Es war das erste Allheilmittel gegen alle Ängste und Widerstände, die im Leben immer wieder auftauchten. Wenn alles im Inneren »Nein, das will ich nicht!« schrie, dann erst recht: Entspannen! Ins Herz atmen! Schultern locker lassen! Sie hatte diese Notfallmaßnahme verinnerlicht, Tinka hatte es ihr durch beständiges sanftes Mahnen beigebracht. Wenn es Lena besonders schlecht ging, dachte sie immer wieder daran, was ihre Freundin bewältigt hatte: einem Quasimörder oder einer Mörderin verzeihen. Sie selbst wurde viel zu schnell ungeduldig und war verstimmt, wenn etwas im Leben nicht so lief, wie sie es wollte.

Hendrik nahm sein Telefon und suchte etwas darin. Dann schob er es zu ihr rüber. »Es war heute Morgen kurz vor dem

216

Start und ziemlich ungünstig, sich zu unterhalten«, sagte er. »Hier ist ihre Nummer. Wäre vielleicht sinnvoll, wenn du dich meldest. Sie wartet auf einen Rückruf.«

»Eine Frau aus Dresden? Janine? Warum hat sie gerade dich angerufen?«

»Das habe ich mich auch gefragt. Sie meinte, sie hätte aus Tims Umfeld nur eine Nummer, und das war meine.«

»Aber das kann nicht sein. Es ist bestimmt eine Spinnerin. Einen Sohn, niemals, da hätte ich doch irgendetwas mitbekommen!« Hitze stieg ihr in den Kopf, ihre Wangen brannten wie zwei kleine Feuer.

»Vielleicht wusste Tim es selbst nicht«, murmelte Hendrik. Dann schlug er mit der Hand auf den Tisch. »Verdammt, ich versuche immer noch, ihn zu schützen und seine Ehre hochzuhalten. Wir sollten nicht spekulieren, das bringt nichts. Ruf an.«

Etwas in Lena weigerte sich. Durch den Anruf würde sie anerkennen, dass es diese Frau und vielleicht sogar diese ungeheuerliche neue Tatsache gab. »Wie alt soll dieser Sohn denn sein?« Sie schob das Telefon zu Hendrik zurück, und da lag es, niemand wollte es anfassen, als wäre es ein Stück heiße Kohle. »Ruf du an.«

Hendrik stand auf, kam zu ihr herüber und legte ihr von hinten die Hände auf die Schultern.

Sie neigte den Kopf zur Seite und berührte mit der Wange seine warme Hand. Es beruhigte sie etwas. Mit tränenvollen Augen fragte sie: »Ob sie uns sagen kann, wo er ist?«

»Sie vermisst ihn anscheinend seit Monaten. Sie wollte von mir wissen, wo er steckt. Und immer wieder erwähnte sie diesen Sohn.«

»Eine Spur«, flüsterte Lena.

Hendriks Hände drückten sie sanft, dann ließ er sie los. »Du solltest herausfinden, was davon stimmt«, sagte er hinter ihr.

Lena war wie erschlagen. Eine andere Frau, konnte es sein, war dies wirklich der Grund …? *Banale Realität*, so wie der Spruch, der am Kühlschrank klebte? Hendrik stand immer noch hinter ihr, als wollte er ihr den Rücken stärken. Das tat er auch. Angestrengt dachte sie nach, sie konnte bei dieser Frau nicht einfach so anrufen, keinen Finger konnte sie in diesem Moment dafür rühren. Aber eine Idee stieg empor aus dem dunklen Nichts, in dem Tim sie zurückgelassen hatte und in das sie fast wieder hineinzufallen drohte, weil die neue Situation so ungeheuerlich schien. Mit der Nummer in Hendriks Telefon hatte Lena jedoch etwas in der Hand, um das Dunkle endlich nach einem Hinweis auszuleuchten, eine Lampe, und Hendrik war ihr Rettungsseil, falls sie fallen sollte.

»Hilfst du mir?« Sie richtete sich auf. »Bitte ruf du an. Ich will auf jeden Fall wissen, wer das genau ist und was die ganze Sache soll. Aber machen wir es vielleicht so: Du bist sein bester Freund, und du könntest zu ihr hinfahren und lässt dich von mir begleiten. Dann aber bin ich erst einmal *deine* Freundin, die sich ebenso um Tim sorgt, und die eben mitkommt. Könnte es so funktionieren? Ich will nicht, dass sie gleich weiß, wer ich wirklich bin: Die Mutter von Luca …« Sie stockte. Etwas Unliebsames auszusprechen, war viel schwerer, als es nur zu denken. »… die Ex-Frau von Tim.«

* * *

Auf der Fahrt nach Dresden sprach Hendrik fast gar nichts, und Lena wurde immer nervöser. Draußen flog die Landschaft vorbei, und sie versuchte, eine Unterhaltung in Gang zu bringen, um die sich dehnende Zeit und Entfernung zu überbrücken, mit der sie auf das Treffen mit einer Frau zurasten, die behauptete, einen gemeinsamen Sohn mit Tim zu haben. Sie sank tief in den Sitz, und wenn sie die Augen schloss, wurde das monotone

Geräusch der Räder auf dem Asphalt zu einer Faust, die sich um ihren Hals schloss und sie fast erstickte. Dann schreckte sie wieder hoch und redete, was ihr gerade einfiel.

»Du meintest doch, dass die Stimme von dieser Janine ziemlich jung klang, nicht? Wie soll sie dann ein Kind mit Tim haben?«, fragte sie Hendrik nicht zum ersten Mal, denn darüber grübelte sie am meisten nach. Wenn überhaupt, dann musste das Kind aus jener Zeit stammen, aus der sie so gut wie nichts über Tim wusste. Hatte er vielleicht deswegen nie viel von sich erzählt?

Hendrik warf ihr einen flüchtigen Blick zu und konzentrierte sich wieder aufs Fahren. Er hatte ihr schon zig Mal geantwortet, fast immer dasselbe: »Ja, sie klang ziemlich jung.«

Lena hatte neben ihm gesessen, als Hendrik die Nummer dieser Janine wählte. Sie hatte die hohe Stimme der anderen am anderen Ende mitbekommen, die aufgeregt war, sehr schnell sprach und noch nicht zu viel über sich verraten wollte.

»Ich würde gern mit meiner Freundin vorbeikommen, sie kennt Tim auch ziemlich gut«, hatte Hendrik gelogen, um Lena den Gefallen zu tun. »Dann reden wir mal.«

Janine hatte sofort die Adresse genannt und gesagt: »Das ist wohl das Beste. Toll, dass ihr sogar aus Berlin anreisen wollt!«

Sie einigten sich auf Mittwoch, und so musste sich Lena drei Tage lang gedulden, um Näheres zu erfahren. Für die Begegnung hatte sie sich ausgesponnen, lieber einen anderen Namen zu tragen, falls Janine von ihr, der Mutter von Tims Kind in Berlin, schon etwas gehört haben sollte. Sie wollte zunächst unerkannt herausfinden, welches Spiel hier gespielt wurde. »Wie könnte ich heißen?«, hatte sie Hendrik gefragt.

»Es muss Schicksal sein«, antwortete er nachdenklich. »Machen wir es einfach so: Du stellst dich als Hanna vor. Vielleicht hat Tim ja auch ein wenig mehr von mir erzählt. Dann passt das doch – fast. Bin ich halt wieder mit Hanna zusammen, haha.« Sein ironisches Lachen hatte Lena noch immer im Ohr.

Schweigen, Fahren, Rauschen auf dem Asphalt. »Mach doch wenigstens Musik an«, sagte sie.

Hendrik drückte auf einen Knopf, und monotoner elektronischer Sound erklang, Beat um Beat, als schlage jemand direkt auf Lenas Kopf ein.

Sie drückte schnell wieder auf Stopp und sagte: »Entschuldige. Bin gerade unerträglich. Auf der Rückfahrt wird alles besser, das verspreche ich. Muss es ja.«

»Gut«, sagte Hendrik nur, und Lena drängte es wieder, zu reden, irgendwas, sie machte einen Kommentar über die vorbeiziehende Landschaft, sprach von Luca und dem Fußballtraining, dem Wetter und anderen Belanglosigkeiten. Endlich kam ihre Ausfahrt in Sicht, und wenig später überquerten sie die Elbe, mit grandiosem Blick auf die Skyline der Altstadt von Dresden. Ehrwürdig und erhaben begrüßten die von Zeit und Wetter dunkel eingefärbten geschichtsträchtigen Gebäude die Ankömmlinge auf der Brücke. Erzählten von Krieg und Frieden, Freude und Leid, Vergänglichkeit und Ewigkeit. Das steinerne Ensemble der Altstadt, das an die weiten sonnenüberfluteten Elbauen grenzte, wo Menschen und Tiere als kleine Punkte spazieren gingen, bewegte etwas in Lena. Einen Augenblick glitt sie in eine höhere Perspektive. Das Leben war so groß und undurchsichtig, voller Zufälle, Höhen und Tiefen. Sie selbst war eine unbedeutende Existenz, war auch nur ein kleiner Punkt im großen Ganzen des menschlichen Universums, und was immer jetzt gleich passieren würde, es würde sie nicht umwerfen. Es durfte sie nicht umwerfen. Das nahm sie sich ganz fest vor. Dann war der grandiose Anblick vorbei, sie ließ die Brücke und die höhere Perspektive hinter sich, und sie fuhren vorbei an modernen gesichtslosen Gebäuden. Lena war wieder in ihre kleine Seele gebannt, die sich fürchtete, ohne zu wissen, vor was genau.

Die Adresse lag in einem gepflegten Stadtteil südlich der Elbe mit teilweise noch gepflasterten Straßen, über die sie mit Hendriks Auto rumpelten, vorbei an herrschaftlichen Villen, die den Krieg scheinbar ohne größere Schäden überstanden hatten oder restauriert worden waren. Die Wohnhäuser in der Straße, die ihr Ziel war, trugen Erker, Türmchen, mit Schnitzereien versehene Balkone und mit Stuck verzierte Fassaden, jedes Gebäude war ein kleines Schmuckstück und dazu gab es blühende Gärten, die jedes Haus großzügig umgaben. Hier wohnten wahrscheinlich keine armen Menschen, und der Anruferin ging es hoffentlich nicht um Geld, falls irgendetwas von ihren haltlosen Behauptungen stimmen sollte.

Sie parkten. Es war spät am Nachmittag, und auf der von der grellen Sonne beschienenen Straße lag schon etwas Laub. Das Haus mit der Nummer zwanzig war ein Gebäude mit wenig Schnörkeln, die Beete waren akkurat, der Rasen geschnitten, die Fassade wie frisch gestrichen. Das Tor stand etwas offen, und den mit Steinplatten gepflasterten Weg säumten ein Dreirad, zwei ins Gras geworfene Kinderfahrräder, ein roter Ball und eine Plastikpuppe mit großen blauen Klimperaugen. Der Blick der Puppe war irgendwie unheimlich, sie schien Lena hinterherzustarren.

Vor der Haustür fasste Lena nach Hendriks Hand. »Vergiss nicht, ich heiße Hanna.«

Hendrik verzog das Gesicht, es sollte wohl ein Grinsen sein. »Ganz bestimmt nicht.« Dann drückte er auf die Klingel.

Der Türöffner summte, sie traten in das dämmrige kühle Treppenhaus, durch die farbigen Glasfenster drang nur wenig Licht. Eine Tür am Ende des Gangs öffnete sich, und Lena ließ sich von Hendrik dorthin führen, hatte weiche Knie. Ihre Schritte hallten auf dem Boden wider.

Dann stand sie vor einer hochgewachsenen Frau. Schlank, mittelblonde, sehr lange Haare. Sie trug Slim-Jeans und ein eng anliegendes schwarzes Oberteil, ihre Augen waren stark geschminkt, sie hatte einen großen Busen. Ja, sie musste etwas jünger sein als sie. Keine dreißig, eher so um die Mitte zwanzig vielleicht. Sie lächelte freundlich und zeigte vorbildliche weiße, gerade Zähne, gab ihnen nacheinander die Hand. »Hi, ich bin Janine. Puh, wie ich sehe, seid ihr auch nicht gerade uralt. Also duzen wir uns doch, oder?«

Hendrik und Lena nickten synchron, sie nannten ihre Vornamen, Hendrik und Hanna, und wurden hineingebeten.

Lena scannte jede Einzelheit der Wohnung: Im Flur lag ein grauer Teppich, die Wände waren kahl und weiß, es gab einen überquellenden Schuhschrank, eine Garderobe, die unter einem Wust von Jacken und Mänteln kaum mehr auszumachen war, darunter auch Kindergrößen. Eine Matrosenmütze zog Lenas Blick an. Sie hing an einem separaten Haken an der Wand. So eine hatte sie auch in die Kisten im Keller gepackt.

Sie wurden ins Wohnzimmer geführt, vorbei an einem Zimmer mit angelehnter Tür, aus dem Musik kam. Lena erkannte ein Kinderlied, das Luca zu Hause auch oft hörte. Im Wohnzimmer gab es einen großen Flachbildschirm, davor eine schwarze Ledercouch mit vielen bunten Kissen, einen Tisch mit mehreren Stühlen, ein Regal mit Büchern und Krimskrams, und überall lag Spielzeug herum.

»Ich bin den ganzen Tag am Aufräumen«, sagte Janine mit einer entschuldigenden Geste. »Habt ihr auch Kinder?« Sie wies auf die Stühle.

Lena und Hendrik setzten sich nebeneinander, er räusperte sich. »Nein, haben wir nicht. Und du hast mehrere?«

»Nee, nur Elias. Wartet, ich hole Wasser und Saft.«

Janine verschwand kurz, und Lena starrte auf das schreibheftgroße Foto an der Wand gegenüber. Darauf war Tim zu sehen. Tim und diese Frau hier und ein kahlköpfiges Kleinkind, alle drei blinzelten fröhlich ins Sonnenlicht. Lena konnte kaum schlucken.

Mit ein paar Gläsern auf einem Tablett kam Janine zurück. Sie bemerkte Lenas Blick, stellte das Tablett ab, ging zu dem Bild und strich mit dem Finger darüber. »Die anderen habe ich letzte Woche abgehängt, es waren viele. Was soll ich dem Kleinen denn sagen?« Sie nahm das Bild vom Haken und betrachtete es. »Das war vor zwei Jahren. Da kam Tim öfter. Jetzt ist er einfach weg, schon seit einem halben Jahr.« Sie hängte das Foto wieder hin, kam zum Tisch und sah bekümmert aus. »Also, ihr seid Tims Freunde? Wo kann er sein, was wisst ihr von ihm, was ist mit seiner Familie in Berlin, wissen die was?«

Lena starrte auf diesen rot geschminkten Mund, der redete und redete und dabei hin und wieder diese strahlend weißen Zähne zeigte. Sie verstand nicht alles von dem, was der Mund sprach. Janine bedankte sich überschwänglich, dass sie den weiten Weg auf sich genommen hatten, und dann sprach sie übergangslos von Elias, »unserem gemeinsamen Sohn«.

Lena war völlig überfordert. Hendrik hingegen hörte konzentriert zu. Ohne ihn wäre sie verloren gewesen. »Moment«, sagte er. »Bitte mal langsam. Wir stehen etwas auf dem Schlauch. Du sagst, Tim hat mit dir einen Sohn? Diesen hier auf dem Bild? Er hat auch in Berlin einen Sohn, der ist vier. Wie passt das zusammen? Wir wussten das nicht.«

Janines blaue Augen wurden zu zwei Schlitzen, dann entspannte sie sich wieder. »Ich weiß von Luca, doch anfangs hat Tim mir sein Kind in Berlin verschwiegen. Dann wollte er mir nicht glauben, dass er noch mal Vater wird, und er hat einen teuren Vaterschaftstest bezahlt. Da war ich echt bedient. Nun hat er's wenigstens schwarz auf weiß, und ich habe das Recht zu wissen: Wo steckt er? Wie geht es ihm? Warum meldet er sich nicht mehr? Gut, von echter Liebe war nie die Rede. Aber so geht's nicht. Ich möchte wissen, wie es über die Jahre weiter-gehen soll, das ist das Mindeste.«

Lena kämpfte mit sich, Janine nicht die ganze Zeit anzu-starren wie ein Märchen erzählendes Monster. Sie räusperte sich. »Wann habt ihr euch denn das erste Mal getroffen?«, fragte sie betont locker.

Die Antwort war vernichtend. Während Lenas Schwanger-schaft, als Luca in ihr heranwuchs.

»Und wie oft habt ihr euch getroffen?« Es gelang Lena irgendwie, auch diese Frage einigermaßen neutral zu stellen.

»Warum ist das jetzt wichtig?« Janine sah sie misstrauisch an, doch sogleich wurde ihr Gesichtsausdruck weich und träu-merisch. »Der Anfang war toll. So alle zwei, drei Wochen kam Tim zu mir. Wir gingen immer ins Hotel. Megaluxus! Zu die-ser Zeit wohnte ich noch in einer Einraumwohnung. Diesen kleinen Palast hat er mir und Elias erst später spendiert. Tolle Gegend, nette Nachbarn. Großes Glück.«

Lena stand auf und stützte sich auf dem Tisch ab. Sie musste kurz raus aus dem Raum, dessen Wände sie immer dichter ein-schlossen, in dem sie mit dieser Person steckte, die arglos vor sich hinplapperte. »Die Toilette?« Ihr war leicht übel.

»Links, vorbei am Kinderzimmer.« Janine wies Richtung Flur.

Lena spürte Hendriks besorgten Blick und schaffte es wie durch ein Wunder zu sagen: »Bin gleich wieder da, Schatz.« In ihren Ohren rauschte es. Sie konnte in diesem Moment keine weiteren Informationen aus Janines Mund aufnehmen.

Ihre Beine trugen sie in den Flur, und vor dem Kinderzimmer blieb sie stehen. Das Herz schlug ihr bis zum Hals. Als wäre es eine Szene aus einem Krimi, beobachtete sie sich selbst dabei, wie sie langsam die Hand ausstreckte und diese auf die Türklinke legte. Alles in Zeitlupe. Ihre innere Spannung wuchs. Drinnen plapperte ein Kind vor sich hin. Lena wollte mit eigenen Augen sehen, von wem als Tims Sohn Janine da sprach. Sachte öffnete sie die Tür und sah hinein. Buntes Chaos wie bei Luca, und ein kleiner Knirps mittendrin, der sie anstrahlte. Er hatte strohblondes Haar und blonde Wimpern und sah aus wie eine Miniaturausgabe von Tim auf dem Foto, dem einzigen aus seiner Kindheit, das Lena je von ihm gesehen hatte und das zu Hause in der Küchenschublade lag.

»Wer bist du?«, fragte der Kleine und zeigte seine Mäusezähnchen.

»Lena«, antwortete sie leise. Ihn ebenso anzulügen, das kam nicht infrage. »Spiel ruhig weiter«, sagte sie schnell, sonst hätte sie vielleicht gleich angefangen zu heulen. Sie zog die Tür wieder ein Stück zu und ging leicht wankend ins Bad. Eine ganze Weile blieb sie dort, saß auf dem Wannenrand, starrte vor sich hin. Dann drückte sie die Spülung und konnte dem Drang, einen Blick in den kleinen Spiegelschrank über dem Waschbecken zu werfen, nicht widerstehen. Als wüsste sie, dass da drin etwas von Tim zu finden war. Der Schrank war vollgestopft mit Schminkutensilien, Medikamenten und Kosmetika. Gut sichtbar stand dort außerdem eine Flasche Aftershave der Marke, die Tim benutzte, und daneben ein Fläschchen Stimm-Öl, ebenso Tims bevorzugte Marke. Schnell schloss sie den Schrank wieder. Nicht nur, weil Tims Sachen dort drin verwahrt waren. Auch weil sie sich schäbig vorkam, hier herumzuschnüffeln.

Hendrik stand wie von selbst auf, als sie zurück ins Wohnzimmer kam. Wahrscheinlich sah sie aus wie ein Gespenst, und er las ihr den Wunsch, möglichst bald zu gehen, von den Augen ab.

»Tja, wir haben gar nicht viel Zeit mitgebracht«, sagte er entschuldigend zu Janine.

»Ihr kommt extra aus Berlin und bleibt nur so kurz?«, fragte Janine ungläubig.

»Na ja«, sagte Hendrik. »Du weißt nichts, wir wissen nichts. Damit ist das Wichtigste und Traurigste schon mal geklärt. Aber wir kennen uns nun immerhin persönlich. Wer weiß, wozu das noch gut ist.«

»Genau«, konnte Lena nur sagen.

Hendrik trat neben sie und legte ihr fürsorglich den Arm um die Schultern. »Komm, meine Liebe.« Lena schloss kurz die Augen. Wenigstens gab es in der ganzen schrecklichen Szenerie diesen einen schönen Moment.

* * *

Auf der Rückfahrt nach Berlin war es genau anders herum. Hendrik sprach, Lena schwieg. Brauchst du Wasser, Luft, eine Pause, willst du Musik oder Nachrichten hören, möchtest du reden? Sie schüttelte immer nur den Kopf und würgte an dem Knoten, der im Hals festsaß wie eine dicke Kröte, die sie runterzuschlucken hatte, und es ekelte sie an, das zu tun.

»Bitte, sag doch, kann ich irgendwas für dich tun?«

Lena fühlte sich so, als würde sie nie wieder etwas anderes tun können, als mit dem Kopf zu schütteln. Nie wieder sprechen, schon gar nicht darüber. Doch wenigstens sollte sie sich bei Hendrik bedanken. Er hatte seine Rolle perfekt gespielt, hatte das Gespräch souverän gemeistert. Fast waren sie schon an der Wohnungstür gewesen, da kam von Janine noch ein Hammer.

Beim Hinausgehen sagte sie: »Dabei war es beim letzten Mal, als wir uns sahen, so schön! Tim hat sich Elias geschnappt und war den ganzen Tag allein mit ihm unterwegs, das erste Mal überhaupt, hat ihm alles geboten und gekauft, war guter Laune. Tim war ja nicht immer guter Laune.« Sie huschte plötzlich ins Kinderzimmer und kam mit Elias auf dem Arm wieder heraus. Der allerdings versteckte schüchtern den Kopf an Mamas Hals.

Der letzte Tag von Vater und Sohn! So wie Janine ihn schilderte, ähnelte er dem letzten gemeinsamen Tag von Tim und Luca auf fast unheimliche Weise. Jede Parallele, die sich Lena im Nachhinein bewusst machte, zerschmetterte sie ein Stück mehr.

Sie weinte nicht, als sie zurückfuhren. Sie war erstarrt. Bis kurz vor Berlin, als ihr Telefon klingelte. Tim ist keine einzige weitere Träne wert, sagte sie sich immer wieder. Es dämmerte schon etwas, und ihre Eltern hatten an diesem Tag schon dreimal angerufen. Dieses Telefonat würde sie jetzt auch noch meistern, redete sie sich ein, ahnte aber schon, dass es eine Selbstlüge war. Es kostete viel zu viel Kraft, so zu tun, als wäre es einfach nur ein normales Gespräch.

»Schatz, du klingst müde. Und was ist eigentlich mit Tim, warum hast du uns seine neue Nummer nicht mitgeteilt, wir wollten ihn sprechen, und warum hast du schon so lange kein Foto mehr geschickt?«, fragte ihre Mutter.

»Wieso wollt ihr ihn sprechen?«, fragte Lena matt.

»Na, mal den Schwiegersohn in spe zu sprechen, wenigstens alle halbe Jahre, das ist doch wohl normal, oder? Was ist eigentlich mit dem Hochzeitsdatum, wir wollten unseren Rückflug danach richten. Du erzählst uns gar nichts mehr, ist alles in Ordnung?«

Der Heulanfall ähnelte jenem, den sie einmal gehabt hatte, bevor sie eine Weile die kleinen blauen Tabletten nahm. Sie war damals von Berlin nach Oldenburg gefahren, sie saßen beim Abendessen und ihre Eltern stellten ihr eine ähnliche Frage: Ist alles in Ordnung in Berlin, wie läuft das Studium? Du erzählst gar nichts. Wie gut hätte es auch jetzt getan, wie vor zehn Jahren von lieben Händen gestreichelt und gehalten zu werden. Das Handy glitt aus Lenas Hand, weil es sie so schüttelte. Das Auto kam zum Stehen. Hendrik schnallte sich ab und beugte sich zu ihr. Hob das Handy auf, reichte ihr ein Taschentuch. Die ganze

Zeit war ihre Mutter in der Leitung, hörte dem Heulen ihrer Tochter zu, von deren Leben sie nicht die geringste Ahnung hatte. Ein verzweifeltes »Hallo, hallo« drang aus dem Telefon, als Lena sich beruhigte, abwechselnd von ihrer Mutter und ihrem Vater gerufen. Sie musste ihnen jetzt irgendetwas sagen – nein, nicht irgendetwas. Es war Zeit, sie endlich einzuweihen.

»Tim hat mich verlassen. Ist schon eine Weile her«, schniefte sie ins Telefon, das Hendrik solange gehalten hatte.

»Was? Warum? Was ist passiert?«

»Ich mag jetzt nicht darüber reden.«

»Wir kommen sofort zurück, wir buchen einen Flug.«

»Nein!«, rief Lena.

Kurzes Schweigen, und sie konnte sich vorstellen, wie sich ihre Eltern ratlos ansahen. »Warum nicht?«

»Weil … ich das bis jetzt ganz gut hinkriege. Ihr kommt zurück, wann ihr wollt, und nicht wegen mir, bitte, das meine ich ernst.« Ihre Stimme wurde wieder fester.

»Wir nehmen dich ernst«, mischte sich nun Lenas Vater ein. »Aber es klang gerade nicht so, als ob du allein gut klarkommst.«

Lena sah sich jetzt um. Sie standen auf einem Rastplatz, auf der Autobahn rasten die Lichter der Fahrzeuge vorbei, der Himmel hatte eine violette Färbung angenommen. Hendrik saß neben ihr und nickte ihr zu, und sie kapierte einmal mehr, dass er mit ihr die Sache durchstehen würde, von Anfang bis Ende – was auch immer am Ende stand. »Ich bin nicht allein«, sagte sie. »Hendrik ist bei mir.«

»Hendrik?« Ihr Vater stieß sein typisches Brummen aus, wie immer, wenn er eine Sache nicht gleich verstand, und somit war ihre Mutter wieder dran. Lena sah ihre Eltern vor sich, die ihr ganzes Leben lang symbiotisch miteinander funktionierten, auch bei Gesprächen. Einer gab das Wort zum anderen, oft hatte es sie genervt. In diesem Moment nicht. Jetzt hätte sie ihre Eltern gern bei sich gehabt. Wie groß der Kraftakt seit

Tims Verschwinden gewesen war, ihnen nicht zu viele Sorgen zu machen!

»Hendrik ist ein sehr guter Freund«, sagte Lena und sah ihn dabei an. »Auch von Tim. Ich habe früher bestimmt mal von ihm erzählt.«

»Ein gemeinsamer Freund vermittelt zwischen euch?«, fragte ihre Mutter, die das Telefon übernommen hatte. »Wie geht es Luca? Was ist mit meinem Luca?«

»Nein, er vermittelt nicht. Er ist einfach für mich da. Und für Luca.« Plötzlich konnte Lena entspannt antworten. *Das* war keine Lüge, sie wollte ihre Eltern auch nicht mehr anlügen. Das ungefilterte Weinen hatte gutgetan. Im Moment war sie zutiefst traurig, verletzt, wütend und fassungslos wegen Janine, wegen Tim, wegen ihrer Blindheit, und all das war eben aus ihr herausgebrochen. Aber es war das Gegenteil von innerer Leere und Depression. Das Jetzt war das Leben, heftig, aber lebendig, und sie fühlte sich nicht allein. Da waren ihre Eltern, die sich sorgten und ihr Bestes wollten, und da war Hendrik. Er hielt ihr ein weiteres Taschentuch hin. Ihr Gesicht war nass, und sie nickte ihm dankbar zu. »Ich sag Bescheid, wenn ich euch wirklich brauche. Im Moment habe ich genug Unterstützung. Wenn ihr mir helfen wollt, seid auf eurer Reise noch eine Weile glücklich.«

KAPITEL 12

DER FREUND

Hendrik parkte vor Lenas Haustür, machte den Motor aus und ließ den Kopf aufs Lenkrad sinken. Die plötzliche Stille hüllte ihn ein wie eine dicke Decke, die sich schwer über ihn legte. Mal eben nach Dresden und zurück und dazu die Herausforderung, eine Theaterrolle zu spielen, die ihm tief unter die Haut ging. Verrückt, Lena als Hanna vorzustellen und so zu tun, als wäre sie wirklich seine Freundin. Sie dann auch noch so verzweifelt zu sehen, das ging an die Substanz. Im Moment hatte er nicht einmal die Kraft dazu, den Kopf wieder zu heben.

Die neuen Tatsachen hatten auch ihn umgehauen, und der Moment, als Janine den Kleinen zum Abschied noch aus dem Zimmer geholt hatte, war das i-Tüpfelchen gewesen. Elias kam deutlich nach seinem Vater, und Janine hatte einen Vaterschaftstest erwähnt. Es gab keinen Zweifel, und einmal mehr rumorte die Frage in ihm: Wer war dieser Mensch namens Tim, von dem er gedacht hatte, er habe ihn bestens gekannt? Tim hatte ihm eine ganze Familie verschwiegen! Bisher hatte sich Hendrik ausgemalt, dass es für andere vielleicht gefährlich war zu wissen, womit Tim bei seinem Job möglicherweise sonst noch Geld verdiente. Noch während des Studiums hatte er jeden Euro umgedreht und oft davon fantasiert, reich zu werden, richtig reich. Dubiose Nebengeschäfte mit höllischen Schwierigkeiten, diese Erklärung war Hendriks Wunschmotiv gewesen, entliehen aus einem Heldenfilm: Tim, der Held, musste untertauchen, um Lena und Luca und auch ihn, Hendrik, Menschen, die er liebte, zu schützen. Andere ahnten dies nicht, verdammten ihn als Egoisten und Schwein, dabei rettete er insgeheim die Welt und hatte für seine Familie auch noch vorgesorgt. Doch hinter der Filmkulisse sah es anders aus. Seit dem Besuch in Dresden hatte Tim jede mögliche Eignung zum Helden verloren. Hendrik selbst hatte sich immer Kinder gewünscht, und Tim hatte gleich zwei und ließ sie im Stich. Das Leben war nicht gerecht, und ihre Freundschaft erwies sich mehr und mehr als Farce. Hendrik hätte seine Enttäuschung am liebsten ausgekotzt.

Da spürte er eine leichte Berührung im Nacken. Ein feiner Wärmestrom rieselte seine Wirbelsäule hinunter. Sein Kopf lag immer noch auf dem Lenkrad, und Lenas Federfinger waren schon wieder davongeflogen. Aber sie gaben ihm enorme Kraft. Er kam nach oben und sah sie an, ihr Gesichtsausdruck war im spärlich hereinfallenden Licht nur zu erraten. Er hoffte, er wäre so zärtlich wie ihre Berührung eben.

»Hendrik«, sagte sie im Flüsterton. »Geht's dir gut?«

»Na ja. Und dir?«

»Ich glaube, mir geht's beschissen.«

»Ja.«

Er wollte noch etwas Sinnvolles sagen, doch die Erlebnisse des Tages schienen jenes Areal im Gehirn, wo Gedanken entstanden, lahmgelegt zu haben. Von »Es tut mir so leid« bis hin zu »Was für ein Arschloch«, alle Worte waren nichtig, und die Stille zwischen ihm und Lena wurde immer dichter. Schließlich bewegte sie sich, ihre Jacke raschelte dabei und das

Klicken des Gurts, als sie sich abschnallte, machte ein scharfes Geräusch. Der Gurt wickelte sich auf, auch das klang irgendwie bedrohlich, es machte laut Klack und gleich würde Lena aussteigen. Es fiel ihm immer noch nichts Tröstendes ein, was er ihr mit auf den Weg geben konnte. Gleich ginge sie durch die Dämmerung davon. Klick, klack, der Gurt war aufgerollt. Im letzten Widerhall der Geräusche kristallisierte sich ein essenzieller Gedanke heraus: Konnte – durfte – musste Hendrik nicht endlich den Schwur hinter sich lassen, mit dem Tim ihn an sich gekettet hatte? Nicht mal im Geringsten hatte er angedeutet, dass unter seinem Haus, dessen Trümmer Hendrik beseitigen sollte, sogar eine Bombe lag, die Tim sehenden Auges dort deponiert hatte.

Lena legte schon die Hand an den Türgriff – und nahm sie wieder weg. »Ich bin ziemlich egoistisch unterwegs, das weiß ich. Ich lasse mich von dir fahren, ich heule, ich rede, wann und wie ich will. Ich stoße meine Eltern vor den Kopf, ich bin nie so gewesen, ich konnte mich immer gut auf alle Menschen einstellen, und jetzt schaffe ich es nicht mehr, normal zu sein, ich bin zu fertig, zu verzweifelt, zu – alles. Alles kostet so viel Kraft.« Das Lächeln, das er im Zwielicht nun ausmachen konnte, musste ein trauriges sein. »Ich habe mich bei dir noch nicht mal richtig bedankt«, sagte sie leise. »Du hast alles überzeugend gespielt, fast habe ich mir gewünscht, es wäre Wirklichkeit. Trotzdem konnte ich keine Minute länger in dieser Wohnung bleiben und so tun, als würde es mich nicht zerreißen. Ich habe bis dahin gedacht, dass diese Lady lügt oder verrückt ist. Leider ist sie das nicht.«

In Lenas Augen spiegelte sich etwas Helles, es war das Licht der Laternen und doch noch so viel mehr. Hendrik spürte es deutlicher als je zuvor: Er verliebte sich immer stärker in diese Frau, die seit Stunden an seiner Seite war. Er wollte ihr helfen, sie beschützen, sie glücklich machen! Und genauer wissen, was sie gemeint hatte ... »Was hast du dir fast gewünscht?«, fragte er.

Sie hatte den Faden schon wieder verloren oder sie tat nur so, weil er den wichtigsten Satz in ihrer ganzen Rede sofort entdeckt hatte. »Fast?«, flüsterte sie.

»Was du gesagt hast, gerade.« Sein Körper bewegte sich jetzt von selbst. Nur ruhig dasitzen und sie beobachten, dafür war schon zu viel zwischen ihnen passiert. »Du hast dir fast gewünscht, es wäre Wirklichkeit mit uns?« Er beugte sich zu ihr, streichelte über ihr Gesicht und streifte ihre Lippen mit seinen, so zart wie sie ihn eben im Nacken berührt hatte. »So etwa würde es sich dann anfühlen«, flüsterte er.

Sie wich nicht zurück, kam ihm nicht entgegen. Beide sahen sie sich durch die halb geöffneten Augen, den Vorhang ihrer Seelen, an. Es war nicht nötig, aus dem Kuss einen erotischen Akt zu machen; er wollte ihr nur nah sein. Jedes Mal, wenn sie wegen Tim litt, entfernte sie sich meilenweit von ihm.

Er saß ziemlich verrenkt da, etwas zog heftig in seinem Rücken, und als er in seinen Sitz zurückglitt, blieb der Schmerz im Rücken bestehen wie ein Abdruck der Enttäuschung, weil Lena keinen Ton von sich und auch sonst kein Signal gegeben hatte. In ihm brach das Chaos los, ihn bestürmende Gedanken, Wünsche, Fragen und Impulse, ein einziger Tumult, während Lena ganz in sich gekehrt blieb und mit halb geschlossenen Lidern murmelte: »Wie konnte das nur passieren?«

Er fasste sich an den Hals, als zöge sich dort eine Schlinge zu. »Was?«, stieß er hervor, und wenn sie diesen Kuss nun meinte, wäre er erledigt.

»Ich war so blind, so dumm. Was habe ich nur falsch gemacht, was?«

Schnell sickerte durch sein Gefühlschaos hindurch, wovon sie sprach: Sie nährte mal wieder ihr Schuldgefühl, so wie er auch bei sich nach dem Defekt suchte, warum Tim sich ihm nicht anvertraut hatte. Es war eine bohrende Frage – und sie war falsch, verdammt noch mal! Noch schlimmer war, dass für Lena dieser Kuss eben nicht existierte. Sein Herz klopfte heftig.

Er griff nach Lenas Schulter und rüttelte daran, ein bisschen zu fest. »Es ist nicht deine Schuld, hör endlich auf damit!«, rief er.

Sie wischte seine Hand weg und öffnete blitzschnell die Tür. Kalt zog die Luft herein. »Fragst du dich das denn nie? Warum hat er dir nichts erzählt? Warst du überhaupt sein Freund?« Sie stieg mit einem Bein nach draußen, gleich wäre sie fort. »Es war alles gelogen, alles, alles!«, schrie sie und stieg aus, schmetterte die Tür zu und ließ ihn allein mit seinen gegen die geschlossene Tür gesprochenen Worten: »Mein Kuss war nicht gelogen.« Vielleicht wäre, wenn er diese Wahrheit auch laut hinausgeschrien hätte, alles anders verlaufen. Aber er blieb im Auto sitzen, sah, wie sie stehen blieb, dann doch weiterlief, stehen blieb, vor der Haustür noch mal zögerte, sich über das Gesicht wischte und die Tür in Zeitlupe aufschloss. Dann war sie weg, und Hendrik blickte auf die einsame und schwach beleuchtete Straße. Zu leise und zu langsam war er eben wieder gewesen, aber er war nun mal kein lauter Mensch, und an ihrer Schulter zu rütteln und sie dann noch anzuschreien war keine gute Idee gewesen. Wahrscheinlich war es der falscheste Zeitpunkt überhaupt gewesen, sie zu küssen. Auf einmal hatte er einen Flashback. Er bekam Angst.

Nach der Trennung von Hanna hatte er sich genauso gefühlt. Sehr einsam, einfach unerträglich, unzumutbar für andere. Auch wenn damals noch gemeinsame Freunde anriefen und versuchten, ihn abzulenken und zu bespaßen. Fast nie hatte er einen von ihnen zurückgerufen. Mit dem Laufen hatte er dann das Alleinsein entdeckt, was durchaus ein Unterschied zu Einsamkeit war. Nach den Läufen blieb er gern allein mit sich, mit einem Buch in der Hand oder einem guten Film vor der Nase, einem guten Essen und einem Glas Wein. Alleinsein hatte eine Qualität, für die er eben ganz allein verantwortlich war. Allein war er kein verlassener Mann, sondern er selbst. Einsamkeit aber fühlte sich furchtbar an, sie konnte einen überall ereilen, auch inmitten vieler Menschen oder in seinem Auto vor Lenas Haustür. Deswegen schlug sein Herz jetzt schnell; nicht mehr wegen des Kusses, sondern wegen der Angst, wieder einsam zu werden, ein Mann mit einer unerfüllten Liebe und ein verlassener und verratener Freund zu sein. Bis zu diesem Zeitpunkt wäre es ihm unangenehm gewesen, darüber zu reden, dass er dabei war, sich in die Frau seines besten Freundes zu verlieben. Jetzt aber musste er sich dringend jemandem anvertrauen. Er hatte zwar Hanna überwunden und wollte sie auch nicht zurückhaben. Aber Tim war auch noch zu überwinden, er stand wie eine graue, steile Felswand zwischen ihm und Lena. Hendrik holte sein Handy hervor und scrollte über die wenigen Nummern, die er vielleicht anrufen konnte. Er hatte seinen Freundeskreis einst mehr oder weniger aufgegeben und war irgendwann nur noch mit Hannas Freunden zusammen gewesen. Nun fiel ihm nur noch einer ein, dem er sich anvertrauen konnte. Er wählte Liams Nummer.

* * *

Der Klang eines Schiffshorns hatte einen bittersüßen Beigeschmack, so empfand es Hendrik jedes Mal, wenn er eines hörte. Auf dem Wasser fuhren riesige Containerschiffe vorbei und ein Frachter wurde von einem Schwarm kreischender Möwen verfolgt. Anfang Oktober waren die Sonnenstrahlen schon mit einem Hauch Gold durchwirkt, und viele Spaziergänger säumten den weiten Elbstrand bei Övelgönne, einem der beliebtesten Ausflugsziele Hamburgs. Die Menschen saßen auf Decken im Sand, aßen im Gehen Eis oder Fischbrötchen, joggten an ihnen vorbei. Hendrik entdeckte alle paar Meter ein Liebespaar, das die schöne Atmosphäre mit seinen Küssen ausschmückte. Neben ihm ging Liam, der seit ihrer Begrüßung noch nicht aufgehört hatte, von seiner Wahlheimat zu schwärmen: »In zwanzig Minuten fahre ich mit dem Fahrrad vom Büro hierher, einfach mal so für eine verlängerte Mittagspause. Hier treiben sich übrigens auch jede Menge Singlefrauen rum. Das hier ist Lebensqualität, Mann, du musst sie dir nur greifen!«

Hendrik schmunzelte über Liams Begeisterung und wie er immer wieder versuchte, ihm die Hansestadt schmackhaft zu machen. »Was soll ich mir greifen? Die Lebensqualität oder die Singlefrauen?«

»Beides«, antwortete Liam, und Hendrik konnte es sich an diesem herrlichen Tag gut vorstellen, in Hamburg zu leben und zu arbeiten. Diese Möglichkeit nochmals auszuloten, war jedoch nicht der Grund für seinen Tagesausflug, zumindest nicht der wichtigste. Noch im Auto gestern Abend hatte er Liam angerufen und gefragt, ob er spontan Zeit für ihn habe, für eine wichtige Sache, und am Morgen hatte er sich im Büro krankgemeldet und war losgefahren. Jetzt war er hier.

Sie blieben stehen und betrachteten die riesigen Hafenkräne auf der gegenüberliegenden Seite der Elbe. Hier Beachlife, dort Industriecharme, die Mischung an diesem Strandabschnitt war einmalig. Hendrik nahm einen tiefen Atemzug und sprach es direkt aus: »Ich glaube, ich habe ein Problem. Ich habe mich in Lena verliebt.«

Liam sah ihn von der Seite an. »Echt jetzt? Kann mich gar nicht mehr richtig an sie erinnern, habe sie nur selten mal mit Tim gesehen. Besucht haben die beiden mich ja nie. Geht das schon länger?«

»Nein, seit Tim weg ist. Außerdem läuft zwischen uns nichts. Ich habe bisher nur versucht, ihr bei diesem Schock beizustehen, und dabei ist es passiert. Zumindest bei mir.«

Liam pfiff durch die Zähne. »Dann kann ich mir schon denken, was dich hertreibt. Du willst wissen, wie ich das finde. Ob du dranbleiben sollst, stimmt's? Da ist guter Rat teuer. Aber bevor ich dazu was sagen kann, habe ich vorher eine Frage: Was ist denn an ihr besonders? Ich habe sie als etwas arrogant wahrgenommen. Fandest du das nie?«

Hendrik legte eine Hand auf sein Herz. »Das war sie vielleicht mal ein bisschen. Sie hat sich verändert. Sie ist schön, intelligent, feinfühlig und eine echte Löwenmutter. Sie ist super.«

»Klar, logisch. Alles, was mit Tim zu tun hat oder hatte, ist super. Verzeihung: war super.«

Liam hatte für Tim kein gutes Wort mehr übrig, seit er sich aus dem Staub gemacht hatte. Sein Freund boxte Hendrik leicht gegen die Schulter. »Mach dir bloß keine Vorwürfe. Tim hat sie sitzen lassen, also spannst du sie ihm nicht aus. Denk so etwas erst gar nicht! Oder was ist genau dein Problem?«

»Sie will ein Jahr trauern.« Hendrik kickte mit dem Fuß einen Stein vor sich her.

»Ist er denn tot?«, fragte Liam erschrocken.

»Nein, das ist nicht anzunehmen. Darauf gibt es keinen Hinweis. Ich denke immer noch, er wollte einfach ein anderes Leben«, antwortete Hendrik. »So hat er's ja geschrieben.« Er kickte den Stein auf die Wiese. Das mit dem zweiten Kind würde er Liam gleich noch erzählen, jetzt ging es erst einmal nur um ihn.

»Um diesen feigen Kerl und Rabenvater will sie ein Jahr trauern?«, fragte Liam und setzte gleich nach: »Na ja. Eine Weile steht sie bestimmt noch unter Schock. Und was ist, wenn Tim zurückkommt? Das ist das Problem, oder?«

»Das auch.«

»Wird das ein Ratespiel? Gut, dann tippe ich, dein Problem ist, du hast es ihr noch nicht gesagt.«

»Doch. Aber sie besteht auf ihr Trauerjahr.«

Liam lachte auf. »Bitte schön, wie soll ich dir helfen? Du bist doch nicht der, der zu trauern hat. Ich trauere nicht um Tim, ich bin stinksauer. Also bitte, hab Spaß im Leben.«

Noch ein tiefer Atemzug. Dann begann Hendrik zu erzählen. Von jenem Abend in der Kneipe mit Tim, dem magischen Moment, dem Vereinen ihrer blutigen Finger, ihrem Eid begleitet von dem Song von Queen und seinem Gefühl, an den Schwur immer noch gebunden zu sein. Es klang wie eine richtig gute Geschichte, die sich aber schon lange nicht mehr gut anfühlte. »Verstehst du?«, endete er etwas atemlos, denn er hatte immer schneller gesprochen. »Selbst wenn Lena sich auch in mich verliebt oder verliebt ist: Wie würdest du das sehen mit der sogenannten Trümmerbeseitigung? Ist es – in Anführungszeichen – *richtig*, wenn ich Lena begehre, die Frau meines einst besten Freunds, dem ich geschworen habe, immer zu helfen, unter allen Umständen? Wir wissen doch gar nicht, was mit ihm passiert ist. Nehmen wir an, ich liege mit Lena im Bett und er steht irgendwann vor der Tür!«

Liams Gesichtsausdruck fror ein. Eben noch hatte er von seinem Leben geschwärmt, laut gelacht, gestikuliert und Hendrik erst neugierig und dann bedauernd angesehen, seine lebendige Mimik und Gestik waren stets wie ein offenes Buch. Nur sagte er kein Wort.

Vielleicht dachte er nach. Hendrik wartete. Ein paar Wellen, die ein großes Frachtschiff übers Wasser geschickt hatte, plätscherten träge ans Ufer.

»Damals«, sagte Liam. »Warum habt ihr mich nicht in euren Bund einbezogen?«

Hendrik runzelte die Stirn, weil es extrem anklagend klang. »Du warst doch gar nicht da, du warst in England.«

»Aber wir drei waren damals dicke Freunde. Warum habt ihr mir nichts erzählt, oder warum haben wir das nicht zu dritt wiederholt, diesen Eid?«

Hendrik zuckte mit den Schultern. »Keine Ahnung. Es war ein ganz besonderer Akt an einem besonderen Abend. Wir hatten das doch nicht geplant, und Tim und ich haben nie wieder richtig darüber gesprochen. Aber ein paar Wochen vor seinem Verschwinden hat er mich danach gefragt. Er hat also genau gewusst, was er tat und was er von mir erwarten konnte. Ich habe geantwortet: ›Klar, ich werde das nie vergessen.‹« Hendrik holte den blutfleckigen Bierdeckel aus der Tasche. Er steckte in der Klarsichthülle aus seinem Studienordner, und er hielt ihn Liam hin. »Hier ist das Relikt unseres Schwurs. Ich kann es doch nicht einfach wegwerfen und so tun, als wäre es nur eine Teenagerfantasie gewesen. Wir waren erwachsen. Wir wussten, was wir da taten. ›Friends will be friends‹. Und ich Idiot habe mich in Lena verliebt!«

Liam ignorierte den Bierdeckel, bückte sich, nahm einen Stein und schleuderte ihn ins Wasser. Es war ein wütender Wurf. Abrupt ging er weiter und sagte dabei: »Jetzt weiß ich, warum ich mich oft wie ein fünftes Rad am Wagen gefühlt habe.«

Hendrik kam hinter ihm her. »Tut mir leid, das wusste ich gar nicht.«

»Ja, Mann. Als ich dann wegging, hab ich versucht, die Freundschaft zu euch aufrechtzuerhalten. Aber Tim war plötzlich nur noch mit seiner Karriere und Kontoständen beschäftigt, und du hast mich auch nur selten besucht in all den Jahren. Ich beackere dich wie blöd, dass du hierherkommst, und du lässt mich schon seit Monaten ins Leere laufen.«

»Ins Leere laufen?«

Liam blieb stehen und riss ihm die Klarsichthülle mit dem Bierdeckel aus der Hand. Er holte das Stück Pappe heraus, betrachtete, drehte und wendete es. »Euer Blut«, sagte er kopfschüttelnd. »Warum erzählst du mir erst jetzt davon? Du bemängelst Tims Vertrauen und bist selbst nicht viel besser.« Liam gab ihm das Ding wieder zurück. »Das hier ist wertvoll.«

Hendrik starrte zum hundertsten Mal, seit Tim verschwunden war, auf den besudelten Bierdeckel. In den vielen Fantasyromanen, die er gelesen hatte, fand er genau so etwas faszinierend: Immer hatte der Held eine Schatzkarte, einen magischen Ring oder eine verschlüsselte Botschaft zu verteidigen. Genau daran war all seine Treue, Loyalität und alles Vertrauen gebunden, das eigene und das der anderen. Furchtbares passierte, wenn der Held die mächtige Bedeutung des Gegenstands oder der Botschaft vergaß. Harte Proben und Kämpfe waren zu bestehen, um ans Ziel zu kommen. Aber Hendrik wusste gar nicht, was wirklich sein Ziel war: Lena zu gewinnen? Oder einem Idealbild von sich selbst gerecht zu werden, dem stillen Helden Hendrik, der sonst im Leben nicht viel erreicht hatte? Liams Reaktion verwirrte ihn nur noch mehr. »Wie meinst du das: Ich bin selbst nicht viel besser als Tim?«

»Du bist sauer, weil Tim dir nicht vertraut hat und du genauso wenig von ihm wusstest wie jeder andere auch. Aber ihr beide habt mich damals auch ausgeschlossen. Jetzt kommst du mit deinem Geheimwissen rüber, jetzt, wo du nicht weiterweißt. Liam, der Notnagel.«

Hendrik war überrumpelt. So hatte er es nie betrachtet.

»Aber zum Glück entscheidet jeder allein, ob er jemands Freund ist. Und wenn ja, dann gilt das ohne Gegenleistung. Unter allen Umständen. Ohne jede Nachfrage«, murmelte Liam. »Das habt ihr gut ausgedrückt.«

Noch mal erklang ein Schiffshorn, lang und laut, und ein Schauer lief über Hendriks Rücken.

»Also, wie kann ich dir helfen?«, hörte er Liam fragen, den er nicht ansehen konnte, weil seine Worte ihn tief getroffen hatten. Sie standen nun voreinander, und im nächsten Moment zog Hendrik Liam an sich und legte seine Stirn auf die seines Freundes, so wie er es mit Tim gemacht hatte, und das Schiffshorn ertönte noch mal. Zu dritt hatten sie in den Semesterferien mal überlegt, auf einem Frachtkahn anzuheuern, ein Stück um die Welt zu fahren. Plötzlich hatte Hendrik das Gefühl, Tim wäre da. Die verbindende Geste holte den Freund zu ihm zurück, genau hier und jetzt an den Strand bei Övelgönne.

Liam sprach es aus: »Irre, ich habe das Gefühl, Tim schaut uns gerade zu.«

Wo sich ihre Köpfe berührten, wurde es heiß. »Okay«, stieß Hendrik hervor, seine Stimme war vor Aufregung heiser. »Dann frage ich jetzt euch beide: Wie soll ich mich verhalten? Kann, soll, darf ich mich in Lena weiter verlieben? Oder soll ich lieber abhauen, endlich nach Hamburg kommen, unter Berlin einen Schlussstrich ziehen?«

Das Schiffshorn verklang wie ein Klageruf in der Luft, und Liam antwortete: »Am liebsten würde ich sagen, das klingt kompliziert, komm lieber her. Aber Tim hat ein seltsames Mitspracherecht, und auch wenn er ein Arschloch ist, wünscht er sich wohl kaum, dass Lena in ihrem Leben nicht mehr glücklich wird, nur weil er so feige ist. Die Antwort kann also nur sein: Ja, verliebe dich, und wenn sie mit dir glücklich werden will, dann soll sie es dir aber auch zeigen. Ganz einfach. Das würde er denken und sagen, genauso wie ich. Kompliziert war Tim nie.«

Sie gingen auseinander, kühle Luft strich Hendrik über die Stirn. »Ja«, sagte er nur. Es klang schlicht und richtig.

»Jetzt ist Tim wieder weg«, sagte Liam. »Ob Einbildung oder nicht.«

Sie klopften sich gegenseitig auf die Schulter. Dann mussten sie lachen, genauso wie Hendrik damals in der Kneipe mit Tim gelacht hatte, verlegen, erleichtert und auch mit dem Gefühl, innerlich ein Stück gewachsen zu sein. »Und jetzt erzähle ich dir den Rest der Geschichte«, sagte Hendrik. Sie gingen zum nächsten Strandlokal, und Liam fiel fast vom Hocker, als Hendrik ihm von Janines Anruf und dem Besuch bei ihr berichtete.

KAPITEL 13

EIN FAST ECHTER TOD

Mit unheimlicher Seelenruhe saß Lena am Steuer. Sie fuhr allein, sie fuhr schnell und sie war konzentriert. In der Kita hatte sie den Wohnungsschlüssel sowie eine Vollmacht hinterlegt, damit Tinka Luca abholen konnte, falls sie es selbst nicht schaffte. Sie hatte keine Ahnung, ob sie Janine in ihrer Wohnung antreffen und wie lange ihr Gespräch dauern würde. Sie wusste nur, sie musste gleich am nächsten Tag wieder hinfahren und sie überrumpeln. Dann würde sie am meisten erfahren, und sie musste allein mit ihr sprechen. Als Lena Fast-Löwenhaupt.

Wieder bestaunte sie beim Überqueren der Elbe die herrschaftliche Skyline Dresdens und dachte: Alles konnte der Mensch erschaffen – Großes und Erhebendes, Kleines und Erniedrigendes. Tim war ihr Garant für das Große gewesen, fest und glücklich hatte sie daran geglaubt, mit ihm ein unangreifbar tolles Leben führen zu können. Sich irren aber gehörte zum Menschsein dazu, und wie schlimm es sich für sie noch anfühlen würde, das konnte sie nur ahnen. Sie ließ sich vom Navi in die Straße leiten, wo Tim eine Wohnung für seinen heimlichen Sohn und die Mutter gekauft hatte, fuhr langsam und beobachtend, falls Janine gerade auf der Straße ging, doch kaum jemand war zu sehen, die Kinder waren schon untergebracht oder in der Schule, die Eltern bei der Arbeit oder wieder zu Hause. Erst als Lena vor dem Haus parkte, spürte sie ihre Aufregung. Sie nahm sich noch ein paar Atemzüge Zeit, legte die Hände im Schoß übereinander, die Handflächen nach oben, die Daumen berührten sich. Eine Art Yoga für die Hände, das sich Mudra nannte. Genau wie jeder kleine Gedanke das Leben beeinflussen konnte, bewirkte auch die Haltung jedes einzelnen Fingers etwas im Körper und im Geist, förderte Entspannung und inneren Frieden oder brachte Energie und Klarheit. Vielleicht war es mit dieser Geste so, als wollte sie mit einem Tropfen Wasser ein großes Feuer löschen. Dennoch. Die aufflackernde Nervosität ließ sich mit dieser Handhaltung ein wenig beruhigen. Lena wollte möglichst normal vor der Tür stehen und nicht innerlich brennend oder gar schreiend.

Sie stieg aus. Ihre Schritte waren fest. Sie klingelte, es war halb elf. Eine fragende Stimme kam aus der Gegensprechanlage, es musste Janine sein, und sie antwortete ruhig: »Ich bin's noch mal, Lena. Von gestern.«

»Lena? Von gestern?«

»Da hieß ich Hanna. Aber das stimmt nicht. Können wir uns unterhalten?«

Der Türöffner summte, und sie ging mit leisen Schritten zur Wohnungstür. Sie trug eine bequeme Hose, flache Schuhe, kaum Schminke. Sie wollte vor Janine möglichst neutral auftreten, nur wissen, was in den vergangenen Jahren geschehen war. Mehr nicht, aber dafür ganz genau.

Sie standen sich an der offenen Tür gegenüber, Janine hatte weiße Turnschuhe an und war einen halben Kopf größer. »Du wieder?« Sie trug einen Jogginganzug, war etwas außer Atem, hatte die Haare zu einem Knoten auf dem Kopf zusammengebunden. Heute wirkte sie wie eine Riesin, vielleicht hatte Tim das besonders toll gefunden. »Hast Glück. Bin gerade zurück und heute ist mein freier Vormittag.«

»Was arbeitest du?« Lena fragte das genauso selbstverständlich, wie Janine sie empfing. Vielleicht konnten sie sich jegliches Theater ersparen.

»Zahnarzthelferin«, sagte Janine und ließ die Tür offen, ging den Flur entlang zum Bad. »Bin gleich da, du kennst dich ja schon ein bisschen aus.«

Lena ging ins Wohnzimmer zu dem Bild von Tims Zweitfamilie und nahm es in die Hand. Schattenfamilie, das war der Begriff, der zu solch einem Doppelleben passte. Auch in Tims Gesicht musste irgendwo ein Schatten zu finden sein, eine Spur davon, dass er auf dieser Aufnahme mit Janine und Elias nicht ganz so glücklich war wie mit ihr, Lena, und Luca, seiner echten Familie. Doch Tims Blick war der gleiche, den sie aus glücklichen Momenten mit ihm kannte, ebenso das Lächeln und die Mimikfältchen. Janine stand plötzlich neben ihr, mit nun offenen, gekämmten Haaren.

Lena hielt das Bild fest, als wäre es ihr Besitz. »Ich bin die Mutter von Tims Sohn Luca. Er ist vier. Ich bin Lena. Sagt dir mein Name etwas?«

Janine sah sie bestürzt an. »Echt jetzt? O Mann, klar. Komm, setz dich. Also ich muss mich jedenfalls setzen.«

Betont ruhig hängte Lena das Bild zurück. Keine Ahnung, was sie von dieser Person halten sollte. Janine war nicht mal unsympathisch, sie wirkte ehrlich, auch wenn es ihr nicht zustand, die Schockiertere von ihnen beiden zu sein. Lena setzte sich an den Tisch, Janine aufs Sofa und starrte sie an.

»Mein Gott«, stieß sie aus.

»Ich möchte alles wissen«, sagte Lena. »Seit wann geht das mit euch, wieso hat er dir ein Kind gemacht, als ich gerade eins bekam? Wusstest du von mir? Und …« Sie musste tief einatmen

245

und kurz die Luft anhalten, denn Heulen wollte und würde sie nicht. »Warum habt ihr das getan? Warum?« Das letzte Wort stand sehr laut im Raum.

Janine hob die Hände. »Hey, ich bin nicht so eine, wie du vielleicht denkst. Ich wollte gar kein Kind. Und Tim hat erst von dir erzählt, als ich plötzlich schwanger war. Ich schwöre es dir.«

»Und warum wurdest du schwanger?«, fragte Lena mit belegter Stimme und kam sich augenblicklich blöd vor. »Ich meine, ihr hattet Sex. Aber schwanger?« Es war unmöglich, bei den letzten beiden Worten sachlich zu klingen.

An Janine schien dieser indirekte Vorwurf abzuprallen. »Glaub nicht, dass ich mich da immer nur darüber gefreut habe. Es war Schicksal. Ich kenne eigentlich meine fruchtbaren Tage, und doch ist es passiert.«

»Kein Kondom?« Nun war Lenas Stimme nur noch ein dünner Faden, der sie mit der Realität verband, und die Realität hielt nun mal alles bereit, alles war möglich, daran wollte sie sich immer erinnern. Ein Seitensprung war irgendwie zu verschmerzen, manchmal hatte sie es geahnt, Marlene hatte sie sogar mal direkt danach gefragt. Aber Fremdgehsex ohne Schutz?

»Doch, klar. Nur an diesem Abend nicht und noch ein anderes Mal nicht, im Eifer des Gefechts, sonst immer. Ist dumm, ich weiß. Ich habe aber keine Krankheiten, keine Angst. Bin von oben bis unten durchgecheckt.« Janine rappelte sich hoch. »Wir hatten einfach eine tolle Affäre. Tim ist dazu noch extrem spendabel. Ich habe noch nicht so viel vom Leben gehabt. Ich habe das genossen, verstehst du? Aber das Kind hat eben alles verändert.«

»Nur eine tolle Affäre? Ist sie aus dem Himmel gefallen?«

»Ich erzähle es dir gern. Dazu stehe ich. Tim kam in die Praxis, und wir sahen uns während der Behandlung zu tief in die Augen. So fing es an. Er wollte meine Nummer, führte mich aus, kam alle paar Wochen. Ich habe nichts hinterfragt, warum auch? Ich habe mich da reinfallen lassen.«

»In der Zeit, als ich mit Luca schwanger war«, ergänzte Lena trocken, als säße sie in einem Zeugenstand und sollte alles nur möglichst knapp und präzise berichten. *Bitte nicht zu viele Emotionen, auch wenn Sie das Opfer sind und Ihr Leben bis auf die Grundfeste zerstört wurde!*, mahnte ein unsichtbares Gericht. *Hier zählen Fakten, Fakten, Fakten!*

»Ja, so war es wohl. Wie gesagt, ich habe von dir erst im Nachhinein erfahren, das musst du mir schon glauben. Du wolltest monatelang keinen Sex, oder? Ich fand's trotz Schwangerschaft toll.«

Lena drückte unter dem Tisch die Daumen fest aneinander. »Ach so, ja klar. Deswegen also.« Sie stellte sich vor, wie sie Tim eine schallende Ohrfeige gab. Und sich auch eine kleine. Tim hatte so getan, als wäre es für ihn in Ordnung, statt Sex zu haben nur ihren Bauch zu streicheln, und sie hatte nie weiter nachgefragt. Sie hatte keine Lust gehabt und fertig, für eine schwangere Frau war das vielleicht einfacher abgehakt als für den Mann. Es war ein Thema, um das sie sich beide gedrückt hatten, nie hatten sie offen darüber geredet. Aber es konnte keine Rechtfertigung für Elias' Existenz sein. Höchstens ein winziger Anhaltspunkt im großen Dunkel, warum manches so gekommen war.

»Tut mir echt leid«, erwiderte Janine. »Willst du einen Kaffee?«

»Ich möchte alles wissen. Jetzt.«

Janine zuckte mit den Schultern und zog die Beine an die Brust. »Ich habe mich geweigert, die Schwangerschaft abzubrechen. Ich habe Tim rausgeworfen! Da kam er wieder. Das verträgt er nicht. Sein riesiges Ego. Dann erst erfuhr ich von dir, von seiner Familie in Berlin. Ich fand's schlimm, aber was kann ein Embryo dafür? Nichts. Den Vaterschaftstest hat er von sich aus gemacht.« Ungeschminkt und auf dem Sofa kauernd sah Janine plötzlich sehr jung aus. Zahnarzthelferin. Lena erinnerte sich schwach, dass Tim mal woanders zum Zahnarzt musste. Und er hatte eine Weile in Dresden zu tun gehabt. Er hatte, als sie glücklich schwanger war und Sex nicht vermisste, also kurzerhand die Zahnarzthelferin flachgelegt und später, wie Janine es ausdrückte, im Eifer des Gefechts in irgendeinem Nobelhotel geschwängert. Hilfe! Die Geschichte war zum Gruseln, und ihr war schlecht. »Kann ich bitte ein Glas Wasser haben?«

Janine holte zwei Gläser Wasser und dann saßen sie sich am Tisch gegenüber. Tims heimliche Geliebte spielte nervös an ihren langen Fingernägeln herum. »Tim ist kein Verbrecher. Er hat Elias ziemlich geliebt. Er hat ihm immer ein neues Kuscheltier mitgebracht.«

Vorbei war es mit dem Yoga für die Hände. Lenas Hände unter dem Tisch verkrampften sich. »Und du magst bestimmt gern die Farbe Pink?«

»Ja. Ganz genau. Woher weißt du das?«

Lena hatte es schon vor dem Brief geahnt. Die Tüte im Schrank! Auf Janines Frage ging sie nicht ein, jetzt war sie an der Reihe. »Wie oft habt ihr euch gesehen?«

»Hast du gestern schon gefragt. Ein- bis zweimal im Monat, er kam dann ein bis zwei Nächte. So ungefähr. Irgendwann Anfang des Jahres habe ich verlangt, er soll es dir sagen und mit offenen Karten spielen. Mir war ja klar, dass wir nie heiraten würden. Aber es wäre auch besser für ihn gewesen, damit er nicht so viel lügen muss. Ich wollte für alle eine Lösung finden, und das hätte vielleicht auch klappen können.«

»Natürlich. Der Arme musste so viel lügen.«

Janine schüttelte den Kopf. »Du bist total sauer, das verstehe ich. Ich hätte die Lügen auch irgendwann aufgedeckt, aber er hat ein Riesengeheimnis um sein Leben in Berlin gemacht. Irgendwann konnte ich mal eine Nummer auf seinem

Handydisplay sehen und mir merken, fast immer hatte er sein Handy versteckt. Diese Nummer war dann die von deinem angeblichen Freund von gestern.«

Wieder fügte sich ein Puzzlestück in das große Grau ein, diesmal mit der Farbe Pink. Lena rieb sich die Schläfen. »Warum meldest du dich erst jetzt? Es ist schon so lange her, dass er verschwunden ist.«

»Ich wollte ihm nie hinterherlaufen. Aber ich vermisse ihn auch, und wenn er tot wäre, möchte ich an seinem Grab wenigstens mal Blumen niederlegen. Daran denke ich plötzlich öfter. Er ist doch nicht tot, oder?«

»Sein Abschiedsbrief klingt nicht danach.«

»Nein.«

Es war ein kalter Guss nach dem anderen. »Dir hat er auch was geschrieben?«

»Ja, aber nicht viel. Ich soll mir keine Sorgen machen. Es geht nicht anders. Es tut ihm sehr leid. So in etwa.«

»Ich würde den Brief gern sehen.«

»Nein, selbst wenn ich ihn hätte. Das ist privat, und außerdem habe ich ihn zerrissen. Tim ist ein Feigling, weil er kurz nach dem Brief auch noch seine Telefonnummer gewechselt hat. Er hat sich unerreichbar gemacht.« Janine verschränkte die Arme.

Lena spürte einen tiefen Stich und fragte sich kurz: Wer hatte den besseren Brief von Tim bekommen? Doch das war ihr altes Ich, das nur an sich dachte und in einer zurechtgebastelten Welt lebte. Sie ließ aus ihren Händen wieder eine Schale werden und dachte: Im Moment ist die Schale leer. Darin lagen weder Hass noch Liebe. Freundlichkeit aber war das Mindeste, was sie dort hineinlegen konnte. Wozu sollte es gut sein, Janine böse zu sein? Sie glaubte ihr. Ihre Geschichte war nicht zurechtgelegt, alles ergab Sinn. Eins plus eins war für Tim zu viel gewesen: Janine hatte von Tim eine Offenlegung verlangt, und sie, Lena, drängte zur gleichen Zeit in Berlin auf ein zweites Kind. In diesem Moment fiel es Lena wie Schuppen von den Augen: Tim hatte nie richtig geliebt, konnte es vielleicht gar nicht, sein Gefühlsleben war nie reif, sondern viel zu früh zusammengeprügelt worden. So etwas gab es. Er dachte, er würde sie und Luca lieben, dann traten Janine und Elias in sein Leben, und er kam völlig durcheinander. Das alles passte nicht zu seinem Selbstbild des Über-Tims, der alle beschützen und versorgen und immer der Beste sein wollte. Ein gütiger Hauch von echtem Verständnis wehte durch ihr Bewusstsein. *Mögen alle Wesen glücklich sein!* Nun spürte sie diesen Wunsch ganz real in sich. Mildernde Umstände, liebes Gericht!

»Ich vermisse immer noch unsere regelmäßigen Gespräche am frühen Morgen«, sagte Janine. »Manchmal fragte ich mich schon, warum du davon nie etwas mitbekommen hast.«

Lena stutzte. »Wieso? Was meinst du damit? Wann denn immer am frühen Morgen?«

»Meistens so gegen sieben Uhr. Unter der Woche haben wir fast jeden Tag miteinander gesprochen, außer wenn er sehr weit weg war wegen dem Zeitunterschied.«

Lena entwich ein seltsamer Laut, eine Mischung aus Stöhnen, Aufheulen und Schreien.

»Was ist?«, fragte Janine erschrocken, und Lena bewegte die Kraft des ganzen Universums, um möglichst sofort von diesem furchtbaren neuen Schlag abzulenken und beiläufig zu sagen: »Ach, nichts. Seit wann hast du diese Wohnung hier?« Sie musste unbedingt über etwas völlig anderes reden, um gefasst zu bleiben. Jeden Tag morgens um sieben! Wenn Tim gerade noch diesen klitzekleinen Bonus von eben gehabt, eben noch diesen Hauch von Güte in ihr erweckt hatte – jetzt war alles schon wieder verspielt. Das stille Zimmer! Lena hatte es großartig gefunden, weil ihr künftiger Mann darin regelmäßig meditierte oder betete. Sie hatte Tim manchmal hinter der Tür leise murmeln gehört und war sich immer sicher gewesen, es handelte sich, egal was er darin tat, irgendwie auch um ihr großes gemeinsames Glück, das er dort zelebrierte. Aber das Gegenteil war der Fall. Er hatte telefoniert und leise mit Janine gesprochen. Bäng! Der Raum war von ihm nicht für heilig erklärt worden, weil er heilig war, sondern weil er ihn dafür benutzte, um sie perfekt zu betrügen. Lena spürte, wie etwas in ihr zerbrach. Nicht nur die Liebesbeziehung, auch die gemeinsame geistige Basis, auf die sie manchmal so stolz gewesen war, lag in Schutt und Asche.

»Ich und Elias in der alten Einraumwohnung, das ging gar nicht, wenn Tim zu Besuch kam. Diese Wohnung hat er günstig erworben, so sagte er es jedenfalls. Vor etwa zwei Jahren.« Janine ging arglos auf ihre Frage ein und merkte nicht, dass Lena sich im Inneren im freien Fall befand. »Dafür werde ich ihm ewig dankbar sein, und wer weiß, vielleicht steht er doch bald wieder vor der Tür. Tut mir echt leid, dass er auch dir abgehauen ist.«

Auch dir abgehauen ... In Janines Augen hatte Tim mit ihr in Dresden also eine gleichwertige Beziehung geführt wie mit ihr, Lena, in Berlin. Das tat dem Ego furchtbar weh. Wieder brauchte sie die ganze Kraft des Universums, um beherrscht fragen zu können: »Was machst du, wenn er vor der Tür steht?«

»Ich freue mich natürlich! Aber er kriegt auch eine Standpauke, die sich gewaschen hat. Vielleicht gehe ich nie wieder mit ihm ins Bett, ich weiß es noch nicht.«

Lena hatte selten eine Frau kennengelernt, die so schnörkellos sprach und anscheinend auch fühlte. Sie war von Janines entwaffnender Art – entwaffnet! Lena trank das Glas Wasser aus und legte ihre Visitenkarte auf den Tisch. »Ruf mich an, wenn du etwas von ihm hörst, versprochen? Alles andere wäre ... Hochverrat.«

»Versprochen. Und du auch!« Janine hob die Finger zum Schwur. In diesem Moment wirkte sie kindlich ernst. »Ganz schön gemein, dass ihr mich gestern angelogen habt.«

Lena nickte. »Deswegen war ich heute hier. In dieser Sache wird niemand mehr angelogen, das schwöre ich.«

Janine lächelte aufrichtig und sagte: »Ein Glück. Danke. Bis hoffentlich bald.«

* * *

Tinka schwankte leicht, als sie vom Boden aufstand. »Ojemine, ich vertrage rein gar nichts mehr«, sagte sie und deutete auf die beiden Champagnerflaschen, die auf dem Tisch standen. »Seid ihr nicht total blau? Ich habe nur zwei kleine Gläser getrunken!«

Lena saß an Marlene gelehnt auf dem Sofa und schwebte irgendwo zwischen Himmel und Hölle. Es tat unendlich gut, sich mit ihren Freundinnen zu beschickern, doch der Anlass war absurd. Lena hatte die beiden nach ihrer Rückkehr aus Dresden sofort angerufen, und sie waren am Abend zu ihr gekommen. Der Bericht von Tims Doppelleben mit allen Details hatte auch sie schockiert. Anfangs tranken sie Tee, und Lena versuchte, sich während des Erzählens nicht vorzustellen, was Tim und Janine in den vergangenen vier Jahren miteinander getrieben hatten. Doch nicht an den berühmten rosa Elefanten zu denken, war schlicht unmöglich. Abwechselnd hatte sie gelacht und geweint. Sie war nicht mehr dieselbe Person, die sich am Morgen ins Auto gesetzt hatte. Loslassen machte frei, und Loslassen tat weh.

»Für mich ist Tim jetzt wirklich gestorben«, hatte Lena schluchzend zu ihren Freundinnen gesagt, und Marlene erwiderte daraufhin trocken: »Ich finde, darauf sollten wir jetzt wirklich mal anstoßen.«

Sogar Tinka hatte eine Ausnahme gemacht, sie trank sonst schon lange keinen Alkohol mehr. An diesem Abend genoss sie es. »Wow, was für ein Tropfen«, hatte sie nach den ersten Schlucken festgestellt und hinzugefügt: »So was habt ihr öfter getrunken? Damit lässt sich manche Streitigkeit natürlich angenehm vernebeln.« Sie lachte und wurde wieder ernst. »Es ist gut, dass Tim für dich gestorben ist. Du hast ihm nachgetrauert und auf irgendein Wunder gehofft. Jetzt hast du Klarheit. Du hast dein eigenes Leben wieder! Möge es dir gelingen! Prost!«

Die zweite Flasche war fast leer. Die Uhr zeigte schon nach Mitternacht. Lena nestelte sich aus der Decke, unter die sie sich gekuschelt hatte. »Ich bin so müde.«

»Ich kann bleiben«, bot sich Tinka an.

»Quatsch«, sagte Lena. »Ich lege mich ins Bett und schlafe wie ein Stein. Und morgen ist ein neuer Tag.«

Sie umarmten sich.

»Bist du sicher?«, fragten Tinka und Marlene an der Tür noch mal fürsorglich, bevor sie in den Hausflur traten.

»Aber ja.« Lena schubste sie spielerisch hinaus. Als die Schritte ihrer Freundinnen nicht mehr zu hören waren und die schwere Haustür ins Schloss gefallen war, bereute sie ihre Entscheidung jedoch schon. Der Alkohol hatte sie mutiger gemacht, als sie war, und auf einmal wurde sie hellwach. In dieser Nacht mutterseelenallein zu bleiben, war keine gute Idee. Mit Tinka und Marlene hatte sie sich geborgen und gut aufgehoben gefühlt. Nun fröstelte sie. Vielleicht zu Luca ins Bett kriechen? Dazu war sie zu angetrunken, das wollte sie dem Kind nicht zumuten.

Schlagartig dachte sie an Hendrik.

Im Wohnzimmer saß sie eine Weile aufrecht da und horchte in sich hinein. Doch *es* war da. Es, das sie bisher nicht für sich benannt hatte, weil sie sich ein Jahr Zeit geben wollte, die Sache mit Tim zu verdauen. Es, das war die leise Sehnsucht danach, in Hendriks Nähe zu sein. Seine angenehme Stimme zu hören, in seine klaren grünen Augen zu blicken, eine sanfte Berührung von ihm zu spüren, zufällig oder gewollt, es hatte immer eine wohlige Empfindung in ihr ausgelöst. Was sie nie erwidert hatte, oder sie war zurückgezuckt, weil sie gern mehr davon gehabt hätte, viel mehr, und das hatte ihr Angst gemacht. Es war nicht passend gewesen, einen anderen zu begehren, zu früh und vielleicht auch falsch, weil es Tims besten Freund betraf. Die widerstrebenden Gedanken darüber hatten sie von Anfang an verwirrt. Nun nicht mehr. Sie wollte Tim nicht zurück, unter keinen Umständen. Und es war auch nicht so, dass Hendrik ein Lückenbüßer war. Er gefiel ihr sehr, und das schon länger, als sie es sich hatte eingestehen wollen. Seine drahtige Gestalt, sein Wesen, sein Rat, seine ruhige Ausstrahlung, sein Alles. Der erste Staudamm brach, und die Gedanken flossen unzensiert. Sie wollte ihm nah sein, und zwar jetzt!

»Hey«, meldete sich Hendrik mit einer Stimme am Telefon, die vom Schlaf brummig und tief klang. »Das ist ja eine Überraschung.« Dann, nach einer Sekunde, in der er wahrscheinlich erst wach wurde, setzte er fast erschrocken und mit heller, alarmierter Stimme nach: »Lena, ist etwas passiert?«

Ein zweiter Staudamm brach. Jetzt erst konnte sie die ganze Dankbarkeit spüren, die sie für Hendrik empfand, weil er für sie da war, sich mit ihr sorgte und um sie sorgte, von Anfang an, so viele Monate schon. Nie hatte er dafür etwas verlangt, nicht mal auf einen richtigen Kuss hatte er gedrängt und er war auch nicht böse gewesen, als sie aus dem Auto gesprungen war und die Tür zugeknallt hatte, völlig verrückt, statt ihn endlich richtig zu küssen. Ihre Lippen aufeinander, still und warm, es hatte sich so gut angefühlt.

»Lena, was ist los? Sag, bitte!«

Seine Alarmbereitschaft war absolut echt, und wahrscheinlich würde er ihr jeden Gefallen der Welt tun, um den sie ihn bat. Diesen einen, den sie gleich aussprechen würde, auf jeden Fall. »Könntest du zu mir kommen? Möglichst bald? Heute Nacht?«

Kein erstauntes *Was, jetzt?* oder *Bist du dir sicher?* Nichts, was jetzt noch ihre Meinung verändern konnte in letzter Sekunde, weil Tim für sie gestorben war, aber Tote, die man geliebt hatte, eben doch nie ganz aus dem Leben verschwanden. Ein Herz war riesig, so groß wie das Universum, es war dort Platz für alle und jeden. Irgendwo da drin war Tim immer noch, schon allein als Vater ihres gemeinsamen Sohns. Es war schlicht unmöglich, diese Beziehung zu zerstören. Es lag nicht in ihrer Macht, sie ganz zu lösen, niemand konnte so etwas tun.

Lena lauschte, Hendrik lauschte. Beide hielten sie die aufgeregte Stille, die sie statt Worten miteinander verband, eine Weile aus.

Dann legte Hendrik seine ganze Kraft und Klarheit in diese drei Worte: »Ich komme gern.«

Es dauerte keine halbe Stunde, bis ihr Telefon klingelte. »Ich stehe vor der Tür«, sagte er. »Diesmal bin ich nicht gelaufen. Wenn ich dich richtig verstanden habe, sollte ich fliegen. Bin sogar geblitzt worden, und es ist mir so was von egal.«

Sie drückte auf den Summer, das Herz schlug ihr bis zum Hals. Während des Wartens hatte sie darüber sinniert, wie weit sie gehen würde, und nicht ein klarer Gedanke war dabei gewesen. Wollte sie Sex oder einfach nur Nähe? Ihre Gedanken blieben fern und abstrakt, erst musste sie Hendrik gegenüberstehen und in seine Augen schauen.

Er machte beim Eintreten in den Hausflur kein Licht, und sie machte auch keins. Seine Schritte kamen näher, es war wie im Krimi, ein Liebeskrimi. Das Licht, das aus der Wohnung hinter ihr fiel, beleuchtete die auf sie zukommende Silhouette nur schwach. Irgendwo in ihrem Inneren wurde es hell und warm. Hendrik blieb vor ihr stehen.

»Hey«, begrüßte er sie noch mal.

Sie ließ ihn herein, schloss die Tür und sagte: »Du bist da.« Einen winzigen Augenblick bäumte sich in ihr das alte Ich auf, das so eng an Tim gebunden gewesen war, und das sich dem, was sie eigentlich wollte, vielleicht doch noch widersetzen konnte. Sie konnte Hendrik sagen, sie brauche jemanden zum Reden, sie könne nicht schlafen und wolle ihm alles erzählen, was sie von Janine erfahren hatte. Ganz sicher würde es ihn interessieren, er würde die Kröte schlucken, deswegen gerufen worden zu sein, sich ihr gegenüber hinsetzen und vielleicht ihre Hand streicheln. Doch dann dachte sie an ihre eigenen Worte, die sie heute erst in Dresden geschworen hatte: »In dieser Sache wird niemand mehr angelogen, das schwöre ich.« Hendrik hatte es als Allerletzter verdient. Sie legte die Hand in seinen Nacken und zog ihn zu sich.

Ihre Gesichter waren sich so nah, dass sie seinen Atem spürte, schwebten voreinander. Es lag an ihr, auch die letzten Zentimeter zu ihm zurückzulegen, und es war ein langer Weg. Aber er war nicht schwer. Sie küsste ihn.

Danach legte Hendrik den Arm um sie, und sie gingen als Liebespaar den Flur entlang. Kurzes Zögern vor dem Wohnzimmer. Erst einen Drink, Small Talk?

Small Talk? Nicht möglich. Sie küsste ihn wieder. Schmeckte, fühlte, spürte und war fast überrascht. Sie hatte gedacht, es gehe nichts über die Küsse mit Tim, die Küsse mit ihm waren besonders gewesen, schmelzend und erregend.

Es ließ sich nicht vergleichen. Eine Blume war rot und die andere blau, beide blühten und dufteten, die eine filigran und zart, die andere üppig und betörend, schön waren beide, und Hendrik küsste zart und leidenschaftlich, vertraut und überraschend anders. Lena führte ihn ins Schlafzimmer.

Es war dunkel darin und kühl.

›Lena.‹

Es lag immer noch an ihr. Hendrik hatte immer noch seine Jacke und seine Schuhe an. Sie kam sich vor wie eine Anfängerin, drückte sich an ihn und sagte leise: »Wenn du bei mir bleiben magst, dann hier.«

»Hier?«

Sie hörte seine berechtigten Zweifel heraus. »Es ist viel passiert. Ich habe tausendmal gelüftet, umgestellt, seine Sachen entsorgt. Ich bin hier allein, und ich möchte nicht mehr allein sein. Ich möchte …« Sie machte die kleine Tischlampe an, die ein warmes und diffuses Licht in den Raum streute. »… mit dir hier sein.«

Hendrik zog seine Jacke aus, trat sich die Schuhe von den Füßen, ohne sich zu bücken, sah sie die ganze Zeit an. Lena entdeckte in Hendriks Blick das Neue, das Aufregende und Verheißungsvolle: Er begehrte sie. Sie begehrte ihn. Es stand nichts mehr zwischen ihnen.

Sie hatte eine ihrer alten Lieblingsblusen an, hatte sich gemütlich angezogen, als ihre Freundinnen kamen. Darunter trug sie ihren bequemsten BH, hatte vor lauter Aufregung nicht daran gedacht, etwas Schöneres anzuziehen. Egal. Es war keine Verführungsnummer. Jetzt gab es nur eine tiefe Sehnsucht. Sie knöpfte Hendriks Hemd auf, damit sie seine Haut sehen, berühren und anfassen konnte. Dunkle Haare auf der Brust. Eine schmelzende Empfindung, als er auch ihre Bluse aufknöpfte und ihr mit seinen warmen Fingern über die Haut strich. Dieser köstliche Moment, einander mit den Händen über den Rücken zu fahren, eng aneinandergedrückt, einander einatmend, die Anspannung und das Begehren in jedem Muskel zu erspüren, das Sehnen der Körper, der Münder, der Poren. Der dritte Staudamm ging auf, als er ihr den BH abstreifte und ihre Brüste in seine warmen Hände hüllte.

»Lena«, sagte er wieder, und sie liebte es schon jetzt, wie er ihren Namen sagte, so warm und ruhig und wer weiß, vielleicht in diesem Leben noch Tausende Male. Sie wollte in seinen Armen den kleinen Tod sterben und morgen als die Frau auferstehen, die sie war: einfach nur Lena, mit dem Mut und Selbstbewusstsein einer Löwin. Dafür brauchte sie keinen angenommenen Nachnamen mehr.

Kapitel 14

Eine tiefe Kluft

Warme Haut und dazu ein Hauch von Parfüm und Schweiß, Spuren der vergangenen Nacht. Diesen Lustcocktail einzuatmen, allein das war ein Hochgenuss, Hochgenuss, Hochgenuss. Eine andere Bezeichnung fiel Hendrik nicht ein, und es war der erste Gedanke an diesem frühen Morgen. Mit geschlossenen Augen lag er da und zögerte den Augenblick hinaus, den Abschied von einer Liebesnacht und den Aufbruch in den Morgen danach, der traumhaft sein konnte oder peinlich, wenn einer von beiden bereute, was zwischen den Laken geschehen war.

Lena hatte ihm den Rücken zugedreht, und er lag so dicht hinter ihr, dass nur ein Blatt Papier zwischen ihre Körper gepasst hätte. Er spürte die feinen Härchen auf ihrer Haut, strich mit den Lippen darüber, noch schlief sie, atmete gleichmäßig und leicht. Auch sonst war es in der Wohnung und im Haus still, viel geruht hatte er in dieser Nacht nicht.

Er bereute nichts. Keinen Kuss, kein Kosewort, keine Bewegung, und er würde alles wieder genauso tun und spüren wollen, wie es passiert war. Sogar das Nur-neben-ihr-Liegen war besonders. Als strömte über diese mikrofeinen Kanäle ihrer Härchen all ihre Weiblichkeit zu ihm herüber. Er atmete noch tiefer, noch bewusster, wollte diesen Moment fest in sich verankern. Hinter die Lider drang der Tag und begann, die intensive Erinnerung an die zurückliegenden Stunden auszudünnen.

Lena hatte zumindest anfangs einen leichten Schwips gehabt und er hatte es süß gefunden, ihre etwas schwammigen Bewegungen und manche nicht ganz deutlich ausgesprochenen Wörter. Sie war aber sie selbst gewesen und nicht eine andere, die nicht wusste, was sie tat und sagte, wie so manche Frauen, die sich ins Unheimliche hinein veränderten, wenn sie tranken und sich dann unvorhersehbar verhielten. Sie hatte mit ihren Freundinnen gefeiert. Was, das verriet sie nicht.

Er öffnete die Augen. Unmöglich, jetzt noch mal einzuschlafen. Graues Licht sickerte durch die Vorhänge. Auf dem Nachttisch gab es einen Wecker im Retrolook, vielleicht war er auch wirklich ein halbes Jahrhundert alt, der Sekundenzeiger glitt lautlos und leicht fluoreszierend über das Ziffernblatt, der Stundenzeiger stand auf kurz vor sieben. Er hätte Lena am liebsten mit Küssen übersät und geweckt und da weitergemacht, wo sie aufgehört hatten. Er hatte wohl etwas Nachholbedarf. Sein letztes Date war Monate her, und das mit Lena war mehr als nur ein Date, es so zu bezeichnen, wäre ein Sakrileg gewesen. Langsam drehte er sich auf den Rücken und drosselte den Strom, der durch Lenas Nähe in seinen Körper floss.

In der Stille des Morgens machte sich ein unangenehmer Gedanke breit, für den in der Nacht kein Platz gewesen war: Hier auf dieser Stelle, wo er lag, hatte auch Tim gelegen und ebenso nach oben an die Decke gesehen, vor der Liebe, nach der Liebe, bei der Liebe, morgens und abends, hunderte Male, mit Lena im Arm. Deswegen hatte sie Hendrik versichert: *Ich möchte mit dir hier sein.* Nur – wollte auch er das – hier? Und wollte sie es immer noch? Es war durchaus möglich, dass sie

Hendrik gleich verwundert anblinzeln, von ihm abrücken, schnell aufstehen und ihm in der Küche, im Stehen, noch einen schnellen Kaffee anbieten würde …

Sie drehte sich auf den Rücken und blinzelte. Sah nach links und in sein Gesicht. Viel mehr konnte er im Halbdunkel nicht erkennen. Fast wollte er sich entschuldigen und spannte schon die Muskeln an, bereit, aus dem Bett zu springen. Da wanderte ihre Hand zu ihm herüber, legte sich in seinen Nacken, zog ihn zu ihr hin und küsste ihn mit feuchten, warmen Lippen auf den Mund. Déjà-vu? Nicht ganz. Es gab einen Unterschied zur Nacht davor, als sie ihn im Wohnungsflur mit genau gleicher Geste überrascht hatte, vor nicht mal sieben Stunden. Jetzt konnte er spüren, dass sie beim Küssen lächelte, und außerdem war sie nackt und drückte ihren Leib an seinen. Besser konnte der Tag nicht beginnen, und er reagierte sofort. Mannomann!

Dann klingelte der Wecker. Aus den lächelnden küssenden Lippen wurden lachende küssende Lippen und schließlich ein richtiges Lachen, frei und hell, und sie steckte ihn damit an. Sie lachten, als sie sich zum Wecker hinstreckte, und sie lachten, als sie sich an ihn ankuschelte und ihr Gesicht an seinen Hals drückte. Hochgenuss! Er musste sich korrigieren: Der schönste Start in den Tag war nicht nur, die Härchen auf dem Rücken der Geliebten zu spüren, sondern ein Kuss voller Lachen. Jetzt wusste er, er war immer noch willkommen. Unter der Decke ließ er seine Hände über ihren nackten Körper gleiten, und beide machten sie wohlig: »Mmh«, passend zum Hochgenuss. Es war überhaupt nichts Fremdes oder Komisches dabei. Als hätte er schon immer gewusst, wie Lenas Körper aussah und sich anfühlte.

Sie löste sich und setzte sich langsam auf. Natürlich sah sie mit den zerzausten Locken atemberaubend aus, ihre Haut schimmerte geheimnisvoll im Zwielicht. Sie fuhr sich mit den Händen durchs Haar, ihre Finger verhedderten sich. »Autsch«, machte sie. »Total verknotet. Kein Wunder nach so einer Nacht.« Wieder dieses helle Lachen, das er vorher bei ihr noch nie gehört hatte und das er bezaubernd fand. Dann stand sie auch schon auf den Beinen, stolperte über etwas, das auf dem Boden lag, und rief wieder: »Autsch! Was fliegt hier denn alles rum?«

Sie ging zum Fenster und zog die Vorhänge zur Seite. Im Zimmer sah es wüst aus, sie hatten ihre Klamotten an Ort und Stelle fallen lassen, hatten sich gegenseitig im Stehen ausgezogen und die Kissen, die das Bett zierten, ebenso einfach auf den Boden geworfen. Außerdem lag da dieser kleine Berg, über den Lena eben gestolpert war: seine Jacke und seine Schuhe. Sie bückte sich: »Die nehme ich mit raus, es reicht, wenn ich mir fast den Fuß breche.«

Er beobachtete sie, und plötzlich sah sie ihn etwas verlegen an, weil sie das erste Mal im Tageslicht nackt vor ihm stand. Mit einer ebenso verführerischen wie überflüssigen Geste hielt sie sich seine Sachen vor den Bauch, verdeckte damit halb ihre Brüste, aber eben nur halb, sodass sie noch reizvoller aussah. Jetzt war er es, der wieder lachen musste, und spielerisch hielt er sich die Hand vor die Augen. »Ups, habe nichts gesehen.« Schon landete ein Kissen auf ihm und noch eins, er verkroch sich unter der Decke.

»Na warte«, sagte sie. »Warte, bis ich wiederkomme.«

Er lächelte. »Wie lange?«

Sie lächelte zurück. »Ich bringe Luca in die Kita. Könnte eine gute Stunde dauern.« Dann ging sie hinaus, und er rutschte noch tiefer, versank in der von Lena dagelassenen Wärme und sah sie noch eine Weile vor sich, wie sie da eben stand und ihn spitzbübisch lächelnd eingeladen hatte, zu bleiben und auf sie zu warten. Eine Weile badete er in dem Gefühl der Vorfreude, dann stand er auf, verließ das warme Liebesnest und ging ins angrenzende Bad.

Als er nach einer ausgiebigen Dusche mit einem Handtuch um die Hüften geschlungen ins Schlafzimmer kam, prallte er kurz gegen eine unsichtbare Wand. Die Schlafzimmertür war offen und Luca war hereingekommen. Der Kleine strahlte ihn an, Lena stand im Türrahmen. »Er hat deine Jacke entdeckt und gewusst, dass du da bist. Er ist eben ein kluges Köpfchen.«

»Ist heute Fußball?«, fragte Luca und kam auf ihn zu, wollte hochgehoben werden. Der Kleine hatte also seine rote Jacke wiedererkannt, die er bei den vergangenen Malen angehabt hatte, als sie gemeinsam beim Training waren. »Ich habe das Tier gesehen«, sagte er stolz und meinte wohl die berühmte Raubkatze, die als Logo die Jacke zierte.

Hendrik ging in die Knie. »Nein, heute ist kein Fußball.«

»Warum bist du denn da?«

Luca tatschte mit seinen Händen über seinen nackten Oberkörper und entdeckte die kleine Tätowierung auf der Brust. Sofort war er abgelenkt, und Hendrik war froh, denn um eine Antwort auf diese Frage wäre er verlegen gewesen. Neugierig betrachtete Luca das Tattoo. »Ein Wolf«, sagte er, und Hendrik antwortete: »Du bist sehr klug.« Der Wolfskopf war eher eine abstrakt gehaltene Abbildung und nicht wie aus dem Bilderbuch kopiert. Bevor er Hanna traf, hatte er sich so gefühlt: wie ein einsamer Wolf ohne Rudel. Oder vielleicht ein Wolf im Schafspelz? Vielleicht hatte er sich auch gar nicht so viele Gedanken gemacht, die Vorlage des Tattoos hatte ihm einfach gefallen, und kurz nach dem Abitur war es eben cool, eine Tätowierung zu haben. Später erst hatte er gelesen, dass der Wolf symbolhaft auch für Familiensinn stand.

Lena kam hinzu, kniete sich zu ihnen und begutachtete ebenso das Überbleibsel seiner Jugend, strich mit der Fingerspitze darüber. »Komm. Es ist schon spät.« Sie schnappte Luca, nahm ihn auf den Arm und ging mit ihm hinaus.

Hendrik blieb noch eine Weile so, hörte ihn auf dem Flur protestieren, der Junge wollte zu Hause bleiben. »Nicht gehen, nicht gehen!«, rief er, und Hendrik war es innerlich bang vor Freude und Zweifel zugleich. Übernahm er gerade, halb nackt im Schlafzimmer seines verschwundenen Freundes auf dem Boden hockend, seine Familie? Trümmerbeseitigung war das nicht mehr. Eher schon ein Neubau.

Wenig später hörte er, wie die beiden die Wohnung verließen. Hendrik ging in die Küche, hatte seine Jeans angezogen. Wie auch immer dieser Tag sich noch entwickeln würde, er hatte so gut begonnen wie kein anderer. Im Büro meldete er per Textnachricht noch einen Tag Urlaub an, und ganz sicher würde es diesmal Nachfragen geben.

Er begutachtete die Kaffeemaschine, Hightech vom Feinsten. Eine unbenutzte Tasse stand schon da, er musste nur auf den Knopf drücken und der Automat röhrte los, verströmte Aroma, Geschäftigkeit, Alltag und Luxus. Auf dem Tisch standen ein Brotkorb, Butter, Marmelade, und auf einem Teller lag ein angebissenes Toastbrot. Die Dielen knackten leise unter seinen Füßen, er blies in die Tasse, sah sich um. Kinderzeichnungen an der Wand, ein Buch auf einem Stuhl. Er nahm es in die Hand und las den Klappentext, ein Buch mit spirituellem Inhalt über die Kraft des Hier und Jetzt. Er schlug die Stelle auf, wo sich das Lesezeichen befand, und las ein paar Sätze. Das Gestern sei vorbei, das Morgen noch nicht da, und weil sich die Menschen viel zu viel mit der Vergangenheit und Zukunft beschäftigten, seien sie oft unbewusst und verpassten die Schönheit des Augenblicks, stand da geschrieben. Tim hatte davon erzählt, dass Lena ihn mit »Gefaselbüchern« quälte, aber er ihr gern den Gefallen tat und darin las, er schlief über Lektüre sowieso grundsätzlich ein, Bücher waren für ihn Schlafmittel. Wie oft sich sein alter Freund heute wohl zu Wort melden würde? Er sah vom Buch auf. Gerade hatte er dazu einen Hinweis bekommen: Es lag an ihm allein, Hendrik, ob er heute lieber über die Vergangenheit nachgrübeln oder die Gegenwart genießen wollte! Er klappte das Buch wieder zu und begann, leise eine Melodie zu pfeifen. Irgendwie musste er sich im wahrsten Sinne des Wortes vergegenwärtigen, dass es normal und richtig war, hier leger mit freiem Oberkörper herumzusitzen und auf Lena zu warten.

Zwei weitere Tassen Kaffee später kam sie. Die Tür fiel laut ins Schloss, dann hörte er, wie ihre Stiefel auf den Boden polterten und sie mit schnellen, leichten Schritten den Flur entlanglief. »Hendrik?«

»Hier«, rief er aus der Küche, und dann war sie wieder da, kam direkt zu ihm und setzte sich auf seinen Schoß. In ihren Haaren brachte sie die Herbstkühle von draußen mit herein, doch ihr Gesicht glühte. Sie hatte rote Wangen und große strahlende Augen, sie schmiegte sich an ihn, strich ihm über den Rücken und wollte geküsst werden.

Er tat es, überrascht, überrumpelt und erregt. Er hatte Lena all das nicht zugetraut: ihre Initiative, den Morgen ohne Fragen und ihre unverhohlene Freude an dem, was sie tat. Auch den Besuch in Dresden hatte sie bisher mit keiner Silbe erwähnt, als habe er nicht stattgefunden, als lebte sie tatsächlich nur noch im Hier und Jetzt und konnte es genießen.

»Ich glaube, ich bin heute als eine andere aufgewacht«, sagte sie und sah ihn an, forschte in seinem Gesicht und in seinen Augen, während ihre Arme um seinen Hals lagen. »Ich hoffe, dir geht's gut damit.«

Damit. Womit, hätte er gern gewusst. Mit unserer ersten Nacht? Mit der Tatsache, dass ich statt Tim neben dir gelegen habe? Als Antwort gab er ihr einen langen Kuss.

Er stand auf, ließ sie nicht los. Sie schlang die Beine um seine Hüften und zwinkerte ihm zu. »Ein halb nackter Mann wartet frühmorgens auf mich in der Küche. Die Erfüllung meiner heimlichen Träume.« Er lachte mit, doch ihr gemeinsames Lachen hatte jetzt eine andere Nuance. Er versuchte mit aller Macht, in der Gegenwart zu bleiben und nicht an Tim zu denken, doch für ihn waren jeder Satz und alle Worte, die sie nun miteinander wechselten, irgendwie mit dem alten Freund verbunden. Vielleicht lag es auch daran, dass die Zeit überreif war, ein paar Dinge zu klären. Sie hatten miteinander geschlafen, es war kein Freundschaftsdienst mehr, den er Tim damit tat. Lenas Scherz klang im Nachhinein schal: War er für sie nur ein halb nackter Mann? Er trug sie aus der Küche zum Schlafzimmer.

Er legte sie aufs Bett, beugte sich über sie und küsste sie. Wie er sich mit ihr auf dem Arm von einem Raum zum anderen bewegt hatte, war filmreif gewesen. Doch plötzlich ging es nicht mehr weiter in diesem Streifen. Als säße Tim ihm im Nacken. Aus einem Impuls heraus sagte er: »Ich will dir was erzählen.« Er legte sich neben sie und verschränkte die Arme hinter dem Kopf.

»Solange es keine Fragen sind, die ich beantworten muss. Das kann ich nämlich noch nicht.«

Er nickte. »Es geht eher um mich. Um mich und Tim.«

Immer noch sprach er in Richtung Decke. Sie drehte sich auf den Bauch, ließ den Kopf sinken, sagte nichts, wartete.

Und er erzählte. Er vertraute Lena jenen besonderen Abend an, den er vor vielen Jahren mit Tim zugebracht hatte, beschrieb die Stimmung in der Kneipe, ihre sich hochschaukelnde Euphorie, den Song von Queen, jedes Wort, das sie sich damals geschworen hatten, und die Besiegelung nicht nur mit ihrem eigenen Blut, sondern auch mit ihrem Schweiß von Stirn zu Stirn. Lena lag da, ohne einen Laut von sich zu geben, als wäre sie in eine Totenstarre verfallen. Erst als er zu Ende gesprochen hatte, wagte er einen Blick zur Seite. Sein Herz klopfte, vielleicht von zu viel Koffein, von drei starken Kaffees und der

Aussicht auf Sex, vielleicht aber auch, weil er so nervös war. Scheiße! Warum ließ sie immer noch den Kopf hängen, warum lächelte sie nicht, sagte, was für eine schöne Geschichte, was seid ihr doch für gute Freunde gewesen, und wie toll, dass du mir davon erzählst?

Nichts. Nichts. Nichts.

Er strich über ihr schönes Wellenhaar, hätte gern sein Gesicht darin vergraben. Etwas hielt ihn zurück, die Luft zwischen ihnen war auf einmal wie gefroren. »Was ist mit dir?«, fragte er vorsichtig. Die Worte kratzten im Hals, ein typisches Symptom der augenblicklichen Gefühlserkältung.

Sie schüttelte seine Hand ab, setzte sich auf die Bettkante, drehte ihm den Rücken zu. »So war das also«, murmelte sie, und er wurde ein bisschen panisch.

»Was meinst du damit?«

Sie fuhr zu ihm herum. »Keine Fragen, das haben wir gerade besprochen!« Ihre Augenbrauen waren zusammengezogen, ihre Lippen bildeten einen blutleeren Strich.

Was hatte sie so verärgert? Er durfte es nicht fragen, jetzt war die Abmachung gemein.

»Tim, der Allmächtige!« Lena sprang auf und begann, wie ein Tier im Käfig hin- und herzulaufen, zur einen Wand und zur anderen Wand und wieder zurück. Einmal bückte sie sich nach einem Kissen und pfefferte es in seine Richtung. Diesmal war es nicht lustig. »Ist ja super, dass du deinen Auftrag so gut erfüllt und dich bis hin zum fehlenden Sex um mich gekümmert hast, um die arme Lena!«

Hendrik wusste sofort, es war der Supergau. Für ihn war es ein Vertrauensbeweis gewesen, ihr von dem Männerbund mit Tim bis ins letzte Detail zu berichten, aber bei ihr war irgendwie das Gegenteil angekommen.

»Habt ihr richtig gut gemacht!«, ätzte Lena weiter und verzog das Gesicht zu einer Grimasse. Plötzlich war sie für ihn tatsächlich ein neuer Mensch – nicht jene Lena der vergangenen Monate und auch nicht jene, die eben noch in seinen Armen gelegen hatte. »Hattet ihr dieses Detail auch besprochen, dass du mich im Bett haben kannst, wenn Tim sein Trümmerhaus verlassen hat? Was Männer so unter Aufräumarbeiten verstehen, ist wirklich hochinteressant.«

»Nein, nein, nein! Du hast das in den falschen Hals gekriegt!« Er wollte hinter Lena her, als müsste er ein verwundetes Tier einfangen. Sie war schwer verletzt.

»Lass mich! Du hättest dich gerade mal hören sollen! Regelrecht geschwärmt hast du von Tim und eurem Schwur oder was immer das sein sollte. Passt doch! Tim ist weggegangen, er hatte halt was Besseres vor, und du bekommst dafür mich und tust noch was Gutes! Das könnte euren durchgeknallten Männerfantasien so passen! Habe ich es gleich mit zwei Helden zu tun?«

»Mensch, Lena …«

»Ja, genau, ich bin ein Mensch! Als solcher will ich auch behandelt werden. Weißt du was? Dein Auftrag ist erledigt, du kannst gehen. Du hast mir wirklich viel geholfen, bis hin zu dieser netten Nacht. Jetzt weiß ich ja wieder, wie es geht. Danke schön und tschüs!«

»Was?«

»Bitte. Geh. Raus.«

Zum Herzklopfen kamen ein leichtes Zittern der Beine und ein Schweißausbruch am ganzen Körper. Hendrik ging in die Knie und stützte sich mit den Fingerspitzen auf dem Boden auf. »Gib Tim doch nicht solche Macht«, murmelte er. Vielleicht erwischte er damit noch einen Zipfel von Lenas Verstand, denn sie war außer sich.

Lena machte eine Faust und biss hinein. Dann schleuderte sie die Faust gegen ihn und lachte falsch, so falsch wie am Anfang, als er angefangen hatte, sich um sie zu kümmern. Ja, es stimmte, damals geschah es im Auftrag von Tim. Aber die gemeinsame Nacht wäre heute doch niemals so schön gewesen, wenn sie nicht hundertprozentig aus eigenem freiem Willen geschehen wäre! Er wollte ihr all das sagen, es klang wie ein vernünftiges Argument, doch ihr verzerrtes Gesicht verbot es ihm. Der Gegensatz zu Lenas hellem Lachen vorhin und jetzt tat eine so riesige Kluft zwischen Traum und Wirklichkeit auf, dass Hendrik fast hineinfiel. Die Nacht war ein Traum gewesen, und der Tag war die Wirklichkeit.

»Ich gebe Tim zu viel Macht?« Mit in die Hüften gestemmten Armen sah sie zu ihm hinunter. Ihr rechtes Auge zuckte. »Du bist doch derjenige, der ein schlechtes Gewissen hat, nicht ich! Auf dein falsches Heldenleid kann ich echt verzichten! Weißt du was? Auf euch beide kann ich verzichten! Wenn es sein muss, für immer!«

Er kam auf die Beine, und sie donnerte die Tür zu. Mechanisch bückte er sich nach seinem Hemd und zog es an. Er öffnete die Tür wieder, trat auf den Flur in eine Welt, die er nicht mehr verstand. Sie hatte ihn mit Tim in einen Topf geworfen. Lena hatte sich in Luft aufgelöst, er hörte auch keinen Laut, der verriet, wo sie stecken konnte. Dafür piepste sein Handy, das noch auf dem Küchentisch lag. Der Chef hatte zweimal angerufen und ihm eine Nachricht hinterhergeschickt: Er möge sich bitte sofort melden, das Ganze ohne Gruß, dafür mit einem Ausrufezeichen versehen. Richtig, es standen dringende Gespräche, Abmachungen, Planungen an, das neue Projekt und sein neuer Vertrag wurden jetzt konkret. Nur – unterschreiben würde er nichts. Wenn der Rauswurf von Lena und ihre schmerzhaften Vorwürfe etwas Positives hatten, dann das: Er war endlich fertig mit Berlin. Nur um Luca tat es ihm sehr leid.

KAPITEL 15

IN LETZTER SEKUNDE

Das Bild vor ihren Augen wurde unscharf, und das große Ziffernblatt, das sie ins Zentrum der Collage gesetzt hatte, zerfloss wie auf den berühmten Bildern eines ihrer künstlerischen Vorbilder, Salvador Dalís. Lena liebte surrealistische Werke, sie selbst arbeitete aber lieber mit natürlichen Dingen und unversehrten Personen, die den Betrachter nicht so durcheinanderbrachten. Mit einem Taschentuch wischte sie sich übers Gesicht. Ihre Augen tränten ausnahmsweise mal nicht, weil sie weinte, sondern weil sie schon zu lange auf den Bildschirm starrte. Sie verließ ihren Arbeitsplatz im Wintergarten momentan kaum. Überraschend hatte sie den Auftrag bekommen, eine kleine Broschüre zu gestalten. Und sie war ehrgeizig wie nie, was die Illustration des Glücksblogs betraf. Dafür gab es zwar keinen Cent, aber das Lob der Blogleser und -leserinnen war ein toller Lohn. Wenn sie mal nichts von Christoph hörte, war sie schon fast enttäuscht. Für diese Woche war ein Zitat von Theodor Fontane zu bebildern:

»Uns gehört nur die Stunde. Und eine Stunde,
wenn sie glücklich ist, ist viel.«

Eine Stunde! Mit Hendrik hatte sie mehr als nur eine Stunde Glück erlebt. Sie hatten sich die halbe Nacht geliebt, und auch der Morgen danach hatte so schön begonnen. Leider hatte es sich im Nachhinein als falsches Glück herausgestellt. Seitdem, wenn sie nicht durch ihre Arbeit oder Luca abgelenkt war, spulte sich ein permanenter innerer Dialog ab. Da war eine Art neues Ich, ein Phönix aus der Asche, der durch die vergangenen leidvollen Monate neue Stärke gewonnen hatte. Sieben Jahre mit Tim waren verbrannt. Sie spürte die Kraft einer Löwin in sich! Aber da war auch ihre innere Wunde, in die ihr Stolz neues Salz streute.

Lena rieb sich die Augen. Sie seufzte leise und hörte ergeben dem nicht versiegen wollenden Schlagabtausch zwischen neuer Kraft und altem Stolz zu.

Sie fühlte sich so verraten! Sie hatte geglaubt, Tim hinter sich gelassen zu haben und dann nach der Liebesnacht mit Hendrik erfahren, dass Tim die Fäden bis hin zu diesem Punkt geführt hatte, als wäre sie eine Marionette. Immer schon hatte er ihr Leben durch seine subtile Macht, die er nicht offen, aber eben versteckt ausgeübt hatte, beeinflusst. Doch hier war eine Grenze überschritten, und Hendrik hatte sich zu seinem Handlanger gemacht.

Aber da waren auch ein geborgenes Gefühl und der aufregende Sex gewesen, ein wundervoller Neuanfang. Als Hendrik sie liebte, war es real gewesen. Es nützte niemandem auf der Erde etwas, wenn sie diese schöne Nacht im Nachhinein leugnete oder sich kleinredete. Warum sollte es keine Fortsetzung geben?

Weil sie auch ohne Hendrik und seinen Schwur auskam, seit sie ihn vor wenigen Tagen rausgeworfen hatte! Sie konnte nicht auch noch sein schlechtes Gewissen ertragen. Sie musste jetzt extra stark sein und sich gut um sich kümmern, denn was sie bei ihrem zweiten Besuch in Dresden von Janine erfahren hatte, reichte eigentlich allein dazu aus, ihr Selbstvertrauen völlig zu vernichten. Sie hatte im Internet einiges über Menschen gelesen, die ein Doppelleben führten. Betrogene Frauen erzählten dort von dem unermesslichen Schock und dem Gefühl, nicht weiterleben zu können. Lena aber wollte es schaffen, wollte neuen Depressionen keine Chance geben.

Unter dem Tisch hatte es sich Karlo bequem gemacht und schnurrte zu ihren Füßen. Sie stand vorsichtig auf und trat ans offene Fenster. Die Bäume verfärbten nun fast alle ihre Blätter, und das Oktoberwetter war fürs heutige Bambini-Fußballtraining schön mild. Von Hendrik hatte sie deswegen noch nichts gehört. Nach ihrem Streit hatte sie sich im stillen Zimmer – dem Hochverratszimmer – verbarrikadiert. Sein tagelanges Schweigen war einfach zu deuten. Sie hatte ihn bei der Wahrheit ertappt, die nun mal lautete: Er hatte sich Tim gegenüber verpflichtet gefühlt, sich um sie zu kümmern. Sie hatte ihm Sex angeboten, und den hatte er mitgenommen.

Andererseits schätzte sie Hendrik als so integer ein, dass er die Dinge trennen würde. Die gemeinsame Nacht war das eine. Aber er würde, weil alles nun mal eben so passiert war, Luca nicht im Stich lassen oder ihr wenigstens eine Nachricht schreiben, falls er nicht mehr kommen wollte. Es war idiotisch. Was konnte ein Kind schon für das Leben der verkorksten Erwachsenen um sich herum?

Lena ging in die Küche und goss sich kalt gewordenen Kräutertee ein, eine von Marlene neu zusammengestellte Mischung, die den Kreislauf anregte, ohne aufzuputschen. Als sie Hendrik aus der Wohnung geworfen hatte und danach seine Tasse mit einem Kaffeerest auf dem Tisch stehen sah, hatte sie die Maschine ausgestellt, mit einem Tuch verdeckt und seitdem nicht mehr benutzt. Manchmal brauchte es im Außen Veränderungen, und mochten sie noch so unbedeutend erscheinen, um mit einer neuen Situation fertig zu werden. Kein Kaffee in der Küche mehr hieß für sie auch: kein Hendrik mehr in ihrem Leben, zumindest vorerst nicht. Das war wieder ihr Stolz, und er kämpfte um sein Vorrecht – genau wie die Erinnerung an die Liebesnacht und an den Morgen danach. Nur einen Wimpernschlag lang war es ihr komisch vorgekommen, dass Hendrik neben ihr lag. Einen Atemzug später freute sie sich. Sie hatte endlich Platz für Neues gespürt und auf das Trauerjahr gepfiffen! Sie hatte es geschafft, völlig bewusst zu bleiben, nicht an gestern und morgen zu denken, und es hatte funktioniert. Bis Hendrik mit dieser Geschichte anfing, und all das Schöne hatte sich eingetrübt wie ein Teich, dessen Grund durch das Hineinwerfen eines schweren Steins aufgewühlt wird, und der ganze Dreck der Vergangenheit wird aufgewirbelt und nichts ist mehr zu sehen, nicht mal die Hand vor Augen. Nur langsam bekam Lena wieder klare Sicht. Heute zum Beispiel. Vielleicht konnte sie Hendrik an der Kita abpassen, und dann würden sie … zumindest mal besprechen, wie es mit dem Training weitergehen sollte.

Sie warf einen Blick in das Buch, das sie seit einiger Zeit immer in der Küche las. Die Passage, wo sie stehen geblieben war, passte wunderbar zu ihrem Spruch der Woche: Wie lange kann Glück bestehen, ganz im praktischen Sinn? Zwei bis drei Sekunden! Das ist der neurophysiologische Grundtakt, die Zeiteinheit einer empfundenen Sinneinheit, in der ein Mensch die Gegenwart wahrnimmt, also auch den Zustand des Glücks. Nach diesen wenigen Sekunden ist ein Jetzt-Moment vorbei, ein neuer beginnt und es darf entschieden werden, ob der alte Zustand aufrechterhalten oder ein neuer Zustand erschaffen werden soll. Bei der Liebe ist die Wahl leicht. Wenn der Anblick des Geliebten das Herz höherschlagen lässt, wenn die Lust den

Körper erfüllt und die Energie aus dem Kopf in die Glieder strömt, verweilt fast jeder gern im Jetzt.

Aber es konnte auch passieren, dass ein kleiner grauer Brief eine sieben Jahre lange vermeintlich heile Gegenwart zerbombte. Und Hendrik hatte etwas Ähnliches getan. Er hatte ihren intimen Jetzt-Moment in die Luft gesprengt, statt ihn zu genießen. Holte Tim ins Bett und erhoffte sich gleichzeitig von ihr die Absolution, dass er nun mit ihr, Tims Ex, schlief! Schon wieder glitt Lena aus dem Zustand des kühlen Kopfs in die Wut hinein. Solange Hendrik nicht wusste, was er wirklich wollte, gab es für sie beide keine gemeinsame Zukunft. Basta.

Lena klappte das Buch zu. Ein ruhiger Atemzug, um sich von diesen negativen Gedanken zu befreien, bestand aus etwa zwei bis drei Sekunden. Jetzt. Jetzt. Jetzt. Jetzt würde sie weiterarbeiten, und später war später und weder da noch bisher real. Das Leben konnte einfach sein, wenn das Herz nicht dazwischenfunkte. Das war ihre ureigene Erkenntnis, und die brauchte sie nirgends nachzulesen.

* * *

Am Nachmittag verstaute Lena sicherheitshalber Lucas Kinderhelm in der Tasche und ging aus der Wohnung. Das Fahrrad stand hinten im Garten. Oft schaute sie zu der Stelle, wo sie zu Ostern mit Hendrik auf der Wiese gekauert und er Luca die tolle Geschichte von der Löwin mit der Mähne erzählt hatte, von der Löwenmutter, die sie selbst war. Jetzt hatte die Erinnerung einen bitteren Beigeschmack. Von dort draußen hatte Hendrik es bis in ihr Schlafzimmer geschafft.

Sie schob das Fahrrad durch den Hausflur und trat auf die Straße, grüßte eine Nachbarin und winkte zu dem Laden mit den Kinderklamotten hinüber, wo die Verkäuferin vor der Tür in einem Korbstuhl in der Sonne saß. Eigentlich wollte sie hier nicht weg, der heimelige und gepflegte Straßenzug im Prenzlauer Berg war ihr Zuhause geworden. Sie sah zu dem steinernen Engel über dem Portal hinauf, der ihr geheimnisvoll zulächelte. Andererseits reizte sie das Angebot der Großstadt kaum, die Wohnung war auf Dauer zu groß für sie und Luca, und ihre Eltern – die sich glücklicherweise dafür entschieden hatten, ihre Weltreise nicht zu unterbrechen – wurden älter. Vielleicht doch zurück nach Oldenburg? Den Glücksblog konnte sie mit Tinka und Marlene von überall aus weiterbetreiben …

Sie radelte zur Kita und schloss ihr Fahrrad an. Erst jetzt entdeckte sie Hendriks Nachricht auf dem Handy, die während der Fahrt eingetroffen sein musste. Er werde nicht kommen können, dazu ein Sorry, weil die Nachricht so kurzfristig komme. Ein formloser Gruß. Das war's dann wohl. Diese schnöde Absage hatte sie ihm nicht zugetraut. Sie war so enttäuscht und schockiert, dass sie zunächst gar nichts spürte.

Ohne jede Emotion sah sie sich selbst, wie sie das Telefon wegsteckte, in die Kita hineinging, Luca umarmte, ein paar Worte mit der Erzieherin wechselte, den Turnbeutel vom Haken nahm, Luca den Helm aufsetzte und mit ihm auf dem Fahrrad zum Trainingsplatz fuhr. Dort weinte Luca, wollte sich in der Umkleide nicht seine Sachen anziehen lassen, fragte nach Hendrik, sie vertröstete ihn, schaffte es schließlich, ihn von der Umkleide auf den Platz zu bugsieren und ihn zu motivieren. Schließlich lief er zu den anderen, und die Trainerin mit den kurzen blonden Haaren verwickelte ihn sofort in ein Spiel, Luca lachte wieder. Kinder wechselten viel häufiger als Erwachsene von einem Jetzt-Moment zum anderen. Lena lehnte sich an die Wand des an den Sportplatz angrenzenden Gebäudes und rutschte mit dem Rücken hinunter. Sie war fix und fertig. Verloren trieb sie durchs Dunkel hinter ihren fest geschlossenen Augen.

Irgendwann zwang sie sich, wieder aufzusehen. Sie war nicht mehr allein. Das helle Licht blendete, bunte Pünktchen tanzten in ihrem Blickfeld herum.

»Hallo«, sagte jemand, und ein Mann mit Stoppelbart blickte sie auf Augenhöhe besorgt an. »Ist alles in Ordnung mit Ihnen?«

Sie nickte benommen.

»Sind Sie sicher? Sie kommen her, sinken zusammen und rühren sich nicht mehr. Da musste ich jetzt mal nachschauen.« Er hockte sich neben sie und hielt ihr eine Wasserflasche hin. »Mögen Sie? Ist noch zu.«

Erst wollte sie ablehnen, dann spürte sie ihren starken Durst und ihre Kraftlosigkeit. Sie nickte, er öffnete die Flasche und sie trank.

»Ich heiße Bernhard.«

»Lena Müller.«

»Mutter von Nummer drei, richtig?«

»Luca, ja.« Sie wäre gern allein geblieben. Doch nun hatte sie das Wasser angenommen und wollte nicht unhöflich sein. Partout fiel ihr nichts zum Reden ein. Andere Mütter und Väter standen in kleinen Gruppen etwas entfernt zusammen, Lena kannte sie nicht, sie war nur am Anfang mal dabei gewesen, danach war Luca mit Hendrik ohne Probleme allein zum Training gegangen. Bernhard ohne Nachnamen machte es sich neben ihr auf dem Boden bequem. »Darf ich?«

»Ja klar.«

Sie sahen zu den Kindern hinüber, und Bernhard begann zu reden. Erst übers Wetter, dann erzählte er etwas über Frauenfußball, bot das Du an und plötzlich ging es um Hendrik.

»Du kennst ihn näher?«, fragte Lena und war plötzlich ganz präsent. Alles andere, was ihr gerade erzählt worden war, hatte sie schon vergessen.

Ihr ungebetener Sitznachbar auf dem Boden lachte tief und laut, zwei Mütter sahen herüber, fast ein wenig abschätzig. »Der will sich nicht kennenlernen lassen«, sagte Bernhard. »Hält sich immer abseits und bedeckt. Aber ich beobachte alle hier. Er ist ziemlich vernarrt in den Kleinen. Schade, dass es nicht seiner ist. Ist denn der echte Vater nicht am Start?«

Die direkte Art von Bernhard war ansteckend. »Nein. Der ist weg, und er hat einen Knall«, antwortete Lena.

»Dann nimm den, den du hast.«

Lena war perplex. »Wie meinst du das?«

Er kratzte sich am Kinn. »Jetzt schieße ich wieder übers Ziel hinaus. Ich hab 'ne große Klappe. Bin ein echtes Berliner Waschweib, ich quatsche immer neue Leute an, also nimm es mir nicht übel. Ich dachte immer, dein Hendrik wäre auch der Erzeuger, da bin ich ins Fettnäpfchen getreten.«

»Aha.«

»Hast du eigentlich Stress? Freiwillig sitzt so eine feine Prenzlauer-Berg-Mama doch nicht auf dem Boden herum.«

»Ach?«

Er hob die Hände. »Mir ist das hier zu etepetete. Aber meine Frau hat hier eine Wohnung geerbt, und einem geschenkten Gaul …« Er wollte sich wieder aufrappeln. »Ich nerve mal wieder.«

Lena hielt ihn an seiner Jacke fest. »Bitte, was weißt du noch von Hendrik? Es stimmt, wir haben Stress. Ich verstehe ihn einfach nicht.«

»Tja. Reden ja nicht alle Typen so viel wie ich.«

Sie schmunzelte. Dieser Bernhard war wirklich eine Type! »Wie hat Hendrik reagiert, als du gefragt hast, ob er der Vater ist?«

»Todtraurig sah er aus. Wenn du den glücklich machen willst, schenk ihm Kinder. Er wäre ein super Vater. Ich hab das im Gespür, und Augen hab ich auch.« Bernhard stand auf und hielt ihr die Hand hin.

Sie ließ sich von ihm auf die Beine helfen und strich ihre zerknitterte Jacke glatt. Am liebsten hätte sie den Unbekannten umarmt. Sie umfasste seinen Arm und sagte: »Vielen Dank für alles.«

* * *

Lena stand mit Luca vor dem Sportplatz und wählte Hendriks Nummer. Vielleicht würde er sich mit ihnen spontan zu einem Abendessen zu dritt treffen wollen, einen Versuch war es wert. Falls Hendrik gar nicht mehr zum Fußballtraining kommen wollte, sollte Luca es aus seinem Mund hören. Aber vielleicht würde Hendrik es dann nicht übers Herz bringen, so war der heimliche Plan. Jedenfalls würde Lena ihrem Söhnchen nicht erzählen, dass Hendrik wie Tim auf eine lange Reise gegangen war. Keine Lügen mehr.

Es klingelte und klingelte. Gerade wollte sie auflegen, da meldete er sich: »Lena.«

Es war wie ein Streicheln. Niemand konnte ihren Namen so toll aussprechen wie Hendrik. Eine Sehnsuchtswelle drängte heran, aber sie würde sich gut überspielen lassen. »Luca und ich würden dich gern sprechen«, sagte sie. »Am liebsten gleich, wir kommen gern in deinen Kiez, vielleicht auf eine Pizza?«

»Wo seid ihr?«

»Noch vor dem Fußballplatz.«

»Es tut mir leid. Ich …«

»Lass nur, das kannst du uns gleich genauer erzählen. Wo bist du?«

»Zu Hause.«

»Gibt es bei dir einen Italiener um die Ecke?«

»Lena. Nein, besser nicht.«

»Warum, hast du etwa Damenbesuch?« Ein flacher Witz, und sie lachten beide nicht.

»Es passt jetzt aus anderen Gründen nicht. Ich kann dich heute Abend anrufen.«

»Da schläft der Kleine«, sagte sie schnippisch.

»Das sollte er auch, wenn wir das nächste Mal reden«, erwiderte Hendrik ruhig.

Innerhalb eines Realitätsmoments, dem Grundtakt des Jetzt, wurde die Sehnsuchtswelle zur Angstwelle. Hendriks Antwort klang viel zu ernst. »In Ordnung«, hörte sie sich knapp und rational sagen, dabei war gar nichts in Ordnung, und sie war diejenige, die mit ihren Worten log. Das merkte sie aber erst, als sie aufgelegt hatte und Luca auf einmal weinerlich wurde.

Ein klammes Gefühl überkam sie. Sie kannte diese Empfindung. Es war wie in den Tagen nach Tims Abschiedsbrief. Damals war es die Angst gewesen, sie könnte Tim nie wiedersehen. Doch diesmal konnte sie handeln. Sie nahm Luca bei der Hand, ließ das Fahrrad stehen und winkte ein Taxi heran.

Für Luca war die Fahrt spannend. Er durfte auf Mamas Schoß sitzen, er würde gleich eine Kinderpizza in einem Stadtteil bekommen, dessen Namen er sich noch nicht merken konnte, und sie würden bei Hendrik klingeln. Vor dem Haus angekommen stellte sich Luca so sehr er konnte auf die Zehenspitzen, um bis zur Gegensprechanlage hochzukommen.

Darin knackte es, und Hendrik fragte: »Ja bitte?«

»Hallooooo!«, rief Luca, und Lena sagte: »Wir sind's.«

»Lena …«

»Nee, jetzt mal nicht Lena. Wir sind zwei. Mach bitte einfach auf.«

Hendrik brauchte einen langen Jetzt-Moment, um den Knopf zu drücken und sie hineinzulassen. Hätte es noch länger gedauert, sie wäre vielleicht gegangen und hätte sich nie, nie wieder gemeldet. Wie schmal der Grat doch war …

Luca machte sich von ihrer Hand los, sie ließ ihn vorausstürmen. Er kannte Hendriks Wohnung schon, sie hatte ihn ja schon mal hierhergebracht, aber sie war nie mit ins Haus gegangen. Langsam und aufrecht stieg sie in den zweiten Stock. Hörte, wie oben die Tür geöffnet wurde und Hendrik Luca liebevoll begrüßte: »Na, du kleiner Fußballheld, wie war es?«

Die anderen Geräusche ließen darauf schließen, dass Hendrik ihn auf den Arm nahm und drückte und der Kleine sich darüber freute. »Was ist das?«, fragte Luca.

Als Lena beim letzten Treppenabsatz angekommen war, stand Hendrik mit Luca auf dem Arm vor der angelehnten Wohnungstür, und Luca zeigte auf die Umzugskisten, die sich im Treppenhaus stapelten. Lenas Herz setzte einen Schlag aus. »Hallo«, brachte sie hervor.

Hendrik lächelte sie traurig an. Traurig, nicht freudig. »Hallo.«

Sie blieb auf der vorletzten Stufe stehen. »Deine Kisten?«

»Äh, ja. Ist vielleicht besser, wenn ich nach unten komme, dann können wir …« Luca zappelte plötzlich, wollte vom Arm, und kaum war er auf dem Boden, flitzte er auch schon in die Wohnung. Lena konnte durch die halb geöffnete Tür sehen, dass drinnen Chaos herrschte. Sie wagte sich keinen Zentimeter weiter vor und setzte sich an Ort und Stelle auf die Treppenstufe. Der Boden war eisig kalt.

Hendrik hockte sich zu ihr. »Komm wieder hoch.«

»Nein.«

»Bitte.«

Lena umfasste die Knie mit den Händen und legte den Kopf darauf. Es war eine ihrer sichersten Haltungen, wenn sie verzweifelt war. Kein Yoga, keine Atemanleitung, einfach nur den Kopf auf die Knie. Als Kind hatte sie oft so dagesessen und sich vom

Konfliktobjekt – meistens einem Erwachsenen – demonstrativ weggedreht oder gleich die Augen auf die Knie gedrückt. Dann war die ganze Welt verschwunden, die einem immer wieder so wehtat, egal ob man vier Jahre alt oder schon erwachsen war.

Hendrik setzte sich neben sie. »Ich hätte es dir noch persönlich gesagt, das schwöre ich dir. Aber ich wollte erst meine Sachen packen, sonst schaffe ich den Absprung nicht. Nur ein Blick oder Einspruch von dir, und ich komme wieder ins Wanken. Das wurde mir vorhin erst richtig klar, als ich zur Kita fahren wollte. Ich dachte, wenn ich dich vielleicht sehe … Da habe ich dir spontan diese Nachricht geschrieben. Entschuldige. Ja, ich gehe weg. Ich versuche es in Hamburg. Ich komme sonst nicht vor- und nicht rückwärts in meinem Leben.«

Lena hob das Gesicht. Sie waren beide verzweifelt und saßen genauso nah zusammen wie im Garten damals, sogar Luca war nicht weit. Aus der Wohnung waren Geräusche zu hören, er rief etwas, dann jauchzte er auf. Er fand das Umzugschaos lustig. Einen kleinen Moment lang würde sie ihn noch in seiner heilen Welt lassen.

»Ist das dein Ernst?«, fragte sie.

Hendrik fixierte irgendeinen Punkt im Treppenhaus. »Wenn ich hierbliebe, dann würde ich mich natürlich weiter um Luca kümmern, das ist Ehrensache. Aber dann sehe ich auch dich jede Woche wieder, dann verliebe ich mich immer weiter, und ich möchte nicht mehr leiden. Ich habe zwei Jahre wegen Hanna gelitten, ich will endlich wieder glücklich werden. Deswegen Hamburg. Tolle Stadt. Ich habe noch keinen Job, aber der findet sich. Mein Freund Liam hat schon ein Zimmer für mich, ab nächster Woche, zum Ankommen und so.«

Stolz und Kraft, Kraft und Stolz. Sie konnte sagen, na, dann viel Erfolg. Oder kämpfen wie eine Löwin für ihr eigenes Glück und für das Seelenheil von Luca. Hendrik liebte den Kleinen, das wusste sie einfach und das erzählten ihr nun auch schon wildfremde Leute, und auch Luca würde seinen Ersatzpapa vermissen. »Du willst vor allem wegen Tim von hier weg. Er ist immer noch präsent und zu groß für dich, habe ich recht?«, fragte sie.

Hendrik schüttelte den Kopf. »Vergiss das. Das war mal so. Seit du mich rausgeworfen hast, habe ich Tim mitsamt dem Schwur abgehakt. Ich habe alles gegeben. Mehr kann er nicht verlangen, und wenn, dann wäre es mir egal. Ich beginne einen neuen Lebensabschnitt, da spielt er keine Rolle mehr. Genug.«

Hendrik schaute sie seltsam an, so wahr, so klar. Sie sah in seine grünen Augen und auf seinen Mund, der leise sagte: »Eins kannst du mir glauben: Ich liebe dich … freiwillig. Damit hat Tim nichts, aber auch gar nichts zu tun.«

Es dauerte nur die erste Spanne eines Jetzt-Moments, bevor sie antwortete: »Es tut mir leid. Bitte entschuldige. Ich glaube, meine Wut, auch gegen dich, war ein letzter Befreiungsschlag.« Und den zweiten Teil des Jetzt-Moments dauerte es, bis Hendriks Liebeserklärung bei ihr angekommen war. »Ist das alles jetzt echt?«, fragte sie leise. »Ich will nicht, dass du gehst.«

Hendrik war plötzlich auf den Beinen und zog sie hoch. Sie standen nah voreinander, befanden sich immer noch auf schmalem Grat. Jedes Wort, jeder Blick, jede Geste zählte nun in diesem zarten neuen Raum, der sich um sie herum auftat. Ihre Sehnsuchtswellen wurden immer größer. Sie kapierte, dass es ihnen beiden sehr ähnlich ging: Erst jetzt konnte Hendrik das alles aus voller Überzeugung sagen. Für sie galt das genauso. Erst jetzt, als Hendrik seine Sachen packte, war sie sich hundertprozentig sicher: Sie wollte ihn, weil sie ihn wollte, und nicht etwa, weil Tim weg war. Dass Hendrik in ihr Leben gekommen war, hatte mal etwas mit ihrem Ex zu tun gehabt, doch das war vorbei. Sie war frei, und Hendrik war es auch.

»Willst du wissen, wie toll es ist, dass auch ich dich – freiwillig – liebe?«, fragte sie.

»Liebend gern.«

Sie flüsterten nur noch, waren sich ganz nah. Aus den Augenwinkeln sah Lena Luca aus der Wohnung kommen. Er blickte zu ihnen auf, schmiegte sich an ihr Bein und hatte etwas Zotteliges in der Hand. Es war ein Plüschtierwolf, an dem noch ein Preisschild baumelte. Sein Fell war weiß.

»Ist der für mich?« Mit großen Augen sah Luca zu ihnen auf, Lena legte den Arm um Hendrik, und Hendrik legte seinen um Lena. Gemeinsam gingen sie in die Knie, damit sie mit Luca auf Augenhöhe waren und ihn mitsamt dem Abschiedsgeschenk, das nun keins mehr war, in die Umarmung einschließen konnten. Ein neuer starker Bund war entstanden.

KAPITEL 16

GLÜCK GLEICH LIEBE

Lena war ein wenig mulmig. Auf den Tag genau im vergangenen April war dieser kleine graue Brief angekommen. Es war ein Freitag gewesen, und ein Jahr später war es nun ein Samstag, ihr Lieblingswochentag. Der Tag, an dem Hendrik immer neben ihr aufwachte und später mit Luca zum Sportplatz oder in den Park zum Kicken ging. Nicht ein einziges Wochenende hatten sie seit ihrem gegenseitigen Liebesbekenntnis getrennt verbracht. Auch unter der Woche schaffte es Hendrik oft, abends zu ihnen zu kommen, trotz des neuen großen Projekts, das ihn beruflich erfüllte. Er war vom Assistenten zum Projektleiter aufgestiegen. »Wenn das Hotel fertig ist, übernachten wir mal in einer der luxuriösen Honeymoon-Suiten«, hatte er versprochen. Sie freute sich schon jetzt!

»Ich bringe euch noch raus.« Lena nahm den Schlüssel und ging mit Hendrik und Luca bis zur Haustür.

»Kannst du dich mal wieder nicht von uns trennen?«, fragte Hendrik lächelnd und küsste sie zum Abschied noch einmal.

Luca zupfte ungeduldig an Hendriks Hose, mit der anderen Hand umfasste er den an sich gedrückten Ball. »Komm!« Schon schlüpfte er durch die Tür nach draußen, und Hendrik lief ihm hinterher.

»He, warte!«

Dann waren die beiden weg. Mit klopfendem Herzen ging Lena zu den Briefkästen.

Sie zögerte. Wo einst Tims Namensschild klebte, war noch ein feiner Abdruck auf dem Metall zu sehen. Sie dachte nicht mehr oft an ihn, und sie sprach mit Hendrik auch kaum über ihn, wozu auch? Er hatte sich aus ihrer aller Leben gestohlen und keine Silbe mehr von sich hören lassen. Am Jahresende war erneut eine hübsche Summe auf ihrem Konto eingetroffen, Verwendungszweck: »Rate Nummer 2«. Es konnte ihm wirklich nicht schlecht gehen. Eine Hiobsbotschaft war nicht zu erwarten.

Doch heute begleitete sie seit dem Aufwachen so ein komisches Gefühl. Sie öffnete den Briefkasten und holte den kleinen Stapel Post heraus. Angespannt sah sie ihn gleich durch. Nur die Zeitung, übliche Reklame, ein Behördenbrief und eine Karte von ihren Eltern. Sie waren längst gesund und glücklich von ihrer Weltreise zurück und unternahmen ständig neue Reisen. Eine hatten sie nach ihrer Rückkehr gemeinsam gemacht, inklusive Luca und Hendrik. Auf Mallorca hatten sie herrliche Tage am Pool und am Strand verbracht. Hendrik kam prima mit ihren Eltern aus. Diesmal zeigte der Kartengruß den eindrucksvollen Vulkan Teide auf Teneriffa unter strahlend blauem Himmel. Lena ging zurück in die Wohnung. Sie war erleichtert und auch ein klitzekleines bisschen traurig. Einen Rest von Enttäuschung würde sie wahrscheinlich ihr ganzes Leben lang spüren. Dass Tim es fertigbrachte, sich wirklich gar nicht mehr zu melden …! Immer fremder wurde ihr dieser Mann, den sie einmal unbedingt hatte heiraten wollen und der Lucas leiblicher Vater war.

Im Wintergarten bereitete sie alles für das wöchentliche Arbeitstreffen mit Tinka und Marlene vor, stellte Kaffee und Gebäck bereit. Wenig später kamen ihre Freundinnen an. Sie setzten sich alle an den Tisch und plauderten ein bisschen. Dann begannen sie mit ihrer Arbeit und klappten ihre Laptops auf: Meistens lasen sie zunächst gemeinsam die Kommentare, die von den Lesern ihres Glücksblogs eintrafen. Die Resonanz zum einjährigen Bestehen von »90 % Glück« vor drei Wochen war riesig gewesen. Fast eine Stunde hatten sie zusammengesessen und sich die Glückwünsche und Statements ihrer Leserinnen und Leser angesehen. Nur Lenas treuer Fan Christoph, der seit Beginn fast jedes Bild von ihr lobte und etwas Nettes und Aufmerksames dazu schrieb, hatte nichts von sich hören lassen. Heimlich machte sie sich schon ihre Gedanken: War ihm etwas zugestoßen? So lange nichts von ihm zu lesen, war ungewöhnlich. Seine netten Komplimente fehlten ihr irgendwie. Aber im anonymen Netz gab es diesbezüglich keine Verhaltensvorschriften. Es war sein gutes Recht, sich einfach auszuklinken, und über eine unverbindliche Kommunikation – er lobte sie, sie bedankte sich dafür – waren sie nie hinausgekommen.

»Schreib ihm doch und frag, was los ist«, hatte Marlene am Jubiläumstag gesagt, weil Lena kurz richtig enttäuscht gewesen war, und Tinka ging scherzhaft noch einen Schritt weiter, als sie vorschlug: »Oder verabredet euch mal, schau doch mal, was das für ein Typ ist, der dich da regelrecht verehrt?« Manchmal neckten die beiden sie mit »dein Christoph«. Es war einfach nur ein Spaß, ein amüsanter Nebeneffekt ihrer Arbeit.

»Auf keinen Fall«, hatte Lena jedoch ernst abgelehnt. »Null Interesse. Hendrik ist der Mann meines Lebens. Das weiß ich ganz genau.«

»Was macht dich dieses Mal so sicher?«, fragte Tinka.

Lena lächelte glücklich. »Darauf habe ich sogar eine Antwort, die euch gefallen wird«, sagte sie. »Ich habe verinnerlicht, was wir auf unserem Blog so schreiben. Es gibt einen großen Unterschied zwischen Tim, den ich für meinen Traummann hielt, und Hendrik, der es wirklich ist. Aber der Unterschied liegt nicht darin, was sie sagen und tun, sondern bei mir. Ich liebe Hendrik von innen heraus, egal ob wir heiraten oder noch ein Kind bekommen, egal ob er Geld hat oder mir Blumen schenkt. Das ist wunderschönes Beiwerk, klar, aber nicht der Kern, um den es bei wahrer Liebe geht. Ich übernehme die Verantwortung für mein Leben selbst und sorge für mich und meine Bedürfnisse auch allein. Deswegen kann ich das erste Mal von ganzem Herzen lieben, ohne Kompromisse. Das musste ich wohl auf diese schmerzhafte Art lernen. Ich kann Tim sogar ein Stück weit dankbar für diese Lehre sein.«

Im zweiten Jahr ihres Glücksblogs fühlte sich Lena also deutlich gereift, glücklicher als je zuvor und die Anzahl der Abonnenten näherte sich einer fünfstelligen Zahl. Karlo kam maunzend herein und legte sich wie so oft zu ihren Füßen. Sie checkte noch eben ihre privaten Mails, als Tinka rief: »Das gibt's doch nicht!«

Lena sah auf. Die Freundinnen hatten mit ihren Laptops gegenüber Platz genommen, und Marlene blickte neugierig auf Tinkas Display, las etwas und schaute auf einmal völlig konsterniert. Beide sahen auf und betrachteten Lena, als wären ihr zwei Hörner gewachsen oder als hätte sie gerade eine andere wundersame Wandlung erfahren.

»Geht's euch gut?«, fragte sie leicht irritiert.

»Äh …«, antwortete Marlene.

Ihre Freundinnen standen auf, kamen zu ihr herüber und stellten sich hinter sie. Jede legte ihr sanft eine Hand auf die Schulter.

»Post für dich«, sagte Tinka mit belegter Stimme.

Lena kräuselte die Stirn und rief sofort den Blog und das Postfach auf. Sie entdeckte Christophs Namen. »Endlich, da ist er ja wieder! Warum macht ihr deswegen so ein Gesicht? Wird Zeit, dass er sich mal wieder meldet.« Sofort öffnete sie die Mail und wunderte sich ein bisschen, warum Tinka und Marlene sich so komisch verhielten. »Soll ich es vorlesen?«, fragte Lena und begann auch schon damit, weil sie furchtbar neugierig war. Der Text hatte die Länge eines Briefes! »Liebe Lena. Ich habe lange mit mir gerungen, und ich tue es jetzt. Ich möchte dir etwas mitteilen. Ich heiße nicht Christoph, ich bin Tim ...« Sie verstummte.

Kurz blieb ihr die Luft weg, und sie wäre wohl vom Stuhl gefallen, wenn ihre Freundinnen sie nicht gehalten hätten. Ihr Herz raste. Tim war Christoph, Christoph war Tim? Aber wie passte das zusammen? Die sanften, einfühlsamen Mitteilungen hatten nichts mit dem Mann zu tun, der sich kaum für ihre Arbeit interessiert und sie eiskalt verlassen hatte. Der Text vor ihren Augen verschwamm.

»Soll ich weiterlesen?«, hörte sie Marlene fragen.

Lena schüttelte den Kopf und zwang die Tränen zurück. Keine einzige wollte sie je wieder um Tim vergießen, das hatte sie sich vorgenommen.

»... und die Fanpost an dich war für mich eine Möglichkeit, dir zumindest ein wenig nah zu sein. Dir zu geben, was ich dir in unserer Beziehung zu wenig gegeben habe, Respekt und Anerkennung deiner Person. Es bleibt mir nur, dich um Verzeihung für alles zu bitten. Es tut mir alles unendlich leid«, las sie vor.

Sie sah nach links und rechts über die Schulter kurz zu Marlene und Tinka auf. Beide sahen betroffen aus und nickten ihr zu.

»Weiter«, sagte Tinka. »Egal was da jetzt noch kommt, wir stehen das gemeinsam durch. Du bist nicht allein.«

Lena schluckte und nickte, dann las sie, vor Aufregung leicht heiser, weiter: »Dank des Blogs konnte ich ahnen, dass du dein Leben weiterlebst und vielleicht, so schimmerte es durch, sogar glücklich sein kannst. Ich bin es nicht, ich habe großen Mist gebaut, wenn ich das so einfach ausdrücken darf. Ich habe mich immer dafür geschämt, und ich habe keinen Ausweg gesehen, weil ich nicht gelernt habe, über meine Gefühle zu sprechen. Ich kann es immer noch nicht, aber ich muss es lernen. Das weiß ich heute. Ich habe als Partner und Vater versagt. Ich habe mich immer weiter verstrickt und keinen anderen Ausweg gefunden als die Flucht, so wie damals, als ich meinen Bruder im Stich ließ, weil ich ihn nicht retten konnte. Ich lebe weit weg von euch, vergrabe mich in der Arbeit, ich bin viel allein und denke täglich an euch. Du hast Besseres verdient als mich, das weiß ich sicher ...«

Etwas tropfte auf ihre Hand. Weinte sie, ohne es zu merken? Die Tränen kamen von weiter oben ... Lena sah nicht auf, las weiter: »... und ich habe nicht das Recht, einfach wieder in dein Leben zu treten und es wieder durcheinanderzuwerfen. Deswegen warte ich auf eine Antwort auf die Frage, ob ich es darf. Dies hier ist der feige Versuch einer ersten Erklärung. Ich habe alles verwirkt, das ist mir klar. Ich habe so viel nachgedacht, so viel bereut, und ich habe nicht nur dich und Luca im Stich gelassen, sondern auch noch jemand anderes, doch das erzähle ich dir nur, falls du überhaupt nach so langer Zeit, die sicherlich sehr schwer für dich war, noch Näheres von mir wissen möchtest.«

Lenas Mund stand etwas offen. Sie staunte mit jeder Zeile, die sie las, ein bisschen mehr. Nach wie vor war dies für sie der Brief eines anderen Menschen und gleichzeitig wurde ihr klar, dass sie mit ihrer einfachen Erklärung, die auch sein Bruder Ricky und Marlene für sein Verschwinden hatten, nicht falschgelegen hatte. Tim hatte vor sich selbst versagt und war unfähig gewesen, damit umzugehen. Wenn Tim jetzt wüsste, dachte sie, dass sie Janine und Elias längst kannte! Dass sie bereits plante, die beiden bald nach Berlin einzuladen ...

»Ein Jahr habe ich mir vorgenommen, ganz und gar in mich zu gehen, weil ich nicht mehr weiterwusste, weil ich in mir klar werden wollte. Wie oft hatte ich das Telefon in der Hand. Ich musste die Nummer aufgeben, sonst wäre ich irgendwann rangegangen. Ein Armutszeugnis. Menschliches Versagen! Mehr habe ich nicht zu meiner Verteidigung vorzubringen. Doch ich habe Hoffnung, dass du mir irgendwann verzeihst, weil ich weiß, wie groß und stark du innerlich bist, im Gegensatz zu mir, der ich nur nach außen groß und stark war. Ich habe angefangen, jene Bücher zu lesen, über die ich immer gelächelt habe, wenn du sie mir gabst. Ich schlief damals darüber regelmäßig ein. Nun lese ich über die Kraft der Gegenwart, des Herzens, des Verzeihens. Ich sitze wirklich auf dem Boden, schließe die Augen und übe das Lächeln. Du magst es glauben oder nicht. Ich traue dir zu, dass du mir verzeihen kannst. Trotz all dieser Gedanken und meiner Hoffnung: Ich erwarte nichts von dir und wünsche mir inständig, es geht dir gut. Und Luca! Jeden Morgen und jeden Mittag und Abend frage ich mich, was er wohl macht. Das Mindeste, was ich tun kann, ist, euch zu sagen, ich bin da, wenn ihr mich braucht. Wenn du magst, melde dich. Ich warte ewig und verstehe aber jede Reaktion, also auch keine. Fühl dich frei und entscheide selbst, was für dich und Luca das Beste ist. Ich hoffe auch, Hendrik konnte dich ein wenig unterstützen. Einst bat ich ihn darum, aber das ist noch eine ganz andere Geschichte. Tim.«

Eine kleine Weile schauten sie schweigend auf den Bildschirm. Lenas Gesicht blieb ruhig. Kein Zucken.

Hinter ihr schnäuzte sich Marlene in ein Taschentuch und sagte: »Tim scheint durch die Hölle zu gehen. Der Brief ist verdammt ehrlich. Das hätte ich ihm nicht zugetraut.«

»Ich auch nicht«, sagte Tinka und strich Lena beruhigend über den Rücken. »Ich bin platt. Da steckt viel Selbsterkenntnis drin. Endlich sieht er auch, wer du wirklich bist.«

Eine wirklich liebende Frau, dachte Lena, das bin ich jetzt. Tiefe Wehmut überkam sie, das Gefühl hatte sie länger nicht gehabt. Aber es war ihr vertraut. Vor ihrem inneren Auge erschien jener Herbstblätterraschelrauschtag, an dem sie mal mit Tim und Luca glücklich gewesen war. Weil sie sich getraut hatte, ihn zu fragen, ohne darauf zu warten, ob er es tat. Doch alles kam dann so anders. »Für mich und Tim allein ist es zu spät«, murmelte sie. »Aber vielleicht gibt es für alle gemeinsam noch eine Chance.«

* * *

»Was für eine tolle Idee, uns nach Berlin einzuladen. Schaut mal, wie super sich die beiden verstehen!« Janine nahm ihr Handy und machte gleich ein paar Fotos von diesem schönen Anblick. Sie saßen auf einer Parkbank im Tiergarten und blinzelten in die milde Frühlingssonne, Lena in der Mitte zwischen Janine und Hendrik. Luca und Elias spielten vor ihnen auf der noch winterblassen Wiese, auf der immerhin schon ein paar bunte Tupfen zu sehen waren. Luca hatte einen seiner geliebten Löwen dabei, Elias einen Kipplaster, den Janine in einem Rucksack mitgebracht hatte. Der Löwe war ein bisschen zu groß, um von der Ladefläche des Fahrzeugs getragen zu werden, und fiel immer wieder herunter. Gerade das machte den Kindern Riesenspaß, und sie lachten laut und waren erst einmal mit sich selbst beschäftigt.

»Es wurde Zeit, dass die Jungs sich kennenlernen. Sie sind immerhin Halbbrüder«, sagte Lena und benannte damit den wichtigsten Grund, warum sie Janine und Elias nach Berlin eingeladen hatte. Seit Tims Nachricht vor wenigen Tagen aber lag ihr nun noch viel mehr am Herzen.

»… und sie können nichts für ihren Vater«, ergänzte Janine.

Lena griff nach Hendriks Hand. »Ich habe für Luca einen wundervollen Ersatzpapa an meiner Seite«, sagte sie. »Und du?«, fragte sie Janine.

Janine zuckte mit den Schultern. »Ich bin immer noch allein. Mit Job und Kind habe ich kaum Zeit, neue Männer kennenzulernen. Ich suche aber auch nicht aktiv. Vielleicht hoffe ich ja, Tim meldet sich doch noch irgendwann zurück.« Unsicher sah sie Lena und Hendrik an. »Ich meine … wie wäre das denn für euch, so rein theoretisch?«

Lena war überrascht. »Kannst du Gedanken lesen? Genau darüber wollte ich jetzt mit dir reden. Ich habe vergangene Woche nämlich ein Lebenszeichen von Tim erhalten. Eine lange Nachricht per Mail. Das erste Mal seit genau einem Jahr nach seinem Verschwinden.«

Janine zuckte neben ihr zusammen. »Echt? Wo ist er?«

»Das hat er nicht verraten. Aber es gibt die Möglichkeit, ihm zu antworten, und es klang so, als wünschte er es sich sehr. Nur musste ich erst einmal verdauen, was er geschrieben hat. Und ich wollte mit dir reden. Weil ich etwas vorhabe.«

Janine wirkte nun fast ängstlich. »Was denn? Und was hat er genau geschrieben?«

»Juhu! Er sitzt!«

»Ja! Der Löwe sitzt!«

Auf der Wiese spielten Luca und Elias miteinander, als würden sie sich schon ewig kennen. Sie warfen trockenes Gras in die Luft und sprangen begeistert um den Kipplaster herum, auf dem der Löwe endlich seinen Platz gefunden hatte. Kindliche Ekstase …

»Keine Angst«, antwortete Lena. »Ich will, dass es uns allen gut geht. Tim hat mich wissen lassen, wie leid es ihm tut, er bittet um Verzeihung, weil er als Partner und Vater versagt hat, und er schämt sich, solche Dinge schreibt er.«

»Er schämt sich dafür, nichts gesagt zu haben?«, fragte Janine gereizt. »Ist ja irre. Dabei hat er einen Mund! Er hätte das alles einfach offen auf den Tisch legen können! Jederzeit! Versagen? Das war der Grund für sein Verschwinden?«

»Er hat keinen anderen genannt.« Lena runzelte die Stirn. Janine würde Tim noch ordentlich den Kopf waschen, da war sie sich sicher. Sie selbst brauchte das nicht mehr, zumindest nicht in anklagendem, vorwurfsvollem Ton. Natürlich würde es eine Art Aussprache zwischen ihr und Tim geben, falls er sich endlich zurücktraute, allein wegen Luca. Aber sie würden sich dabei am Ende nicht weinend in den Armen liegen. Das überließ sie gern ihrer ehemaligen Rivalin. In den vergangenen Monaten war jeder versteckte Groll auf Janine verflogen.

»Vielleicht erfahren wir ja doch noch was von Tim, worüber er nicht reden konnte oder schreiben mag«, sagte Hendrik.

Lena knuffte ihn in die Seite. »Du mit deiner Heldentheorie«, sagte sie. »Da glaubst du doch selbst nicht mehr dran.«

Hendrik sah sie nachdenklich an. »Männer sehen andere Männer nicht gern fallen«, sagte er. »Er tut mir auch ein bisschen leid.«

»Na ja«, sagte Lena. »Gefallen ist er lange schon. Wäre schön, wenn er einfach wieder aufsteht und weitergeht.« Sie drückten sich gegenseitig die Hand, hatten dies als Zeichen ausgemacht, um nicht in eine zu ernste Diskussion zu gleiten. Schließlich hatten sie Besuch aus Dresden, und die Kinder sollten unbeschwert weiterspielen.

»Wahrscheinlich meldet er sich auch bald bei dir«, sagte Lena zu Janine. »Aber falls nicht, so würde ich gern dafür sorgen.«

Janine wischte sich schnell eine Träne fort. »Ja. Bitte. Aber wie willst du das genau machen?«

»Tim scheint zu denken, ich wüsste nichts von dir, hat ja auch extra keine Spuren zu uns in Berlin hinterlassen, richtig?«, fragte Lena.

Janine nickte. »Richtig. Wenn ich mir nicht Hendriks Nummer gemerkt hätte, säßen wir jetzt nicht hier.«

Lena lächelte. »Ich schlage vor, wir fragen gleich mal einen der Spaziergänger, ob er von uns allen ein Gruppenfoto machen kann. Von uns fünf.«

Hendrik neben ihr lachte auf. »Das ist genial. Du willst Tim einfach ein Foto senden? Ist es das, was du vorhast?«

»Genau. Und viel dazuschreiben werde ich nicht, ich grüble bestimmt nicht stundenlang über einen Text für ihn. Das Foto sagt dann ja wohl alles, was – zumindest – ich ihm gerade mitzuteilen habe.«

Der Frühlingswind wehte ihnen um die Nase, Janine strich sich ein paar Haarsträhnen aus dem Gesicht. »Ziemlich gute Idee«, sagte sie. »Und wenn Tim dann nicht bald vor der Tür steht, kann er mir den Buckel runterrutschen. Aber ich gebe ihm diese Chance.«

Lena sah Janine von der Seite an. »Es wär toll, wenn ihr irgendwie zusammenfändet. Allein für die Jungs, die sich dann regelmäßig sehen können, und weil dann alles leichter ist. Aber auch … für euch. Ein Neuanfang. Ob als Freunde oder als Paar, das könnt nur ihr allein rausfinden. Aber warum nicht, wenn du ihm auch verzeihen kannst?«

»Vielleicht. Aber erst bekommt er die angekündigte Standpauke!«

»Und das Foto! Kinder, kommt mal her!« Hendrik lief zu den Jungs, um sie einzusammeln, und Lena stand auf und ging einem freundlich dreinschauenden Paar entgegen, das auf dem Kiesweg näher kam. Sie wollte die beiden fragen, ob sie von einer glücklichen Patchworkfamilie ein Foto machen könnten.

* * *

Ein paar Stunden später mussten sie sich plötzlich beeilen, der Tag war nur so verflogen. Die Sonnenstrahlen fielen schräg durch die gläsernen Wände des Hauptbahnhofs. Mit der Rolltreppe fuhren sie nach unten aufs tiefe Gleis. Gerade noch rechtzeitig.

»Es war wunderschön.« Janine sah Lena dankbar an.

Die Lautsprecheransage verkündete die Einfahrt des Zugs nach Dresden. Zu fünft standen sie auf dem Bahnsteig, die Kinder an der Hand.

Janine beugte sich zu Lena und sagte, ohne dass es sonst jemand hören konnte: »Du bist echt eine tolle Frau. Anfangs habe ich mich immer nur gefragt, wie Tim mir das antun konnte. Jetzt denke ich, der war komplett verrückt, es auch dir anzutun.« Janine umarmte sie kurz.

Lena roch blumiges Parfüm und frisch gewaschene Haare. »Frag nicht so oft nach der Vergangenheit«, sagte sie. »Lebe dein Leben. Sei so oft wie möglich glücklich. Genieße jeden Tag.« Sie holte das Päckchen aus der Tasche. Als sie das Geschenk in schönes Papier gewickelt hatte, wusste sie noch nicht, ob sie es Janine wirklich geben würde. Es war zunächst pures Wunschdenken gewesen, dass sie sich alle gut verstehen und einander wirklich sympathisch finden würden. Es hatte sich bewahrheitet.

Nach dem Spaziergang im Tiergarten war es zum Frühlingsrummel auf dem Berliner Festplatz gegangen, um die Kinder mit Karussell und Zuckerwatte bei Laune zu halten. Sie hatten inmitten anderer Familien auf Bierbänken gesessen, Pommes und Pizza gegessen und erfahren, dass Janine die Hauptstadt kaum kannte. Es folgte die obligatorische Schifffahrt auf der Spree entlang der Sehenswürdigkeiten vom Dom über den Reichstag bis hin zum Regierungsviertel nahe dem Hauptbahnhof. Jetzt waren sie alle erschöpft. Der Zug fuhr ein.

Sie überreichte Janine das Geschenk. »Für dich. Mach es drinnen auf.« Sie streichelte Elias über die Wange und sagte: »Bis bald.«

Luca machte sich von Lenas Hand los und hielt Elias seinen Löwen hin. »Der ist für dich.«

Elias' Gesicht leuchtete auf. Er nahm das Kuscheltier und umschlang es mit seinen Ärmchen. »Für mich!«

»Wow, danke! Tschüss ihr alle!« Janine hatte feuchte Augen. Die Bremsen des Zugs quietschten, alles musste plötzlich schnell gehen. Sie schnappte sich Elias und stieg mit den anderen Reisenden ein. Die Waggons waren ziemlich voll, und alle winkten sich durch die getönten Scheiben noch einmal zu.

Als der Zug losfuhr, ging Lena in die Knie und sah Luca in die großen dunklen Kulleraugen. »Du hast ihm deinen Löwen geschenkt!«

Plötzlich war das das größte Wunder überhaupt.

Der Kleine nickte treuherzig. »Ich hab doch zwei. Und Janine hat gesagt, Elias ist mein Bruder. Mein Bruder soll auch einen Löwen haben!«

Lena strich ihm übers Haar, schluckte den Kloß im Hals herunter und kam wieder nach oben. »Ja, jetzt hast du einen Bruder. Schon mal ein Geschwister.« Sie lehnte sich an Hendrik, der sie in die Arme schloss.

»Und ich hab einen Sohn. Schon mal ein Kind«, murmelte er. Einen Augenblick lang verschmolzen sie miteinander inmitten der Kulisse aus Lärm und Geschäftigkeit um sie herum zu einer festen, stillen Einheit. Dann streichelte Hendrik Luca ebenso über den Kopf. »Ich bin mächtig stolz auf dich.«

Gemeinsam verließen sie das Bahnhofsgebäude. Im Auto schlief Luca sofort ein.

Hendrik fuhr langsam und sah Lena ein paar Mal von der Seite an.

»Ich bin neugierig. Was hat dir Janine eben beim Abschied noch ins Ohr geflüstert?«

Lena fühlte sich angenehm erschöpft und sank tiefer in den Sitz. »Janine findet mich toll und wundert sich darüber, wie Tim mich verlassen konnte.«

Hendrik lächelte. »Das frage ich mich auch fast jeden Tag, wenn ich neben dir aufwache und mein Glück kaum fassen kann. Tja, Pech gehabt, alter Freund!«

Er setzte den Blinker und fuhr an den Straßenrand, machte den Motor aus. »Und noch eine Frage habe ich, nur dieses eine Mal noch, damit ich mein Glück eben doch endlich fassen kann. Und wenn Tim morgen vor der Tür stehen würde, was dann?«

Lena nahm Hendriks Hand und küsste eine seiner Fingerspitzen. »Dann kann er gern die Wohnung übernehmen, weil wir uns gemeinsam so bald wie möglich eine neue suchen. Übrigens können wir das auch unabhängig davon tun, ob Tim vor der Tür steht oder nicht.«

Hendrik brummte zufrieden. Sie küsste eine weitere Fingerspitze. »Außerdem würde ich Tim nach Dresden schicken, zu Janine, wie besprochen.« Kuss auf die nächste Fingerspitze. »Wenn er Luca regelmäßig sehen wollte, würde ich mit ihm eine ganz offizielle Vereinbarung treffen. Er kann in unserem Leben nichts mehr zum Einsturz bringen. Ich liebe dich, und nichts kann daran etwas ändern.« Sie küsste nun alle seine Fingerspitzen nacheinander. »Unser Fundament steht. Dafür bin ich dankbar.«

Hendrik sah sie bewundernd an. »Wow. Hattest du diese Antwort irgendwie vorbereitet?«

»Ein bisschen. Irgendwann musstest du das doch noch mal fragen. Aber was würdest du denn zu Tim sagen, wenn er morgen vor der Tür stünde?«

Nun war es Hendrik, der ihre Fingerspitzen küsste. »Ich möchte ihm neu begegnen. Er war ein Angeber geworden, der feige abgehauen ist, und ich hoffe, einen geläuterten Menschen zu treffen. Er hat eine Chance verdient, jeder hat eine Chance verdient. Es ist stark von ihm, dass er endlich seine Schwäche gesteht. Wir werden sehen, was unsere Freundschaft wirklich verträgt.« Er ließ Lena los und fasste nach dem Zündschlüssel, startete aber noch nicht. »Fragestunde«, sagte er und grinste. »Was war eigentlich in dem Päckchen?«

»Ein pinkfarbener Seidenschal. Tim hatte ihn im Schrank versteckt. Heute weiß ich, er war für Janine.«

Hendrik stieß einen Pfiff aus. »Ich schließe mich Janines Meinung an. Du bist eine tolle Frau. Wer macht denn so was schon?« Er beugte sich zu ihr, um sie zu küssen.

Lena wich ein winziges Stück zurück, sie wollte noch etwas sagen. »Kennst du unseren neuen Wochenspruch?«, fragte sie.

»Geteiltes Glück gleich doppelte Liebe.«

Sie lächelte. »Haben wir uns aufgrund ähnlich lautender Weisheiten ausgedacht. Schön, oder? Weißt du, ich möchte das alles leben und nicht nur darüber reden.«

Hendrik lehnte seine Stirn an ihre. »Da gibt es bestimmt noch eine Menge schöner Formeln für uns zu entdecken.«

Sie schlossen kurz die Augen.

»Meinst du?«, fragte sie.

»Ja. Wie wäre es mit dieser hier: Glück gleich Liebe, Liebe gleich Glück. Und das übrigens nicht nur zu neunzig, sondern zu hundert Prozent.«

Zeitfracht Medien GmbH
Ferdinand-Jühlke-Straße 7
99095 Erfurt, Deutschland
produktsicherheit@kolibri360.de

Druck:
CPI Druckdienstleistungen GmbH
im Auftrag der
Zeitfracht Medien GmbH
Ein Unternehmen der Zeitfracht - Gruppe
Ferdinand-Jühlke-Str. 7
99095 Erfurt